Meet the Expert: Wissen aus erster Hand

Serienherausgeber
Birgit Spinath
Psychologisches Institut
Universität Heidelberg
Heidelberg
Deutschland

Meet the Expert: Wissen aus erster Hand

Reihen-Herausgeberin: Prof. Dr. Birgit Spinath, Universität Heidelberg

Die Reihe „Meet the Expert: Wissen aus erster Hand" widmet sich aktuellen, angewandte Themen aus Psychologie und angrenzenden Wissenschaften, die für eine breite Leserschaft von Interesse sind. Das Besondere der Reihe ist das Format, in dem das Wissen vermittelt wird. Es handelt sich um Interviews mit führenden Expertinnen und Experten, die Auskunft über den Stand der Erkenntnisse in ihrem Gebiet geben. Die Interviews sind sowohl als Text als auch als Video verfügbar. Auf diese Weise vermittelt die Reihe nicht nur Wissen über interessante Inhalte, sondern stellt auch die Wissenschaftlerinnen und Wissenschaftler vor, die sich mit diesen Themen befassen.

Die Reihe adressiert eine breite Leserschaft. Durch den Interview-Stil sind die Bücher angenehm zu lesen und daher auch als Freizeitlektüre geeignet. Die Bücher können auch als Grundlage für Lehrveranstaltungen in Schulen und Hochschulen dienen.

Bände in der Reihe „Meet the Expert":

Spinath (Hrsg.), Empirische Bildungsforschung – Aktuelle Themen der Bildungspraxis und aktuelle Bildungsforschung, ISBN 978-642-41697-2

Lenhard (Hrsg.), Psychische Störungen bei Jugendlichen – Ausgewählte Phänomene und Determinanten, ISBN 978-3-662-47349-8

Bajwa/König (Hrsg.), Karriereperspektiven in der Arbeits- und Organisationspsychologie, ISBN 978-3-662-54239-2

Dickhäuser/Spinath (Hrsg.), Berufsfelder der Pädagogischen Psychologie, ISBN 978-3-662-55410-4

Weitere Bände sind in Planung.

Mehr Informationen zu dieser Reihe auf http://www.springer.com/series/13499

Oliver Dickhäuser
Birgit Spinath
Hrsg.

Berufsfelder der Pädagogischen Psychologie

Karrierewege, Kompetenzen, Tätigkeitsschwerpunkte

Herausgeber
Oliver Dickhäuser
Fachbereich Psychologie
Universität Mannheim
Mannheim
Deutschland

Birgit Spinath
Psychologisches Institut
Universität Heidelberg
Heidelberg
Deutschland

Elektronisches Zusatzmaterial
Die Online-Version für das Buch enthält Zusatzmaterial, welches berechtigten Benutzern zur Verfügung steht oder laden Sie sich zum Streamen der Videos die „Springer Multimedia App" aus dem iOS- oder Android-App-Store und scannen Sie die Abbildung, die den „play button" enthält.

Meet the Expert: Wissen aus erster Hand
ISBN 978-3-662-55410-4   ISBN 978-3-662-55411-1 (eBook)
https://doi.org/10.1007/978-3-662-55411-1

Die Deutsche Nationalbibliothek verzeichnet diese Publikation in der Deutschen Nationalbibliografie; detaillierte bibliografische Daten sind im Internet über http://dnb.d-nb.de abrufbar.

© Springer-Verlag GmbH Deutschland 2018
Das Werk einschließlich aller seiner Teile ist urheberrechtlich geschützt. Jede Verwertung, die nicht ausdrücklich vom Urheberrechtsgesetz zugelassen ist, bedarf der vorherigen Zustimmung des Verlags. Das gilt insbesondere für Vervielfältigungen, Bearbeitungen, Übersetzungen, Mikroverfilmungen und die Einspeicherung und Verarbeitung in elektronischen Systemen.
Die Wiedergabe von Gebrauchsnamen, Handelsnamen, Warenbezeichnungen usw. in diesem Werk berechtigt auch ohne besondere Kennzeichnung nicht zu der Annahme, dass solche Namen im Sinne der Warenzeichen- und Markenschutz-Gesetzgebung als frei zu betrachten wären und daher von jedermann benutzt werden dürften.
Der Verlag, die Autoren und die Herausgeber gehen davon aus, dass die Angaben und Informationen in diesem Werk zum Zeitpunkt der Veröffentlichung vollständig und korrekt sind. Weder der Verlag, noch die Autoren oder die Herausgeber übernehmen, ausdrücklich oder implizit, Gewähr für den Inhalt des Werkes, etwaige Fehler oder Äußerungen. Der Verlag bleibt im Hinblick auf geografische Zuordnungen und Gebietsbezeichnungen in veröffentlichten Karten und Institutionsadressen neutral.

Planung: Marion Krämer
Einbandabbildung: © CHBD / www.istockphoto.com

Gedruckt auf säurefreiem und chlorfrei gebleichtem Papier

Springer ist Teil von Springer Nature
Die eingetragene Gesellschaft ist Springer-Verlag GmbH Deutschland
Die Anschrift der Gesellschaft ist: Heidelberger Platz 3, 14197 Berlin, Germany

Inhaltsverzeichnis

1	**Einleitung: Arbeitsfelder der Pädagogischen Psychologie**	1
	Oliver Dickhäuser und Birgit Spinath	
1.1	Die Attraktivität der Psychologie und ihrer Arbeitsfelder	2
1.2	Die Pädagogische Psychologie und ihre Arbeitsfelder	2
1.3	Ziel und Konzeption dieses Buches	3
	Literatur	4
2	**Erziehungs-, Partnerschafts- und Lebensberatung**	5
	Bodo Reuser	
2.1	Einleitung	6
2.2	Interview mit Dipl.-Psych. Bodo Reuser	6
	Literatur	19
3	**Schulpsychologie**	21
	Claudia Dickhäuser	
3.1	Einleitung	22
3.2	Interview mit Dr. Claudia Dickhäuser	22
	Literatur	34
4	**Psychologische Diagnostik und Förderung von Schulleistungen**	35
	Heike Rolli	
4.1	Einleitung	36
4.2	Interview mit Dipl.-Psych. Heike Rolli	36
	Literatur	45
5	**Lernförderung und Lerntherapie**	47
	Susanne Schreiber	
5.1	Einleitung	48
5.2	Interview mit Dipl.-Psych. Susanne Schreiber	48
	Literatur	58
6	**Diagnose, Beratung und Förderung bei Hochbegabung**	59
	Julia Schiefer	
6.1	Einleitung	60
6.2	Interview mit Dr. Julia Schiefer	60
	Literatur	70
7	**Human Factors**	71
	Michael Kutscher	
7.1	Einleitung	72
7.2	Interview mit Dipl.-Psych. Michael Kutscher	72
	Literatur	81

8 Instructional Design ... 83
Philipp Starkloff
8.1 Einleitung ... 84
8.2 Interview mit Dipl.-Psych. Philipp Starkloff ... 84
Literatur ... 92

9 Bildungsadministration ... 93
Jessica Phillipp
9.1 Einleitung ... 94
9.2 Interview mit Dr. Jessica Phillipp ... 94
Literatur ... 104

10 Steuerung von Bildungsprozessen ... 105
Birgit Pikowsky
10.1 Einleitung ... 106
10.2 Interview mit Frau Dr. Birgit Pikowsky ... 106
Literatur ... 114

11 Qualitätssicherung und Qualitätsentwicklung im Bildungswesen ... 115
Ulrike Rangel
11.1 Einleitung ... 116
11.2 Interview mit Dr. Ulrike Rangel ... 116
Literatur ... 126

12 Qualitätsmanagement für Studium und Lehre ... 127
Sophie Butz
12.1 Einleitung ... 128
12.2 Interview mit Sophie Butz, M.Sc. ... 128
Literatur ... 135

13 Wissenschaftsjournalismus ... 137
Liesa Klotzbücher
13.1 Einleitung ... 138
13.2 Interview mit Dipl.-Psych. Liesa Klotzbücher ... 138
Literatur ... 146

14 Forschung und Lehre ... 147
Holger Horz
14.1 Einleitung ... 148
14.2 Interview mit Prof. Holger Horz ... 148
Literatur ... 164

Autorenverzeichnis

Sophie Butz
Fakultät für Verhaltens- und Empirische
Kulturwissenschaften
Universität Heidelberg
Voßstr. 2
69117 Heidelberg
Deutschland
e-mail: sophie.butz@verkult.uni-heidelberg.de

Dr. Claudia Dickhäuser
Staatliches Schulamt Heppenheim
Schulpsychologie
Weiherhausstraße 8c
64646 Heppenheim/Bergstraße
Deutschland
e-mail: Claudia.Dickhaeuser@kultus.hessen.de

Prof. Dr. Holger Horz
Fachbereich Psychologie & Sportwissenschaften
Goethe-Universität Frankfurt
Theodor-W.-Adorno-Platz 6
60629 Frankfurt am Main
Deutschland
e-mail: horz@psych.uni-frankfurt.de

Liesa Klotzbücher
Spektrum der Wissenschaft Verlagsgesellschaft mbH
Tiergartenstraße 15–17
69121 Heidelberg
Deutschland
e-mail: lk@spektrum.de

Michael Kutscher
Lufthansa Flight Training GmbH
Referent Human Factors Training
Airportring Tor 24 Gebäude 391
60546 Frankfurt am Main
Deutschland
e-mail: email@michaelkutscher.de

Dr. Jessica Phillipp
Regierungspräsidium Karlsruhe, Referat 77
Hebelstr. 2
76133 Karlsruhe
Deutschland
e-mail: jessica.phillipp@rpk.bwl.de

Dr. Birgit Pikowsky
Pädagogisches Landesinstitut Rheinland-Pfalz
Butenschönstr. 2
67346 Speyer
Deutschland
e-mail: birgit.pikowsky@pl.rlp.de

Dr. Ulrike Rangel
Landesinstitut für Schulentwicklung
Referat 33 - Schulentwicklung und empirische Bildungsforschung
Heilbronner Str. 172
70191 Stuttgart
Deutschland
e-mail: Ulrike.Rangel@ls.kv.bwl.de

Bodo Reuser
Psychologische Beratungsstelle
M 1 9a
68161 Mannheim
Deutschland
e-mail: Bodo.Reuser@kbz.ekiba.de

Heike Rolli
Psychologisches Zentrum zur Diagnose und Förderung von Schulleistungen
AWO
Alderstr. 1/5-1/6
69123 Heidelberg
Deutschland
e-mail: Rolli@AWO-Heidelberg.de

Julia Schiefer
Institut für Hochbegabung
Universität Tübingen
Karlstraße 6
72072 Tübingen
Deutschland
e-mail: julia.schiefer@uni-tuebingen.de

Susanne Schreiber
Pädagogisch-Psychologische SCHUL(ungs)-
PRAXIS
Suanne SCHREIBER & Cornelia PLEYER
Hauptstr. 28
35435 Wettenberg
Deutschland
e-mail: schulungspraxis@web.de

Philipp Starkloff
SAP
Dietmar-Hopp-Allee 16
69190 Walldorf
Deutschland
e-mail: philipp.starkloff@sap.com

Die Springer Multimedia App

Videos und mehr mit einem „Klick" kostenlos auf's Smartphone und Tablet

- Zu diesem Buch gibt es Zusatzmaterial online, das Sie mit der Springer Multimedia App erleben können.*

- Achten Sie dafür im Buch auf Abbildungen, die mit dem Play Button ▶ markiert sind.

- Springer Multimedia App aus einem der App Stores (Apple oder Google) laden und öffnen.

- Smartphone auf die Abbildungen mit dem Play Button ▶ halten und los geht's

Kostenlos zum Download!

* Hinweis: Bei den über die App angebotenen Zusatzmaterialien handelt es sich um digitales Anschauungsmaterial und sonstige Informationen, die die Inhalte dieses Buches ergänzen. Zum Zeitpunkt der Veröffentlichung des Buches waren sämtliche Zusatzmaterialien über die App abrufbar. Da die Zusatzmaterialien jedoch nicht ausschließlich über verlagseigene Server bereitgestellt werden, sondern zum Teil auch Verweise auf von Dritten bereitgestellte Inhalte aufgenommen wurden, kann nicht ausgeschlossen werden, dass einzelne Zusatzmaterialien zu einem späteren Zeitpunkt nicht mehr oder nicht mehr in der ursprünglichen Form abrufbar sind.

Einleitung: Arbeitsfelder der Pädagogischen Psychologie

Oliver Dickhäuser und Birgit Spinath

1.1 Die Attraktivität der Psychologie und ihrer Arbeitsfelder – 2

1.2 Die Pädagogische Psychologie und ihre Arbeitsfelder – 2

1.3 Ziel und Konzeption dieses Buches – 3

Literatur – 4

© Springer-Verlag GmbH Deutschland 2018
O. Dickhäuser, B. Spinath (Hrsg.), *Berufsfelder der Pädagogischen Psychologie*,
Meet the Expert: Wissen aus erster Hand, https://doi.org/10.1007/978-3-662-55411-1_1

1.1 Die Attraktivität der Psychologie und ihrer Arbeitsfelder

Psychologie ist ein äußerst beliebtes Studienfach. Während 2007 rund 30.000 Studierende dieses Fach belegten, waren es 2016 über 60.000 (Abele-Brehm 2017). Darüber hinaus übersteigt die Anzahl der Studieninteressierten die Anzahl der Studienplätze um ein Vielfaches – auf einen Studienplatz kommen rund 8,5 Bewerberinnen und Bewerber (vgl. Margraf 2015). Setzt man diese beiden Zahlen in Beziehung, bedeutet dies, dass sich im Jahr des Erscheinens dieses Buches in Deutschland über 500.000 junge Menschen für ein Studium der Psychologie interessieren.

Diese hohe Attraktivität des Studienfaches hat vielfältige Gründe. Ein Grund liegt in der Attraktivität der Inhalte des Faches – die Analyse menschlichen Erlebens und Verhaltens übt auf viele Personen eine hohe Anziehungskraft aus.

Psychologie zu studieren, ist aber nicht nur inhaltlich spannend, sondern eröffnet potenziell den Weg in attraktive Berufsfelder. Einige davon werden in diesem Buch sowie in einem zweiten dieser Reihe vorgestellt (Bajwa und König, im Druck). Ein Studium der Psychologie führt die Absolventinnen und Absolventen auch mit hoher Zuverlässigkeit in die gewünschten Berufsfelder. Analysen der Karrierewege nach dem Studium zeigen, dass die große Mehrzahl berufstätiger Psychologinnen und Psychologen tatsächlich auch im studierten Fachgebiet arbeitet (Abele-Brehm 2017). Gleichzeitig liegt die Arbeitslosenquote bei Psychologinnen und Psychologen deutlich unter der allgemeinen Arbeitslosenquote und ist sogar geringer als diejenige von Akademikern/-innen im Allgemeinen. Psychologinnen und Psychologen sind offensichtlich nicht nur gefragte Expertinnen und Experten in Talkshows – sie sind auch ganz allgemein am Arbeitsmarkt sehr begehrte Kräfte.

Die Berufsfelder, in denen Psychologinnen und Psychologen arbeiten, sind sehr divers (Mendius und Werther 2014). Drei große Bereiche können mit Gesundheit, Arbeit und Bildung überschrieben werden. Darüber hinaus gibt es jedoch auch weitere Tätigkeitsfelder, wie z. B. die Forschung. Für den Gesundheitssektor als demjenigen Bereich, in dem die meisten Psychologinnen und Psychologen arbeiten (Margraf 2015), haben Laien häufig noch eine einigermaßen klare Vorstellung über die Natur psychologischer Tätigkeiten. Dies ist möglicherweise auch darin begründet, dass der Weg in eine Berufstätigkeit in diesem Bereich durch den Erwerb der Approbation zum psychologischen Psychotherapeuten zusätzlich klar strukturiert ist.

Berufsfelder in den anderen zwei großen Anwendungssektoren der Psychologie, der Wirtschaft sowie dem Bildungs- und Erziehungssektor, sind im Gegensatz dazu häufig weniger bekannt. Sie sind jedoch nicht weniger attraktiv – ganz im Gegenteil. Ein Ziel dieses Buches ist, genau diese Attraktivität aufzuzeigen.

1.2 Die Pädagogische Psychologie und ihre Arbeitsfelder

Die Pädagogische Psychologie ist eine der drei großen angewandten Subdisziplinen der Psychologie. Stark vereinfacht kann man sagen, dass sich die Pädagogische Psychologie mit der Optimierung von Lehr- und Lernprozessen beschäftigt. Der Begriff „Lehr- und Lernprozesse" ist dabei ein weiter und umfasst institutionelles Lehren und Lernen etwa in Schulen und Hochschulen, berufliche Fort- und Weiterbildung sowie informelles und lebenslanges Lernen in alltäglichen Situationen. Auch die Optimierung von Erziehungs- und Sozialisationsprozessen ist Aufgabe der Pädagogischen Psychologie. Pädagogisch-psychologische Expertise wird demnach in sehr vielen unterschiedlichen Institutionen und für sehr unterschiedliche Anwendungen benötigt.

Die Arbeitsfelder der Pädagogischen Psychologie weisen verschiedene Überschneidungen zu Arbeitsfeldern anderer Disziplinen auf. Schon im Namen angelegt ist die thematische Überschneidung mit der Pädagogik. Innerhalb der Psychologie ist die Nähe zur Arbeits- und Organisationspsychologie dort gegeben, wo Pädagogische Psychologinnen und Psychologen im Bereich der Konzeption und Optimierung von Lernprozessen in Unternehmen (Instructional Design) oder der Entwicklung und Durchführung von Personalentwicklungsmaßnahmen, insbesondere Trainings, arbeiten. Darüber hinaus arbeiten Pädagogische Psychologinnen und Psychologen in Bereichen wie Lernförderung und Therapie, also Bereichen mit einer Nähe zur Klinischen Psychologie. Die nähere inhaltliche Betrachtung der Arbeit in diesen Berufsfeldern wird aufzeigen, wie Pädagogische Psychologinnen und Psychologen durch ihre Kompetenzen und Expertise die Arbeit in Kern- und Grenzgängerbereichen ganz gezielt befruchten und verbessern.

Die Vielfalt der Tätigkeitsfelder ist vor dem Hintergrund der Aufgaben von Pädagogischen Psychologinnen und Psychologen verständlich – Pädagogische Psychologinnen und Psychologen sind Expertinnen und Experten für Aufgaben des Diagnostizierens, Beratens, Intervenierens, Evaluierens, Instruierens und Forschens in Bezug auf Bildung und Erziehung (vgl. Spinath und Brünken 2016). Man kann sich eigentlich kaum ein psychologisches Berufsfeld vorstellen, in dem solche Expertise nicht gefordert ist.

1.3 Ziel und Konzeption dieses Buches

Dieses Buch vermittelt einen Einblick in die verschiedenen Praxisfelder der Pädagogischen Psychologie (vgl. auch Spinath, im Druck). Praktisch tätige Psychologinnen und Psychologen berichten in Form von Interviews über ihren beruflichen Alltag, über die für eine erfolgreiche Tätigkeit notwendigen Kompetenzen und über die Wege, die sie zu ihrem beruflichen Schwerpunkt geführt haben. Wie die Interviews zeigen, eröffnet die Pädagogische Psychologie als Disziplin viele anspruchsvolle Berufsfelder.

Neben den inhaltlichen Einblicken in die verschiedenen Tätigkeitsfelder vermitteln die Interviews auch ein Bild von wichtigen professionspolitischen Tätigkeiten, etwa wenn es darum geht, klar abzugrenzen, was die Kompetenzen der Psychologinnen und Psychologen von denen anderer Berufsgruppen unterscheidet. Auch wird deutlich, inwieweit institutionelle und gesetzliche Vorgaben das Handeln von Pädagogischen Psychologinnen und Psychologen kanalisieren und wie beziehungsweise wo Psychologinnen und Psychologen an der Ausgestaltung und Veränderung solcher Vorgaben mitwirken.

Der vorliegende Band entstand im Rahmen von zwei Lehrveranstaltungen an den Universitäten Heidelberg und Mannheim im Jahr 2016, die unter der Leitung von Oliver Dickhäuser und Birgit Spinath stattfanden. Im Rahmen dieser Seminare haben sich interessierte Studierende mit dem jeweiligen Berufsfeld beschäftigt und anhand von Literatur und Informationen über die späteren Interviewten und ihre Einrichtungen einen Interviewleitfaden erarbeitet, auf dessen Grundlage die interviewten Praktikerinnen und Praktiker einen tiefen Einblick in ihre Tätigkeit geben konnten. Die Studierenden besuchten anschließend die Interviewpartner in ihren Einrichtungen, führten die Interviews durch, videografierten und transkribierten sie.

In den Interviews berichten die Praktikerinnen und Praktiker vom Inhalt ihrer Arbeit, erläutern die eigene Berufsbiografie und werden für die Leserin und den Leser auf der Grundlage lebendiger Schilderungen aus dem Berufsalltag auch als Person greifbar. Um ein direktes Bild der Interviewten zu bekommen, ergänzen Kurzversionen der Interviews in Videoform die schriftlichen Texte. Diese Videos sind über die mithilfe der Springer MutimediaApp scanbaren Abbildungen oder die genannte URL einfach verfügbar. Wir sind den Kolleginnen und Kollegen die sich für die Interviews zur Verfügung gestellt haben dankbar, dass sie uns diese Einblicke in ihre Arbeit gewährten. Die Zusammenarbeit gestaltete sich als äußerst professionell und verlässlich. Wir sind auch den jeweiligen Einrichtungen zu Dank verpflichtet, die ihren Mitarbeiterinnen und Mitarbeitern gestattet haben, an diesem Projekt mitzuwirken und Einblick in die berufliche Praxis zu gewähren.

Nach eigenem Bekunden hat den beteiligten Studierenden die Mitarbeit an diesem Buch große Freude bereitet. Es war ihnen möglich, konkrete Anwendungsfelder der Pädagogischen Psychologie besonders intensiv kennenzulernen, den eigenen beruflichen Interessenshorizont zu erweitern und zu schärfen, neue Einrichtungen zu besuchen oder auch für die eigene berufliche Laufbahn wichtige Kontakte zu knüpfen. Vor allem aber war es für die Studierenden eine wertvolle Erfahrung, an der Aufarbeitung und Bereitstellung all dieses Wissens für eine größere Gruppe – die Leserschaft dieses Buches – mitzuwirken. Für ihre engagierte Mitarbeit an diesem Buchprojekt möchten wir den beteiligten Studierenden, die in den jeweiligen Kapiteln auch als Interviewer namentlich genannt sind, noch einmal herzlich danken.

Darüber hinaus danken wir Maurice Wendel sowie Lena Schwinge, die wesentliche Unterstützung für die technische Realisierung der Videos geleistet haben, und Leo Wenger für die Unterstützung bei der Formatierung der Manuskripte.

Wir als Herausgeberin und Herausgeber teilen die Einschätzung, dass die Vorbereitung dieses Buches eine wertvolle Erfahrung war. Vor allem hat uns die Arbeit an und mit den Interviews einmal mehr davon überzeugt, dass die Pädagogische Psychologie ein ausgesprochen wertvolles und spannendes Fach ist und dass sich eine berufliche Tätigkeit im Feld der Pädagogischen Psychologie sehr gut dazu eignet, Personen eine gesellschaftlich relevante und erfüllte Berufstätigkeit zu ermöglichen. Wir sind sehr froh und dankbar dafür, dass die Arbeit an diesem Buch uns diese Tatsache – auch mit Blick auf unsere eigene Berufstätigkeit – einmal mehr vor Augen geführt hat.

Literatur

Abele-Brehm, A. (2017). Zur Lage der Psychologie. *Psychologische Rundschau, 68*, 1–19.
Bajwa, N. & König, C. (Hrsg.) (im Druck). *Karriereperspektiven in der Arbeits- und Organisationspsychologie*. Heidelberg: Springer.
Margraf, J. (2015). Zur Lage der Psychologie. *Psychologische Rundschau, 66*, 1–30.
Mendius, M. & Werther, S. (Hrsg.) (2014). *Faszination Psychologie – Berufsfelder und Karrierewege*. Heidelberg: Springer.
Spinath, B. (im Druck). Berufsfelder der Pädagogischen Psychologie. In D. Rost, J. Sparfeldt & S. Buch (Hrsg.), *Handwörterbuch Pädagogische Psychologie* (5. Aufl.). Weinheim: Beltz.
Spinath, B. & Brünken, R. (2016). *Pädagogische Psychologie – Diagnostik, Evaluation und Beratung*. Göttingen: Hogrefe.

Erziehungs-, Partnerschafts- und Lebensberatung

Bodo Reuser

2.1   Einleitung – 6

2.2   Interview mit Dipl.-Psych. Bodo Reuser – 6

       Literatur – 19

Die Online-Version für das Kapitel (https://doi.org/10.1007/978-3-662-554411-1_2) enthält Zusatzmaterial, welches berechtigten Benutzern zur Verfügung steht. Laden Sie sich zum Streamen der Videos die „Springer Multimedia App" aus dem iOS- oder Android-App-Store und scannen Sie die Abbildung, die den „play button" enthält.

© Springer-Verlag GmbH Deutschland 2018
O. Dickhäuser, B. Spinath (Hrsg.), *Berufsfelder der Pädagogischen Psychologie*,
Meet the Expert: Wissen aus erster Hand, https://doi.org/10.1007/978-3-662-55411-1_2

2.1 Einleitung

Oliver Dickhäuser

In einem sehr breit aufgegriffenen Modell der lebenslangen Laufbahnentwicklung beschreibt Donald Super (1980) menschliche Entwicklung als eine Kombination und Sequenz von Rollen, die eine Person im Verlauf ihres Lebens einnimmt. Zwei wichtige dieser von Super beschriebenen Rollen sind die Rolle als Kind und die Rolle als Partner. Alle Menschen sind Kinder ihrer Eltern und verbringen meist einen beträchtlichen Teil ihres Lebens gemeinsam in der Familie. Und häufig leben Menschen in einer Partnerschaft. Aus diesen Formen des sozialen Zusammenlebens und der Interaktion können spezifische Schwierigkeiten erwachsen, bei denen es besonderer psychologischer Unterstützung bedarf. So können etwa in der Interaktion in der Familie Erziehungsschwierigkeiten entstehen, denen sich Eltern nicht mehr ohne Hilfe gewachsen sehen; Kinder können sich in der Familie in ihrem Wohl gefährdet sehen; Partner können im Zusammenleben Konflikte erleben, trennen sich möglicherweise und müssen dann, sofern sie Kinder haben, über die Frage der Fortsetzung ihrer Erziehungsaufgaben trotz beendeter Partnerschaft nachdenken (vgl. Fuhrer 2009).

Beratungsstellen für Erziehungs-, Partnerschafts- und Lebensberatung wollen für Personen in diesen herausfordernden Situationen Unterstützungsangebote bereitstellen (Hundsalz 1996). Für die Bereitstellung dieser Unterstützungs- und zusätzlicher Präventionsangebote arbeiten in den Beratungsstellen multiprofessionelle Teams. Pädagogische Psychologinnen und Psychologen nehmen in solchen Teams aufgrund ihres spezifischen Könnens und Wissens eine sehr wichtige Rolle ein.

Große Teile der Unterstützungsangebote dieser Beratungsstellen, etwa bei Kindeswohlgefährdung, Erziehungsproblemen oder bei Scheidung mit Blick auf Kinder, dienen der Hilfe zur Erziehung. Der Anspruch auf solche Hilfen ist in Deutschland durch entsprechende Vorgaben des Sozialgesetzbuches VIII geregelt. Obwohl solche Leistungen kommunal finanziert werden, erfolgt die Erbringung der Leistungen in der Regel durch freie, von den finanzierenden Stellen unabhängige Träger. Da die gesetzlichen Vorgaben den Rahmen für psychologisches Handeln in solchen Beratungsstellen nicht unbeträchtlich beeinflussen, ist es eine wichtige berufspolitische Aufgabe für Pädagogische Psychologinnen und Psychologen, mithilfe entsprechender Interessenverbände an der Weiterentwicklung und Neuausgestaltung der gesetzlichen Vorgaben mitzuwirken, um so bessere Möglichkeiten für professionelle, bedarfsgerechte Beratungsarbeit erwirken zu können.

Im Folgenden wird das Arbeitsfeld der Erziehungs-, Partnerschafts- und Lebensberatung durch Dipl.-Psych. Bodo Reuser vorgestellt. Er ist Leiter einer entsprechenden Beratungsstelle in Trägerschaft der Evangelischen Kirche und berichtet von der inhaltlichen Arbeit in der Beratungsstelle ebenso wie von seinem fachpolitischen Engagement in der Landesarbeitsgemeinschaft für Erziehungsberatung Baden-Württemberg und der Bundeskonferenz für Erziehungsberatung.

2.2 Interview mit Dipl.-Psych. Bodo Reuser

Das Interview führten Larissa Leister und Vanessa Renner im September 2016. Zu diesem Zeitpunkt war Dipl.-Psych. Bodo Reuser Leiter und Geschäftsführer der Psychologischen Beratungsstelle in Mannheim.

Interviewerin:

Sie arbeiten als Leiter und Geschäftsführer der Psychologischen Beratungsstelle, einer Einrichtung der Evangelischen Kirche in Mannheim. Zu Beginn würde uns interessieren, welche Angebote die Psychologische Beratungsstelle bereithält. Welche Formen der Beratung bieten Sie an?

2.2 · Interview mit Dipl.-Psych. Bodo Reuser

Dipl.-Psych. Bodo Reuser:
Die Besonderheit unserer Stelle besteht darin, dass wir eine sogenannte integrierte Beratungsstelle sind, das heißt, dass wir nicht nur Erziehungsberatung, sondern zusätzlich Ehe- oder Partnerschaftsberatung sowie Lebensberatung durchführen. Man könnte sagen, wir zeichnen uns dadurch aus, dass wir Menschen quasi von der Geburt bis zur Bahre beraten und begleiten können. Diese Zusammenstellung von Beratungsangeboten findet man häufig bei Psychologischen Beratungsstellen in evangelischer Trägerschaft.

In der Erziehungsberatung gab es früher, das heißt vor ca. 30 Jahren, im Grunde genommen nur zwei Bereiche. Das waren einmal die reinen Beratungs- bzw. Therapieangebote mit der dazugehörenden Diagnostik als überwiegende Aufgabe sowie die präventiven Tätigkeiten – in einem Verhältnis von ca. 5:1. Zu letzteren gehört, in andere Einrichtungen zu gehen, wie z. B. Kindertagesstätten, um Vorträge zu halten, mit Gruppen zu arbeiten, Erzieherinnen zu beraten und Ähnliches.

Heute hingegen ist das Tätigkeitsfeld in der Erziehungsberatung sehr diversifiziert. Wir haben hier bis zu 50 spezielle Aufgaben. Dazu gehören z. B. das spezielle Beratungsangebot für Trennungs- oder Scheidungsfamilien, die eine Auflage von Seiten des Gerichts haben; spezielle Gruppenangebote für Kinder psychisch kranker Eltern bzw. solche, deren Eltern sich trennen oder in Scheidung leben; die Beratung Jugendlicher, die eine Gerichtsauflage erteilt bekamen; fachdienstliche Aufgaben für das Jugendamt; die Einschätzung von Kindeswohlgefährdung als „insofern erfahrene Fachkraft" etc. Bei Letzterem geht es darum, dass wir anderen Fachkräften, die professionell mit Kindern zu tun haben, helfen einzuschätzen, ob eine Kindeswohlgefährdung vorliegt und ob in der Folge eingreifend gehandelt, sprich, ob das Kind aus der Familie genommen werden muss oder welche Unterstützungsmaßnahmen sonst hilfreich wären. 20 dieser bis zu 50 Aufgabenbereiche erfordern, zusätzlich zur universitären Ausbildung, spezielle Fortbildungen zur Bewältigung des jeweiligen Aufgabenbereichs.

I:
Wer kommt zu Ihnen in die Beratungsstelle, und welche Anliegen haben diese Menschen?

BR:
In der Erziehungsberatung melden sich Eltern meist wegen eines „Problems" im Zusammenhang mit dem Kind oder Jugendlichen an oder wegen Erziehungsfragen oder Erziehungsschwierigkeiten. Ein weiterer häufiger Grund heutzutage sind Paarkonflikte oder Trennungs-/Scheidungsabsichten etc.

Nach dem Gesetz besteht ein Rechtsanspruch auf eine Hilfe zur Erziehung, in unserem Fall dann auf Erziehungsberatung, wenn das Wohl eines Kindes oder Jugendlichen, eine gelingende Erziehung oder eine förderliche Entwicklung infrage stehen. Die Eltern haben dann diesen Rechtsanspruch. Sie können einen Bedarf geltend machen, nämlich dass das Kind, der Jugendliche, die Eltern oder die Familie Hilfe brauchen. Hier betrifft die Beratung alle Altersstufen von Kindern bzw. Jugendlichen bis zu Volljährigen – vielerorts auch für junge Erwachsene bis zur Vollendung des 27. Lebensjahres.

Der Ansatz der Erziehungsberatung ist sehr unterschiedlich. Im Säuglingsalter beraten wir z. B. Eltern mit Schreibabys oder mit Kleinkindern mit Durchschlaf- oder Regulationsstörungen. Beratungen zu solch einem frühen Zeitpunkt sind insofern besonders hilfreich, weil die Probleme noch nicht chronifiziert sind, das heißt sich noch nicht zu dauerhaft schwierigen Verhaltensmustern, Auffälligkeiten oder gar Störungen entwickelt haben.

Andere Anlässe sind Verunsicherungen bis hin zu Ängsten von Eltern bei den alltäglichen Erziehungsherausforderungen, Befürchtungen oder Ängste, was die Entwicklung der Kinder bzw. Jugendlichen betrifft, emotionale und soziale Probleme der Kinder, aggressives oder sehr zurückgezogenes Verhalten z. B. im Kindergarten, Leistungs- oder Verhaltensauffälligkeiten in der Schule, Konflikte im familiären Zusammenleben, Konflikte mit den pubertierenden Jugendlichen etc.

Es wenden sich gelegentlich auch ältere Kinder oder Jugendliche an die Beratungsstelle und benennen ihrerseits Sorgen, Ängste, Konflikte oder Gewalt in der Familie, die sie sehr beeinträchtigen oder belasten und bei denen sie sich alleine und überfordert fühlen. Nach dem Bundeskinderschutzgesetz haben Kinder und Jugendliche ein Recht auf Hilfe für sich, ohne dass dies über die Eltern geltend gemacht werden müsste. Entsprechend haben sie auch ein Recht auf Vertrauensschutz.

In der Ehe-/Paarberatung geht es um Probleme in der Partnerschaft, einen Mangel an Kommunikation, Missverständnisse und Konflikte; zum Teil geht es auch um psychische oder körperliche Gewalt, um familiäre Generationskonflikte etc. Ein Teil der Paare kommt erst zu einem Zeitpunkt, zu dem schon viele Kränkungen und Verletzungen stattgefunden haben und damit erst so spät, dass die Konflikte schon derart heftig geworden sind, dass die Paare sich auseinandergelebt haben und keine gemeinsame Perspektive mehr entwickeln können.

In der Lebensberatung werden häufig Probleme mit Mitmenschen genannt, Abbrüche von Beziehungen, Schwierigkeiten am Arbeitsplatz bis zu Mobbing, existenzielle Fragen, depressive Symptome, ein Mangel an Perspektive bis zu Lebensüberdruss und Suizidgedanken.

I:
Bei Ihrer Beratungsstelle handelt es sich um eine Einrichtung in kirchlicher Trägerschaft. Wie unterscheidet sich die Arbeit in einer solchen Einrichtung von der in einer Einrichtung in nichtkirchlicher Trägerschaft?

BR:
Einerseits ist der Unterschied gar nicht so groß, wenn man bedenkt, dass in allen Beratungsstellen unterschiedlicher Trägerschaft in etwa die gleichen Berufsgruppen tätig sind. Das beratendtherapeutische Handeln ist von Trägerseite her eigentlich nicht beeinflusst. Da spielen vielmehr die Therapiemethoden eine Rolle, das heißt das dahinterliegende Menschenbild und das entsprechende Vorgehen in den Begegnungen zwischen Berater bzw. Therapeut und Klient.

Für die Erziehungsberatung sind darüber hinaus die gesetzlichen Bestimmungen von Bedeutung, das heißt der § 28 SGB VIII (Sozialgesetzbuch VIII, auch Kinder- und Jugendhilfegesetz genannt). Hier ist geregelt, was Erziehungsberatung beinhaltet. Außerdem ist hier die Rede von einem multidisziplinären Team, das vorausgesetzt wird. Gemeint sind damit Fachkräfte verschiedener Professionen, nämlich solche der Psychologie, Sozialen Arbeit, Sozial- oder Heilpädagogik, Pädagogik etc.

Andererseits gibt es Punkte, die einen Unterschied ausmachen können. Zum Beispiel hören wir mitunter, dass Klienten Vorbehalte gegenüber einer Beratungsstelle in städtischer bzw. Landkreis-Trägerschaft haben. Diese sind in öffentlicher Hand und werden von den Ratsuchenden mit dem Jugendamt in Zusammenhang gebracht. Dadurch entstehen bei manchen Ratsuchenden Ängste vor der „Macht des Staates" oder Befürchtungen, dass z. B. im Nachgang der Erziehungsberatung das Jugendamt das Kind wegnehmen könnte. Da ist es durchaus hilfreich, wenn der Träger die evangelische oder katholische Kirche ist oder ein freier Verein, die mit den Jugendämtern nicht unmittelbar in Verbindung gebracht werden, weshalb Ratsuchende gezielt solche Stellen aufsuchen – nicht unbedingt, weil sie religiös sind, sondern aus den geschilderten Gründen. Menschen, die religiös sind, kommen aber auch gezielt zu uns, wodurch schnell ein Vertrauensverhältnis aufgebaut werden kann. Die kirchlichen Beratungsstellen werden aber auch von manchen Ratsuchenden skeptisch gesehen, z. B. wenn ein missionarischer oder werbender Anspruch vermutet wird.

2.2 · Interview mit Dipl.-Psych. Bodo Reuser

Ein Argument für unterschiedliche Trägerschaft ist das Subsidiaritätsprinzip, das im SGB VIII verankert ist. Das besagt, dass die öffentliche Hand dafür verantwortlich ist, z. B. Erziehungsberatung in jeder Gebietskörperschaft (das sind die kreisfreien Städte und Landkreise) vorzuhalten, das heißt, es muss in jedem Stadt-/Landkreis mindestens eine Erziehungsberatungsstelle vorhanden sein. Diese sollte laut Gesetz erst mal an freie Träger vergeben werden, um der Pluralität gerecht zu werden und diese sogar zu nutzen und um keine Interessenskonflikte entstehen zu lassen. Deshalb und wegen des Wunsch- und Wahlrechts der Bürger existieren in vielen Stadt- und Landkreisen mehrere Beratungsstellen unterschiedlicher Träger – hier in unserer Kommune eine des Caritasverbands, der Evangelischen Kirche und der Stadt Mannheim.

Ein weiterer Unterschied besteht, wie bereits erwähnt, darin, dass Beratungsstellen im evangelischen Raum zu über der Hälfte sogenannte integrierte Stellen sind, die also Erziehungs-, aber auch Ehe- und Lebensberatung und mancherorts sogar noch Schwangerenkonfliktberatung entsprechend eines ganzheitlichen Verständnisses anbieten.

Eine Besonderheit unserer kirchlichen Trägerschaft sehe ich auch darin, dass wir als evangelische Stelle unser Beratungs- und Hilfeangebot als einen Beitrag im Rahmen des kirchlichen Seelsorgeauftrags verstehen. Das bedeutet, dass wir auch der religiösen Dimension des Lebens versuchen, gerecht zu werden, sofern dies für Klienten von Belang ist. Wir sind aufgeschlossen und ansprechbar für spirituelle oder geistliche Fragen, können hierauf eingehen und begleiten. Zusätzlich können wir bei Bedarf auch auf die kirchliche Infrastruktur zurückgreifen, um weitere sinnvolle Hilfen oder Ergänzungen anzubieten.

Man könnte vielleicht auch sagen, das, was vor Jahrhunderten ausschließlich der Pfarrer als Seelsorger gemacht hat, wird heute auch von Psychologischen Beratungsstellen angeboten. Das beinhaltet, dass wir uns im Team auch mit existenziellen und spirituellen Fragestellungen beschäftigen, um gegebenenfalls den Ratsuchenden hier ein hilfreiches Gegenüber sein zu können.

I:
Könnten Sie uns bitte die zentralen, wiederkehrenden Aufgaben in Ihrem Arbeitsalltag beschreiben?

BR:
Was sich in den letzten zwei Jahrzehnten sehr deutlich herauskristallisiert hat, ist die Trennungs- und Scheidungsberatung als ein zentraler Bereich der Beratung. Menschen können sich durch die Art und Weise, wie wir heute leben, eher vorstellen, sich zu trennen. Frauen und Männer sind heute häufig selbstbestimmter und wirtschaftlich unabhängiger als früher, sodass eine Trennung gelebt werden kann, wenn die partnerschaftliche Beziehung keine Perspektive mehr bietet. Das beginnt sich allerdings gerade wieder etwas zu verändern, weil eine Scheidung in vielen Verhältnissen ein wirtschaftliches Risiko darstellt.

In der Erziehungsberatung hat sich infolge der steigenden Scheidungsrate vielerorts eine hohe Kompetenz im Bereich der Paarberatung entwickelt. Außerdem hat sich eine Zusammenarbeit mit den Familiengerichten entwickelt (auf der Grundlage des Gesetzes über das Verfahren in Familiensachen und in den Angelegenheiten der freiwilligen Gerichtsbarkeit). Ich meine hier den sogenannten Elternkonsens. Wenn Richter sehen, dass es schwierig ist, ein tragfähiges Urteil bezüglich Sorge- oder Umgangsrecht zwischen den Elternteilen – häufig wäre „Streitparteien" der angemessenere Ausdruck – zu fällen, können sie den Prozess vor Gericht aussetzen, um die Eltern nach einem vereinbarten Prozedere in eine Erziehungsberatungsstelle zu schicken. Dort soll dann eine Vereinbarung ausgehandelt werden, die zum Ziel hat, den Blick auf das Kind nachhaltig zu fördern, das Wohl des Kindes in den Mittelpunkt zu rücken und die erzieherische Verantwortung der Elternteile zu stärken. Werden Vereinbarungen durch den Beratungsprozess erzielt, wird die familiengerichtliche Verhandlung auf der Grundlage der Vereinbarungen zwischen den Elternteilen weitergeführt und ein Urteil gefällt. Damit haben wir gute Erfahrungen gesammelt, weil im Beratungsprozess vor allem auf das Kind geachtet wird und darauf, Strategien mit den Elternteilen zu entwickeln, wie sie sich von dem Trennungskampf, der mitunter gewaltig ausgetragen wird, lösen können. Das Ziel ist, dass sich die Elternteile zum Wohle des Kindes ergänzen, indem sie ihre jeweilige elterliche Verantwortung dem Kind gegenüber wahrnehmen und indem sie akzeptieren, kein Liebes- bzw. Hasspaar mehr zu sein. Insofern handelt es sich bei dem Elternkonsens um eine häufig nicht einfache, aber für die Betroffenen sehr wertvolle und wichtige Arbeit.

Ein anderer zu erwähnender Bereich sind die sogenannten Frühen Hilfen. Dabei versuchen wir, so früh wie möglich Eltern oder Familien zu erreichen und Hilfestellung zu geben, um frühzeitig (häufig sogar mit wenig Aufwand) viel bewirken zu können und um die Manifestation von Störungen und Belastungen und damit aufwendigere und kostenintensivere Hilfen zu einem späteren Zeitpunkt zu vermeiden. Erwähnen möchte ich, dass die Erziehungsberatung noch vor über zehn Jahren Familien/Eltern mit Säuglingen und Kleinkindern nur zu einem geringen Anteil erreichte, nämlich zu nur 2 %–3 %. Das erkläre ich mir damit, dass Eltern nach der Geburt ihres Kindes meist die medizinische Versorgung viel eher im Blick haben, was sich z. B. durch die U1- bis U9-Untersuchungen fast zwangsläufig ergibt. Vor dem Hintergrund der bedeutungsvollen Entwicklungszeit im Säuglings- und Kleinkindalter hat sich die institutionelle Erziehungsberatung den Herausforderungen gestellt und im Kanon der Frühen Hilfen ihren Beitrag geleistet. Das hat zur Folge, dass heute der Anteil der Familien/Eltern mit Säuglingen und Kleinkindern unter allen Ratsuchenden um das Vierfache gewachsen ist und bei ca. 12 % im Bundesdurchschnitt liegt.

Kinder psychisch kranker Eltern sind eine weitere wichtige unserer Beratungsstelle. Wenn ein Elternteil so krank ist, dass er nicht mehr für das Kind sorgen kann, kann es im Extremfall dazu führen, dass das Kind für Mutter bzw. Vater Sorge trägt und sie teilweise sogar versorgt, obwohl es ja umgekehrt sein sollte. Uns war schon vor über 15 Jahren aufgefallen, dass eine gute psychiatrische Versorgung für psychisch kranke Erwachsene und Kinder besteht. Allerdings waren damals Kinder mit einem psychisch kranken Elternteil gar nicht im Fokus und damit übersehen worden. Wir konnten das im Rahmen eines dreijährigen Projekts bestätigen finden und ein Hilfsangebot sowie Vernetzungs- und Kooperationsstrukturen entwickeln. Heute handelt es sich bei den Angeboten für Familien mit einem psychisch kranken Elternteil vielerorts um ein Regelangebot.

Ein weiterer hoher Anteil sind Anfragen, bei denen sich herausstellt, dass sich Eltern in ihrer Rolle oder bezüglich ihrer Verantwortung überfordert fühlen, den Kindern gegenüber starr, übermächtig, gewaltsam, hilflos, indifferent oder keine Grenzen setzend verhalten – also ihrer elterlichen Verantwortung nicht gerecht werden.

Besondere Aufmerksamkeit finden Lebenslagen von Familien, die für die Entwicklung von Kindern als risikobehaftet gelten: Familien in prekären Lebenslagen, mit Migrationshintergrund, in denen Gewalt und Vernachlässigung eine Rolle spielen, mit Suchterkrankungen, mit chronisch Kranken, Behinderten oder Verlusterfahrungen z. B. durch Tod oder die genannten konfliktreichen Trennungs-/Scheidungsprozesse.

I:
Wenn eine Familie mit einem Problem zu Ihnen kommt, welche Aufgaben kommen dann im Speziellen auf Sie zu?

BR:
Der erste Kontakt der Ratsuchenden mit der Beratungsstelle findet meist per Telefon statt, gelegentlich aber auch persönlich. In diesem Anmeldegespräch stellen wir den Ratsuchenden einige vorgegebene Fragen, deren Beantwortung für die anschließende Fallvergabe von Bedeutung ist

und durch die die Beratungsfachkraft vor Kontaktaufnahme mit den Klienten bereits erste Hypothesen generieren kann. Nach der Fallvergabe folgt die telefonische Kontaktaufnahme durch die Beratungsfachkraft zur Terminvereinbarung. Gelegentlich kann dieses Telefonat in eine Art telefonische Kurzzeitberatung übergehen. Ansonsten beginnt die Beratung mit dem Erst- oder Anamnesegespräch.

Ausgehend vom Anmeldegrund schauen wir uns an, was die Klienten als Problem beschreiben, also was der Anlass für sie ist, die Beratungsstelle aufzusuchen. Manche Fragestellungen erfordern eine testdiagnostische Abklärung, und wir beziehen selbstverständlich andere Erkenntnisse mit ein, z. B. Ergebnisse medizinischer Abklärungen, ein Gespräch mit Erzieherin oder Lehrer etc. Um mit Personen anderer Einrichtungen Kontakt aufnehmen zu dürfen, benötigen wir jedoch eine schriftliche Schweigepflichtsentbindung, die nur auf die jeweilige kontaktaufnehmende Person und diesen Zweck beschränkt erteilt wird.

Die Analyse dessen, was von den Klienten als Probleme benannt werden dient vor allem dazu herauszufinden, welche Bedeutung (welchen Sinn) es für und in der Familie hat – auch wenn es erst mal als störend, ungewollt oder auffällig bezeichnet wird. Wir schauen, wie das Umfeld beschaffen ist, welche Bedingungen und Ressourcen hier bestehen. Wir suchen mit den Ratsuchenden, in welche Richtungen für sie Lösungen entwickelt werden können, damit sie diese ausprobieren. Wir versuchen die Klienten dafür zu gewinnen, dass sie mit den entwickelten Ideen experimentieren. Die dabei gewonnenen Erfahrungen werden beim nächsten Termin mit der Fachkraft reflektiert.

Da das Erstgespräch immer auch eine Intervention darstellt, kann der Prozess gelegentlich schon mit einem Gespräch beendet sein. Laut Bundesstatistik ist dies in ca. einem Fünftel aller Fälle gegeben.

I:
Welche spezifischen Aufgaben haben Sie als Leiter und Geschäftsführer der Einrichtung?

BR:
Zum einen sind da administrative Aufgaben. Das heißt, ich kümmere mich um das Geld, um Rahmenverträge, um Kooperation, Kontakte, Repräsentation, ich vertrete die Beratungsstelle und die Beratungsarbeit in Gremien.

Der andere Bereich, der mir persönlich gleich wichtig erscheint, ist Steuerung und Qualitätssicherung. Dabei geht es darum, darauf zu achten, welchen Herausforderungen sich die Stelle ausgesetzt sieht, wie gut die Mitarbeitenden aufgestellt sind, wie die Rahmenbedingungen des Arbeitens sind, was an Veränderung oder Weiterentwicklung nötig ist oder sinnvoll erscheint.

Als z. B. der § 8a (Kinderschutz) 2005 ins SGB VIII aufgenommen wurde, stellte sich sehr schnell heraus, dass hier die Erziehungsberatungsstellen eine neue Aufgabe zugedacht bekamen. In der Folge ging es um die Entwicklung und Implementierung von Abläufen für eine fachlich fundierte und frühzeitige Einschätzung einer möglichen Kindeswohlgefährdung. Dieser Auftrag wurde in vielen Erziehungsberatungsstellen sehr frühzeitig aufgegriffen und es wurde sich damit auseinandergesetzt. Vielfach mussten zusätzliche Fortbildungsveranstaltungen besucht werden, um eine notwendige Zertifizierung einer sogenannten „insofern erfahrenen Fachkraft" zu erlangen.

Zu sehen, was ansteht und was gemacht werden muss und im besten Fall zu sehen, was anstehen könnte und wie man sich gut darauf vorbereiten kann, gehört zur Steuerung der Beratungsstelle.

Natürlich zählt auch Innovation dazu. Als ich vor über 24 Jahren hier angefangen habe, waren wir noch eine ausschließlich behandlungsorientierte Einrichtung. Es gab sehr gute Psychotherapeuten und Psychotherapeutinnen an unserer Beratungsstelle. Sie waren aber weit entfernt von der Umsetzung oder praktischen Ausgestaltung was das damals neu in Kraft getretenen KJHG (Kinder- und Jugendhilfegesetz) betraf. Von daher stand es an, sich mit den neuen gesetzlichen Rahmenbedingungen, die einen Paradigmenwechsel darstellten, vertraut zu machen und die Arbeitsabläufe neu auszurichten. Dazu gehörte auch, neue Vorgehensweisen und Therapiemethoden zu integrieren. Dieser Prozess ist nicht reibungslos verlaufen. Die neuen Herausforderungen wurden nicht nur freudig als Verbesserung oder Chancen gesehen. Manche Veränderung wurde skeptisch betrachtet; manche liebgewonnene Arbeitsweise und fachliche Haltung sollten unverändert beibehalten bleiben.

Ein anderer Bereich ist die Begleitung der Mitarbeitenden. Dazu gehören Mitarbeitergespräche, um zum Beispiel zu hinterfragen, was gut läuft und womit die Fachkraft zufrieden ist, was Stolpersteine darstellt, wie die Zusammenarbeit im Team und mit der Leitung bilanziert wird, welche Entwicklungs- und Zielideen die Fachkraft sich setzt. Dabei ist es wichtig, auf der einen Seite die Bedarfe der Stelle zu sehen und auf der anderen Seite die Stärken, Interessen und Ressourcen der Mitarbeitenden zu nutzen, um ein gutes Ergebnis und gute Ziele zu entwickeln.

I:
Können Sie uns anhand eines Beispiels typische Fragestellungen der Erziehungsberatung erläutern? Können Sie uns erläutern, wie Sie als Psychologe solche Fragestellungen bearbeiten?

BR:
Nehmen wir als Beispiel an, dass ein Kind vom Kindergarten als auffällig eingestuft wird. Übrigens, statt von „verhaltensauffällig" spreche ich gerne von „verhaltensoriginell", „verhaltensfremd", „verhaltensungewohnt" etc. Damit wollen wir wegkommen von einer Etikettierung oder Stigmatisierung. Auf diese Weise ist dem Problem schon einmal die Spitze genommen. Zugleich ist es naheliegender, sich auf die Suche nach einem möglichen Sinn und daraus folgenden Lösungsideen zu machen.

Gehen wir also davon aus, dass die Erzieherin den Eltern gegenüber von aggressivem Verhalten des Kindes spricht und darauf hinweist oder drängt, dass die Eltern eine Erziehungsberatungsstelle aufsuchen sollen. Die Frage ist nur: Ist das Kind aggressiv oder erlebt die Erzieherin bzw. der Lehrer das kindliche Verhalten als störend? Wenn sich die Eltern wegen dieses Symptoms anmelden, besteht meist eine angespannte Situation in der Familie. Die Eltern wissen nicht weiter, fühlen sich vom Kind gestört oder von den Pädagoginnen unter Druck gesetzt. Dann ist es zuerst einmal ein ganz neuer Aspekt, wenn wir danach fragen, welchen Sinn der Anlassgrund haben könnte. In welchen Situationen sich das Verhalten zeigt? Wie die Eltern zu Hause darauf reagieren? etc. Diese Vorgehensweise ist alleine schon deswegen gerechtfertigt, weil alles Verhalten einen Sinn hat. Die Frage ist nur, ob wir oder die Ratsuchenden selbst den Sinn verstehen. Vordergründig könnte beispielsweise aggressives Verhalten abschreckend wirken. Man wird ärgerlich und geht auf Distanz zu dem aggressiven Kind. Wenn ich aber mehr über die familiäre Konstruktion weiß und mir denken könnte, dass das Verhalten eine Alarmglocke ist, hier stimmt etwas nicht; oder wenn es dafür steht, dass das Kind sich vernachlässigt fühlt und möchte, dass sich andere besser um das Kind kümmern; oder wenn es nicht anders kann, als die angestauten Spannung aus dem familiären Umfeld in der Kindertagesstätte rauszulassen, dann könnte das einen Sinn ergeben. Daher bevorzuge ich von sinnhaftem statt von auffälligem Verhalten zu sprechen. Unser Vorgehen, um solche Hypothesen über die Sinnhaftigkeit des Verhaltens zu entwickeln, ist also einerseits mit der Familie abzuklären, was hinter den Symptomen stecken könnte und im Weiteren nach Lösungswegen zu suchen – also eine Antwort auf den hintergründigen Sinn zu entwickeln. Aber, und das macht Erziehungsberatung nochmal so einzigartig, wir arbeiten sehr vernetzt, das heißt, wir nehmen Kontakt mit anderen Institutionen auf, in denen sich das Kind aufhält. In diesem Fall würden wir z. B. den Kindergarten kontaktieren. Dazu brauchen wir die schon genannte Schweigepflichtsentbindung der Eltern. Wir holen sozusagen den Kindergarten mit ins Boot, sodass wir zum Wohl des Kindes und der Familie gemeinsam auf die Bedürfnisse des Kindes wirken können. Das ist ein ganz wichtiger Punkt, andere Lebensbereiche des Kindes einzubeziehen.

I:
Mit welchen Methoden arbeiten Sie als psychologischer Berater?

BR:
Ich habe vorhin schon gesagt, dass im § 28 des KJHG davon die Rede ist, dass „Fachkräfte verschiedener Fachrichtungen zusammenwirken" sollen. Entstanden ist dieses professionelle Verständnis in der Nachkriegszeit. Die amerikanische Verwaltung wollte, dass Erziehungsberatungsstellen neu aufgebaut werden. Modell standen dafür die amerikanischen Child Guidance Clinics. Dort war es üblich, dass Sozialarbeiter, Ärzte, Psychologen und Heilpädagogen zusammenarbeiteten, wenn es um psychiatrische oder kinderpsychologische Fragen ging. Das heißt, in der Erziehungsberatung arbeiten unterschiedliche Berufsgruppen mit verschiedenen Methoden zusammen. An Berufsgruppen sind klassischerweise immer Psychologen, Sozialarbeiter, Sozialpädagogen, Diplom- oder Heilpädagogen beschäftigt, früher mancherorts auch Ärzte, Logotherapeuten und andere.

Was den Diplom-Psychologen besonders kennzeichnet, ist seine diagnostische Fähigkeit, womit er sich im Studium sehr intensiv beschäftigt. Wichtig für die Erziehungsberatung sind auch Entwicklungspsychologie, Sozialpsychologie, Persönlichkeitspsychologie und Ähnliches. Das alles wird angewandt auf die Arbeit mit Familien. Zusätzlich ist es äußerst sinnvoll und von daher auch üblich, dass eine an das Studium angeschlossene, mehrjährige Therapieausbildung absolviert wird, z. B. im Bereich tiefenpsychologischer, analytischer, humanistischer oder verhaltenstherapeutischer Verfahren. Je mehr unterschiedliche Schulen in einer Stelle vertreten sind, umso mehr ist eine Multidisziplinarität gegeben.

I:
Wie kann man die Arbeit als Psychotherapeut von der Arbeit als psychologischer Berater abgrenzen? Wo endet Beratung und wo beginnt Psychotherapie?

BR:
Ich sehe es nicht als abgegrenzt, sondern würde es viel eher als ein Kontinuum bezeichnen. Meiner Meinung nach sind die beiden Bereiche nicht trennbar, sondern stark überlappend. Ich würde es auch nicht in eine Wertigkeit bringen. Es gibt Personen, die denken, Therapie ist das Eigentliche und Beratung nur untergeordnet. Annemarie Dührssen bezeichnete schon in den 1950er Jahren die Beratung als die größere Kunst. Hier muss ich nämlich abgrenzen können, wann ich noch mit Beratungsgesprächen vorankommen kann und wann ich in Therapieprozesse einsteigen muss. Ich finde es allerdings müßig, in solch einer Weise vergleichen zu wollen. Was ich sagen würde, ist: Wir haben in der Erziehungsberatung die Kompetenz, unterschiedliche Therapiemethoden in der Beratungssituation anwenden zu können, und verfügen über unterschiedliche Berufsgruppen – dazu gehören auch Psychologische Psychotherapeuten (PP) sowie Kinder- und Jugendlichenpsychotherapeuten (KJP). An unserer Beratungsstelle sind über die Hälfte der Mitarbeitenden approbierte Psychotherapeuten, KJP und PP. Der Vorteil besteht darin, dass wir sehr schnell entscheiden können, wann es sich um eine „Behandlung einer Störung mit Krankheitswert" im Sinne des SGB V handelt, also einer therapeutischen Hilfe im Rahmen des Gesundheitswesens, oder ob wir sinnvollerweise eine Jugendhilfemaßnahme einleiten können.

Bei einer Behandlung nach dem SGB V stellt sich die Frage, wann Symptome einen Krankheitswert haben, der eine Psychotherapie gerechtfertigt erscheinen lässt. Im Gegensatz dazu geht es im SGB VIII um einen „erzieherischen Bedarf im Einzelfall", um „die Gewährung pädagogischer und damit verbundener therapeutischer Maßnahmen" (§ 27 SGB VIII). Eltern haben bei der Erziehung eines Kindes oder Jugendlichen „Anspruch auf Hilfe, wenn eine dem Wohl des Kindes oder Jugendlichen entsprechende Erziehung nicht gewährleistet und die Hilfe für seine Entwicklung geeignet und notwendig ist" (§ 27 SGB VIII). Die Abgrenzung ist also durch das im Zusammenhang mit den Sozialgesetzbüchern unterschiedliche Verständnis und die daraus resultierenden Haltungen und Handlungen begründet.

Zudem sind Psychotherapien in der Regel längerfristige und auf das Individuum bezogene Prozesse. In der Erziehungsberatung versuchen wir, möglichst schnell eher kurzfristige Hilfen zu erbringen. Und wir sind ressourcen- und lösungsorientiert.

Wenn wir den Eindruck haben, es liegt ein typisches Therapieproblem vor, dann vermitteln wir die Klienten an niedergelassene Kollegen. Das geschieht entweder schon bei der Anmeldung oder nach dem Erstgespräch. Es gibt auch Fälle, in denen das eher zum Scheitern verurteilt ist, z. B., wenn die Ratsuchenden sich schon schwergetan haben, überhaupt in die Beratungsstelle zu kommen, und wahrscheinlich keinen weiteren Versuch zu einem niedergelassenen Therapeuten unternehmen, oder wenn Rastsuchende keinen Anspruch auf die Therapie von den Krankenkassen bewilligt bekommen, weil sie bereits mehrere Therapien durchlaufen haben. In solchen Fällen sagen wir – als kirchliche Stelle allemal –, dass die Ratsuchenden selbstverständlich zu uns kommen können und wir auch therapeutisch mit ihnen arbeiten.

Aus dieser Handhabung ergibt sich ein gewünschter Effekt für die Beratungsstelle, nämlich die eher kurze Wartezeit. Aus fachlicher Sicht sagen wir, dass eine Wartezeit bis zu vier Wochen noch vertretbar ist, abgesehen von Krisensituationen, in denen sofortige Termine vergeben werden. Niedergelassene Psychotherapeuten haben dagegen mehrere Monate Wartezeit, wenn nicht genügend Therapieplätze in der Region bestehen oder die Nachfrage sehr hoch ist.

I:
Welche verschiedenen Ansätze verfolgen Sie bei der Arbeit in der Gruppen- und Einzelberatung?

BR:
Die Frage, wann therapeutisch in einer Gruppe oder mit einzelnen Ratsuchenden gearbeitet wird, hängt zum einen davon ab, ob Gruppen- oder Einzeltherapeuten zur Verfügung stehen, und zum anderen davon, welche Indikationsstellung vorliegt. Es gibt bestimmte persönliche Merkmale und Anlässe, da wäre eine Gruppe – zumindest am Anfang – nicht hilfreich. Ich selbst bin Gruppentherapeut und muss sagen, dass ich die Gruppe als therapeutisches Instrument sehr wertvoll finde. Wenn z. B. ein Teilnehmer einer Gruppe am Ende einer therapeutischen Arbeit in der Abschlussrunde die Erfahrungen der anderen Teilnehmenden hören kann, dann kann das die Interventionen des Therapeuten ergänzen oder um ein Vielfaches verstärken.

Wir bieten an unserer Beratungsstelle Erwachsenengruppen in der Lebensberatung sowie Eltern- und Kindergruppen in der Erziehungsberatung an. Wenn z. B. Kinder Probleme haben, die mit Kindergruppentherapie bearbeitet werden können, dann setzen wir das bevorzugt um, denn bei den Kindern zählt das eben Gesagte noch mehr: Kinder lernen viel mehr in sozialen Interaktionen von und mit anderen Kindern. Besonders gute Erfahrungen haben wir mit Kindern psychisch kranker Eltern, mit Kindern aus Trennungsfamilien, mit Kindern eines suchtkranken Elternteils oder mit Kindern, die einen Elternteil durch Tod (plötzlich) verloren haben. Kindertherapeutische Angebote beinhalten immer auch eine begleitende Elternarbeit. Diese, insbesondere bei Kindergruppen, kann in Form von Elterngruppen sehr produktiv sein. Diesbezüglich mache ich sehr viele gute Erfahrungen, weil sich ja auch die Eltern untereinander in der Gruppe stützen können und/oder sich ein Netzwerk bildet.

Sogar Trauergruppen zur Bewältigung des Verlusts eines Partners bzw. Kindes durch Tod haben sich für mich in einer kleinen Gruppe (vier bis maximal sechs Klienten) als sehr hilfreich herausgestellt.

I:
Welche Herausforderungen ergeben sich in diesen verschiedenen Beratungsarten?

BR:
Die größte Herausforderung liegt darin, eine tragfähige therapeutische Beziehung zum Klienten aufzubauen. Es muss Vertrauen wachsen, sodass die Klienten sich in der Lage sehen, sich zu öffnen, sehr persönliche und intime Themen rauszulassen, um sich damit auseinanderzusetzen. Andere schwierige Themen, die Vertrauen und ein Gefühl von Sicherheit benötigen, sind Themen, die sehr viel mit Schuld und Scham zu tun haben, wenn es um sehr heftige, frühe biografische Ereignisse geht und um Krisen, in denen sich Menschen orientierungslos und handlungsunfähig fühlen. In der Gruppensituation wird das oftmals als schwieriger erlebt. Manchmal kann eine Gruppe für den Klienten (bzw. der Klient für eine Gruppe) überfordernd sein, sodass sich kein Vertrauen entwickelt oder das Einlassen auf sich selbst in der Gruppe unmöglich erscheint.

I:
Wie unterscheidet sich Ihre Beratungsaufgabe beim Umgang mit Kindern und Erwachsenen? Worin sehen Sie sich in der Arbeit mit diesen Personengruppen gefordert?

BR:
Der Unterschied liegt einfach in der unterschiedlichen Psyche. Kinder sind psychisch, emotional und kognitiv anders strukturiert als Erwachsene. Sie werden erst noch erwachsen. Und von daher gehen sie mit Herausforderungen anders um, reagieren anders auf Belastungen, brauchen auch einen anderen Zugang und eine andere Form der therapeutischen Arbeit. Als ich meine therapeutische Ausbildung als Kinder- und Jugendlichenpsychotherapeut absolvierte und auch als Psychodramatiker meine Art des Arbeitens entwickelte, hatte ich das Glück, von Kindern zu lernen – nämlich, nicht in den Problemen zu versinken oder auf eine Problemsicht fokussiert zu sein, sondern mit Neugierde und Ehrgeiz auch Herausforderungen und schwierige Situationen anzugehen. Das hat mich ein Stück weit sogar in der Arbeit mit den Erwachsenen inspiriert und dann geprägt, sodass ich heute einfach mit mehr Zuversicht, Lebensfreude, Spaß, einer Lösungsorientierung und einer Win-Win-Zielorientierung die Herausforderungen angehe, statt auf Meinungen stur zu beharren und auch nicht in den Problemen zu versinken, was ich häufiger von Erwachsenen erlebe, wenn sie sich in ihrem Alltagsstrudel befinden.

I:
Welche fachlichen Kompetenzen, die Sie im Psychologiestudium erworben haben, helfen Ihnen noch heute?

BR:
Ich habe zum Teil einiges während des Studiums nicht so eingesehen, musste mich aber damit auseinandersetzen. Heute würde ich sagen, das gesamte Studium war mehr oder weniger sinnvoll. Es war eine große Herausforderung, sich mit so viel Stoff, also mit so verschiedene Bereichen, auseinanderzusetzen. Die eine oder andere Arbeit, einschließlich natürlich der Diplomarbeit, war

wissenschaftlich sehr anspruchsvoll, und ich war manchmal auch sehr gefordert, alles zu bewältigen. Neben den durchaus interessanten Themen lernte ich außerdem, strategisch vorzugehen, angeeignetes Wissen in Verbindung zu setzen, zu kombinieren.

Dann ist ein wichtiger Teil des Psychologiestudiums, den ich vorhin schon erwähnte, die Diagnostik. Im Hauptstudium hatte ich das Glück, dass wir sehr viel Diagnostik, sehr viele Tests und auch Testtheorie kennenlernten. Insbesondere die Verfahren, sowohl projektive als auch standardisierte Verfahren, fand ich sehr interessant. Was, wofür und wie sinnvoll zum Einsatz kommt, Stärken und Schwächen der Verfahren, einschließlich der einen und anderen Kritik daran, empfinde ich für meine Arbeit heute als eine gute Basis.

Wichtig war auch, dass ich entwicklungspsychologisch sehr viel gelernt hatte – klar, das ist wichtig für die Erziehungsberatung und die therapeutische Arbeit mit Kindern. In diesem Zusammenhang hatten wir uns damals schon mit der Bindungstheorie auseinandergesetzt, was sich als sehr brauchbare Basis für die Ergänzung der heutigen neuen Erkenntnisse erwies, oder mit der Sozialpsychologie, die mir im Zusammenhang mit Gruppenangeboten und Gruppentherapie ein gutes Fundament bot.

Statistik war etwas, was mir während des Studiums eher leichtgefallen ist. Dennoch hatte ich mich anfangs schwergetan zu erkennen, warum und wozu diese Disziplin für die Berufstätigkeit als Psychologe so wichtig sein sollte. Heute würde ich sagen, prima. Ich kann statistische Auswertungen, statistische Zahlen, auch statistische Fehler, die aufgetreten sind, schneller erkennen; ich kann statistische Auswertungen selbst erstellen und Statistik in einfacher Weise einsetzen und anwenden. Daher würde ich heute auch hierzu sagen, dass es gut war, dass ich mich damit beschäftigt habe.

Gar keine Schwierigkeit hatte ich hinsichtlich der Beschäftigung mit den Therapiemethoden. Da ging es mir wohl ähnlich wie den meisten Kommilitoninnen und Kommilitonen. Hier hatte ich sogar noch mehr Bedarf und habe mich deshalb, neben dem Studium, in Praxisfelder aufgemacht. Wir hatten damals das Glück, dass wir sehr viele Ansätze kennenlernen konnten und dass es Projektstudienangebote gab.

Insofern habe ich intensiv und umfänglich studiert. Das Gute daran war, dass ich schon vor meiner Berufstätigkeit viel kennengelernt habe. Das ging z. B. so weit, dass ich vor Abschluss meines Studiums bereits bei einer Kindertherapie als „Co-Therapeut" teilnehmen konnte. Das waren damals sehr wertvolle und für meine Zukunft weisende Erfahrungen.

I:
Welche persönlichen Fähigkeiten sollte man darüber hinaus Ihrer Ansicht nach mitbringen?

BR:
Eine gestandene, reflektierte und erfahrungsreiche Persönlichkeit. Auf jeden Fall sollte das stattgefunden haben, was eigentlich selbstverständlich im Rahmen einer Therapieausbildung stattfinden soll: Selbsterfahrung oder Eigentherapie. Ich meine damit, bei allen Stärken und Kompetenzen, die wir uns auf unserem Lebensweg angeeignet haben, haben wir in aller Regel auch eigene blinde Flecken. Vor allem in unserer Arbeit müssen wir uns damit auseinandergesetzt haben, müssen wir unsere Stolpersteine kennen, um damit professionell und souverän umgehen zu können. Konkreter gesagt meine ich unsere emotionalen und kognitiven Muster, die wir uns im Laufe unseres Lebens angeeignet haben und die uns immer wieder verleiten, sie zu wiederholen, und die uns in sozialen Situationen zu impulsiven, emotionalen, bewusstseinsmäßig ungesteuerten Handlungen verführen. Dagegen helfen nur viel Reflexionsbereitschaft und Selbsterfahrung.

Anfügen möchte ich die Empfehlung, nicht stur einen Karriereweg einzuschlagen, nicht stur von der Schule direkt ins Studium und dann in den Beruf zu gehen. Stattdessen erscheint es mir viel wertvoller – gerade in unserem Berufsfeld –, unterschiedliche Lebenserfahrungen zu sammeln, an vielem interessiert und neugierig zu bleiben, sich vor oder im Studium vielseitig von dem inspirieren zu lassen, was es sonst noch im Land oder auf der Welt gibt. Das erscheint mir eine wichtige Persönlichkeitsbildung. Je vielfältiger wir aufgestellt sind und je mehr wir uns mit anderem um uns herum auseinandergesetzt haben, desto mehr bildet das unsere Persönlichkeit und desto bereichernder Begegnungspartner sind wir für unsere Klienten.

Ein weiterer wichtiger Aspekt war für mich, das theoretisch erworbene Wissen praktisch umzusetzen, mich im Rahmen von Praktika und Hospitationen auszuprobieren und Erfahrungen zu sammeln.

I:
Wie kam es dazu, dass Sie sich nach der Approbation als Psychologischer Psychotherapeut für die Arbeit in der Beratungsstelle entschieden haben?

BR:
Das war zu meiner Zeit anders. Erst als fast fertiger Diplom-Psychologe habe ich meine Zusatzausbildung begonnen. Und da ich zuerst in der Psychiatrie und dann in der Erziehungsberatung arbeiten wollte, ist es für mich nicht wichtig gewesen, mich in einem Kassenverfahren weiterzubilden. Stattdessen habe ich mich für Therapiemethoden entschieden, von denen ich begeistert war und die zu mir passten. So kam ich zum Psychodrama und zur Familientherapie.

Als das Psychotherapeutengesetz 1999 in Kraft trat, konnte ich mir aufgrund der Übergangsregelung meine Therapiefälle anerkennen lassen und den PP und den KJP erwerben. Für die Mitarbeit in der Erziehungsberatung ist eine Approbation nicht erforderlich. Als Leitung einer Psychologischen Beratungsstelle fand ich es dennoch eher sinnvoll.

Ganz unabhängig davon erscheint mir persönlich eine therapeutische Arbeit in einer Praxis weniger erstrebenswert. Ich hatte schon immer eine hohe Affinität Gruppen gegenüber. Insofern habe ich mich sehr gezielt entschieden, im Team ressourcen- und lösungsorientiert zu arbeiten. Andererseits war es für mich eher abschreckend, niedergelassen einzeln, im Kontext von Krankheitswert und defizitorientiert zu arbeiten.

Ich schätze die Teamarbeit in der Beratungsstelle außerordentlich und auch die Kooperation mit anderen Fachkräften und die Vernetzung mit anderen Einrichtungen, die ein grundsätzlicher Bestandteil institutioneller Erziehungsberatung sind, oder die sogenannten fachdienstlichen Aufgaben. Dazu gehört z. B., dass Mitarbeitende des Jugendamts in deren Hilfeplangesprächen Erziehungsberater/-innen als externe Fachkräfte anfragen, um eine Expertise einzuholen. Solche Tätigkeiten kommen für einen niedergelassenen Psychotherapeuten nicht infrage.

I:
Ergeben sich durch Ihre Approbation auch zusätzliche Möglichkeiten für die Beratungsstelle, beispielsweise bei der Abrechnung mit Krankenkassen?

BR:
Nein. Das ist ganz eindeutig nicht möglich. Erziehungsberatung ist laut Gesetz ein kostenfreies Angebot. Und Leistungen im Rahmen der institutionellen Erziehungsberatung können nicht mit Krankenkassen abgerechnet werden. Nur Leistungen, die von niedergelassene Psychotherapeuten oder Approbierten erbracht werden, die z. B. in Kinderkliniken und Psychiatrien arbeiten, sind mit den Krankenkassen abzurechnen.

I:
Sie sind neben Ihrer Arbeit in der Beratungsstelle auch fachpolitisch aktiv, sind Vorsitzender der Landesarbeitsgemeinschaft für Erziehungsberatung Baden-Württemberg (LAG) und stellvertretender Vorsitzender der Bundeskonferenz für Erziehungsberatung (bke). Könnten Sie uns die damit verbundenen Tätigkeiten etwas näher beschreiben?

BR:
Beides sind fachpolitische Organe, das eine auf Landes-, das andere auf Bundesebene. Die Aufgaben bestehen laut Satzung darin, die Erziehungsberatung in Baden-Württemberg bzw. Deutschland fachpolitisch zu vertreten, Impulse zu geben und für die Qualitätssicherung einzutreten. Weiterhin steht die Qualifizierung von Mitarbeitenden sehr im Fokus. Es gibt ein eigenes Fort- und Weiterbildungsprogramm der bke, es gibt wissenschaftliche Jahrestagungen oder Fachtage auf Landes- oder auch auf Bundesebene. Die Qualitätsstandards der institutionellen Erziehungsberatung in Deutschland wurden von der bke im Auftrag des Bundesfamilienministeriums entwickelt und von diesem für die Erziehungsberatung als Standards gesetzt und publiziert. LAG und bke achten darauf, dass sozusagen die Standards erhalten bleiben und ggf. weiter verbessert werden. Des Weiteren werden Publikationen und fachliche Stellungnahmen herausgebracht.

I:
Zum Ende unseres Gesprächs haben wir noch eine abschließende Frage: Würden Sie sich wieder für diese Laufbahn entscheiden?

BR:
Selbstverständlich würde ich das wieder machen. Ich würde vielleicht einiges heute noch etwas anders machen, was meine Leitungstätigkeit, die jetzt 25 Jahre umfasst, betrifft. Da ist man natürlich später immer klüger als am Anfang.

Die Arbeit als solche halte ich für sehr wertvoll und wichtig. Ich empfinde es als eine sehr zufriedenstellende Tätigkeit, auch wenn manche Fälle durchaus belastend sind. Wir haben sehr

▶ https://tinyurl.com/Erziehung-Bodo-Reuser

viele interessante Tätigkeitsspektren. Außerdem kann die Erziehungsberatung nachweislich hohe Effekte erzielen. Die Hälfte aller Hilfen zur Erziehung wird von der institutionellen Erziehungsberatung geleistet. Und wir haben sehr erfolgreiche Abschlussraten. Alles in allem würde ich diesen Berufsweg sofort wieder wählen.

Video des Interviews:

Literatur

Fuhrer, U. (2009). *Lehrbuch Erziehungspsychologie*. Bern: Huber.
Hundsalz, A. (1996). Erziehungs- und Familienberatung. In M. Hofer, E. Wild & B. Pikowski (Hrsg.), *Pädagogisch-psychologische Berufsfelder. Beratung zwischen Theorie und Praxis* (S. 57–85). Bern: Huber.
Super, D.E. (1980). A life-span, life-space approach to career development. *Journal of Vocational Behavior, 16*, 282–298.

Schulpsychologie

Claudia Dickhäuser

3.1 Einleitung – 22

3.2 Interview mit Dr. Claudia Dickhäuser – 22

Literatur – 34

Die Online-Version für das Kapitel (https://doi.org/10.1007/978-3-662-554411-1_3) enthält Zusatzmaterial, welches berechtigten Benutzern zur Verfügung steht. Laden Sie sich zum Streamen der Videos die „Springer Multimedia App" aus dem iOS- oder Android-App-Store und scannen Sie die Abbildung, die den „play button" enthält

© Springer-Verlag GmbH Deutschland 2018
O. Dickhäuser, B. Spinath (Hrsg.), *Berufsfelder der Pädagogischen Psychologie*,
Meet the Expert: Wissen aus erster Hand, https://doi.org/10.1007/978-3-662-55411-1_3

3.1 Einleitung

Oliver Dickhäuser

Spätestens seit den School Shootings von Erfurt (2002) und Winnenden (2009) ist die Bedeutung von Psychologinnen und Psychologen für Beratung und Unterstützung in Schulen in den öffentlichen Fokus gerückt. Selbst wenn solche dramatischen Ereignisse die Notwendigkeit psychologischer Unterstützung besonders stark vor Augen führt: Schulpsychologinnen und Schulpsychologen gibt es natürlich schon deutlich länger. Der erste Schulpsychologe Deutschlands wurde 1922 in Mannheim beschäftigt.

Die Schule stellt neben der Familie eine wichtige Sozialisationsinstanz für Kinder und Jugendliche dar. Schulen verändern sich in Reaktion auf gesamtgesellschaftliche Veränderungen. Diese sich verändernden Anforderungen bedingen, dass Schulpsychologinnen und Schulpsychologen in der Lage sein müssen, flexibel auf den sich verändernden Beratungsbedarf zu reagieren (Spinath und Brünken 2016). Erfolgreiche schulpsychologische Arbeit verlangt – neben der formalen Regelqualifikation eines Master- oder Diplom-Abschlusses im Fach Psychologie – vielfältige Kompetenzen aus verschiedenen Bereichen der Psychologie. Schulpsychologinnen und Schulpsychologen müssen darüber hinaus gut in der Lage sein, in multidisziplinären Konstellationen zusammenarbeiten zu können, weil für die erfolgreiche Bewältigung der herausfordernden Aufgaben verschiedene Akteure im Bildungssystem (z. B. Lehrkräfte, Schulsozialarbeiter/-innen, Eltern, Jugendämter, Kinder- und Jugendpsychiatrien, Lerntherapeuten und Lerntherapeutinnen) beteiligt werden sollten. Dabei ist schulpsychologische Arbeit nicht nur auf Hilfe im Einzelfall angelegt und auf diese beschränkt, sondern Schulpsychologinnen und Schulpsychologen stärken durch ihr Handeln, etwa durch Teamentwicklungsberatungen oder Supervisionen sowie durch das Anbieten von Lehrerfortbildungen, in vielfältiger Weise das Bildungssystem als Ganzes.

In Reaktion auf die genannten School Shootings hat die schulpsychologische Versorgung Deutschlands in den vergangenen Jahren einen Ausbau erfahren. Allerdings schwankt die Betreuungsdichte über Bundesländer hinweg beträchtlich (◘ Abb. 3.1) und erreicht in keinem der deutschen Bundesländer das von der Sektion Schulpsychologie des Berufsverbands Deutscher Psychologinnen und Psychologen geforderte Verhältnis von 1 : 1000 (1 Schulpsychologin/Schulpsychologe pro 1000 Schüler/-innen). Diese Versorgungssituation stellt eine nicht unbeträchtliche Herausforderung für die tägliche Arbeit von Schulpsychologinnen und Schulpsychologen dar.

Im Folgenden wird das Arbeitsfeld der Schulpsychologie durch Dr. Claudia Dickhäuser vorgestellt. Sie arbeitet als Schulpsychologin im Staatlichen Schulamt für den Landkreis Bergstraße und den Odenwaldkreis. Dieses Schulamt ist eine Behörde des Landes Hessen, deren Dienstaufgaben neben der Wahrnehmung von Fach- und Dienstaufsicht für Schulen auch darin bestehen, Beratungs- und Unterstützungsangebote für Schulen bereitzustellen.

3.2 Interview mit Dr. Claudia Dickhäuser

Das Interview führten Johannes Wyn Marks und Sophie Heidemann im Juli 2016.

Interviewer/in:
Frau Dr. Dickhäuser, an welchen unterschiedlichen Orten arbeiten Sie, und wo verbringen Sie den größten Teil Ihrer Arbeitszeit?

Dr. Claudia Dickhäuser:
Mein Büro befindet sich im Staatlichen Schulamt in Heppenheim. Ich arbeite aber bis auf unseren Präsenztag am Mittwoch auch sehr häufig vor Ort an Schulen der beiden Landkreise, für die wir zuständig sind. Den größten Teil meiner Arbeitszeit verbringe ich während der Schulzeiten vermutlich tatsächlich an den mir zugeordneten Schulen – sei es in Einzelberatungen, Elterngesprächen, bei Runden Tischen, in der Unterrichtsbeobachtung oder in der Durchführung von Supervisionen.

I:
Welche grundsätzlichen Aufgaben haben Schulpsychologen?

CD:
Unsere Aufgaben ergeben sich aus dem Hessischen Schulgesetz, der Geschäftsordnung für die Staatlichen Schulämter und dem aktuellen Leistungskatalog der Staatlichen Schulämter. Grundsätzlich haben wir die Aufgabe, Schulleitungen, Lehrkräfte, Eltern sowie Schülerinnen und Schüler in herausfordernden Situationen auf der Grundlage wissenschaftlicher Erkenntnisse und Methoden durch psychologische Beratung und die dazu notwendige Diagnostik zu unterstützen. Herausfordernde Situationen können dabei klassische Krisensituationen wie Suizidalität, Amokdrohungen oder Tod eines Schülers/einer Schülerin oder einer Lehrkraft bedeuten oder aber jedwede Form von Verhaltensauffälligkeiten bei Schülerinnen und Schülern, Konflikte in Kollegien oder Fragen zur Förderung besonders begabter Schülerinnen und Schüler. Außerdem unterstützen wir Lehrkräfte, aber auch Eltern durch Fortbildungen, z. B. im Bereich Traumapädagogik oder im Bereich Gesprächsführung, Teamentwicklung, Krisenintervention. Auch Supervision von Lehrkräften sowie Schulsozialarbeitern/Schulsozialarbeiterinnen gerade in herausfordernden Situationen zählt zu unserem Aufgabenbereich. Zu unseren Aufgaben zählt des Weiteren die Erstellung von schulpsychologischen Expertisen, beispielsweise, wenn es um Ordnungsmaßnahmen nach dem Schulgesetz unseres Bundeslandes geht. An der Beratung bei Schulentwicklungsprozessen sind wir genauso beteiligt wie an Arbeiten zur Prävention und Gesundheitsförderung an Schulen. Auch schulamtsintern arbeiten wir in multiprofessionellen Arbeitsgruppen zu Themen wie „Individuelle Förderung durch Förderplanarbeit" oder „Standardisierung von Funktionsstellenbesetzungsverfahren" mit. Jeder einzelne Schulpsychologe bzw. jede einzelne Schulpsychologin aus unserem Team übernimmt darüber hinaus bestimmte Schwerpunktthemen wie etwa Krisenmanagement, Sucht- und Gewaltprävention, Beratung bei Teilleistungsstörungen, Hochbegabtenförderung oder Migration und Flüchtlingsberatung. Ich selbst bin für den Bereich Hochbegabung zuständig und moderiere das jährliche schulamtsinterne Auswahlverfahren für Auszubildende in der Bildungsverwaltung, wofür ich in Zusammenarbeit mit der Büro- und Amtsleitung ein an unsere Anforderungen angepasstes Auswahlverfahren entwickelt habe.

I:
Mit welchen anderen Institutionen, neben den Schulen, arbeiten Sie zusammen? Wie sieht diese Zusammenarbeit aus?

CD:
Schülerinnen und Schüler in herausfordernden Situationen sind häufig eingebettet in ein Bezugssystem bestehend aus einer Vielzahl an Personen und Institutionen, die es gilt, in den Lösungsprozess mit einzubeziehen. Zu diesen Personen gehören unter anderem die Eltern, die Klassenlehrkraft, Mitarbeiterinnen und Mitarbeiter der Schulsozialarbeit, des Jugendamts, der

Erziehungsberatungsstelle oder der Kinder- und Jugendpsychiatrie, niedergelassene Psychotherapeutinnen und Psychotherapeuten sowie ggf. der oder die Lerntherapeut/-in. Auch mit den Jugendkoordinatoren der Polizei arbeiten wir sehr eng zusammen, etwa wenn es um die Einschätzung von Bedrohungslagen geht. Aus meiner Sicht macht es Sinn, die jeweils beteiligten Personen in ihrer Funktion wertzuschätzen, wenn nötig an einen Tisch zu bringen und möglichst am Lösungsprozess zu beteiligen.

I:
Wie sieht das praktisch aus? Gibt es regelmäßige Treffen, oder fahren Sie zu den Einrichtungen hin, wenn Sie angefragt werden?

CD:
In einem unserer Landkreise, dem Odenwaldkreis, gibt es zu diesem Zweck fest terminierte Runde Tische. Das ist ein gut funktionierendes Modell. Am Anfang des Schuljahres werden, organisiert von der jeweiligen Schule, Termine zwischen Schule, Schulsozialarbeit, Jugendamt und Schulpsychologie vereinbart. Zu diesen Terminen setzen wir uns an den jeweiligen Schulen zusammen und sprechen über aktuelle Schülerfälle. Bei Bedarf werden z. B. zuständige Therapeutinnen und Therapeuten oder andere am Prozess beteiligte Personen mit dazu eingeladen.

Im Kreis Bergstraße finden diese Runden Tische eher nach Bedarf statt. Es gibt jedoch auch schon vereinzelt Schulen, die begonnen haben, nach dem beschriebenen, stark auf institutionalisierte, interdisziplinäre Zusammenarbeit basierenden Odenwälder Modell zu arbeiten.

I:
Was sind Ihre persönlichen Arbeitsschwerpunkte, und wie verteilt sich Ihre Arbeitszeit darauf?

CD:
Mein Hauptarbeitsschwerpunkt ist die eingangs genannte psychologische Beratung von Schulleitungen, Lehrkräften, Eltern sowie Schülerinnen und Schülern in herausfordernden Situationen. Daneben übernehme ich das Schwerpunktthema Hochbegabtenförderung und arbeite dabei schulamtsintern eng mit Schulaufsicht, einer abgeordneten Lehrkraft für Hochbegabung, aber auch dem Verantwortlichen im Hessischen Kultusministerium zusammen. Wir organisieren in diesem Zusammenhang Fortbildungen, Möglichkeiten des Austauschs zwischen den Schulen oder die jährlich stattfindende Ferienakademie für besonders begabte Schülerinnen und Schüler. Außerdem führe ich Intelligenztestungen durch, schreibe Gutachten und berate Schulen zu Fragen der Förderung besonders begabter Schülerinnen und Schüler.

I:
Welche Aufgabe macht Ihnen besonders Freude?

CD:
Es gibt in meiner Arbeit vieles, das mir Freude bereitet. Schön finde ich, wenn ich beispielsweise eine Lehrkraft berate und wir zunächst über konkrete Schülerfälle sprechen und irgendwann auf eine übergeordnete Ebene kommen, auf der die Lehrkraft beispielsweise mithilfe der Methode des Inneren Teams nach Schulz von Thun (2006) überlegt: Was könnte das denn mit mir zu tun haben, dass es gerade diese Fälle sind, die mich bewegen? Welche Verbindungen gibt es vielleicht zu mir und meiner (Familien-)Geschichte, und welche neuen (Handlungs-)Möglichkeiten und Ressourcen ergeben sich unter anderem aus diesem Wissen? Durch meine systemische Therapie- und Beratungsausbildung am Helm Stierlin Institut in Heidelberg interessieren mich solche

Formen der Arbeit besonders, auch weil ich glaube, dass im Lehrerberuf ein hohes Maß an Selbstreflexion nötig ist, um sich immer wieder neu auf so unterschiedliche Schüler- und Elternpersönlichkeiten einlassen zu können.

Mich interessiert aber auch das Lösen von Konflikten in Kollegien. Hier kann es hilfreich sein, dass die Beteiligten sich mithilfe bestimmter Methoden die Frage stellen, welche versteckten Bedürfnisse hinter einem Konflikt stehen. Durch die Offenlegung von verdeckten und verletzten Grundbedürfnissen wie Orientierung/Kontrolle, Bindung, Selbstwerterhöhung/-schutz, Lustgewinn/Unlustvermeidung im Sinne von Grave (1998) letztendlich Verständnis füreinander zu wecken und zu vermitteln – das ist eine Aufgabe, die mir besonders viel Spaß macht.

Es bereitet mir auch große Freude, mit Familien zu arbeiten. Auf der Grundlage systemischer Ansätze erarbeiten wir u. a., worin die Funktion eines bestimmten Symptoms im Familiensystem besteht und welches Grundbedürfnis durch die Symptomatik erfüllt wird. Im nächsten Schritt überlegen wir, welche anderen Möglichkeiten es gibt, dieses Grundbedürfnis zu stillen.

Grundsätzlich erlebe ich besondere Freude immer dann, wenn ich mich selbst als wirksam und für andere hilfreich erlebe.

I:
Im Jahr 2016 kam in Hessen eine Schulpsychologenstelle auf rund 8000 Schüler/-innen (◘ Abb. 3.1) und über 600 Lehrkräfte. Welche Konsequenzen hat das für Ihre Arbeit?

CD:
Die Hauptkonsequenz besteht darin, dass wir bei jeder eingehenden Anfrage zunächst eine sehr sorgfältige Auftragsklärung im Sinne von „Wer will eigentlich was von wem" durchführen und gut priorisieren müssen. Es macht natürlich einen Unterschied, ob uns jetzt eine Lehrkraft anruft und sagt: „Ich habe hier ein suizidales Mädchen, und ich brauche Beratung", oder ob eine Lehrkraft anruft und sagt: „Bei Maximilian – ich könnte mir vorstellen, der ist hochbegabt." Diese Anliegen werden natürlich unterschiedlich priorisiert. Häufig stellen wir einen psychologischen

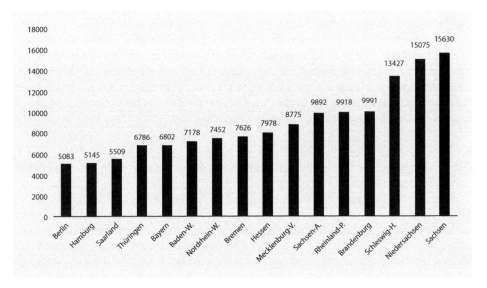

◘ **Abb. 3.1** Anzahl der Schüler/-innen pro Schulpsychologe/Schulpsychologin im Jahr 2016 getrennt nach Bundesländern. (Dunkel 2016)

Erstkontakt her und verweisen bei langfristigem psychologischen Bedarf an die Kinder- und Jugendpsychiatrie oder an niedergelassene Psychotherapeuten/Psychotherapeutinnen.

I:

Insgesamt betrachtet: Glauben Sie, dass das Versorgungsverhältnisse sind, auf deren Grundlage man arbeiten kann? Wie schätzen Sie die Aufstellung der Schulpsychologen ein – in Hessen und in Deutschland im Allgemeinen?

CD:

Deutschland ist, im internationalen Vergleich eher schlecht aufgestellt, was die Anzahl an Schulpsychologen pro Schüler angeht. Skandinavische Länder liegen da weit vorn und werden ja auch häufig, was das Bildungsmodell insgesamt angeht, als Vorreiter gesehen. Hessen liegt, was die Anzahl an Schulpsychologen pro Schüler angeht, im bundesweiten Vergleich im Mittelfeld (◘ Abb. 3.1).

Ich glaube tatsächlich, dass man noch mehr erreichen und noch intensiver arbeiten kann, wenn deutlich weniger Schüler auf einen Schulpsychologen kommen.

Sie haben gefragt: „Kann man damit arbeiten?" Ja, man kann damit arbeiten – jedoch mit Einschränkungen, was die langfristige Betreuung von Prozessen angeht. Das würden Ihnen sicher auch Lehrkräfte bestätigen. Ich glaube, Lehrkräfte sind an sich überzeugt von der Qualität schulpsychologischer Arbeit, aber sie wünschen sich sicherlich auch manchmal eine höhere Betreuungsintensität.

I:

Welchen Stellenwert nehmen Angebote ein, bei denen Sie Schüler und Lehrer weiterbilden, damit diese befähigt werden, psychosoziale Probleme selbst lösen zu können?

CD:

Solche Angebote nehmen bei uns einen hohen Stellenwert ein. Die Befähigung des Einzelnen, seine Probleme selbst lösen zu können, also eine Art „Hilfe zur Selbsthilfe", steht bei unseren Beratungen, Fortbildungen und Supervisionen im Vordergrund. Wenn ich in der Beratung mit einer einzelnen Lehrkraft irgendwann nicht mehr nur auf den einzelnen Schülerfall blicke, sondern von den einzelnen Schülerfällen zu einer selbstreflektierten Sicht auf die Arbeit als Lehrkraft komme und darauf, wie sie mit den Herausforderungen des Lehrerberufs ressourcenorientiert umgehen kann, profitiert im besten Fall nicht nur die einzelne Lehrkraft bei der Lösung weiterer Fälle, sondern das gesamte System Schule. Wir als Schulpsychologinnen und -psychologen haben großes Interesse daran, das System Schule durch psychologisches Wissen zu stärken und damit den Handlungsspielraum der Beteiligten zu weiten.

I:

Welchen Anteil an Ihrem Arbeitsalltag nehmen Angebote wie etwa ein Training für Lehrkräfte und Schüler/-innen ein?

CD:

In Hessen besteht der Arbeitsalltag tatsächlich überwiegend aus Einzelfallarbeit. Klassische Fortbildung hat einen Anteil von etwa 20 % unserer Arbeitszeit. Das ist beispielsweise in Baden-Württemberg anders, da dort die Fortbildung der Beratungslehrkräfte durch die Schulpsychologie einen zentralen Stellenwert einnimmt.

Die unterschiedlichen Modelle in den verschiedenen Bundesländern haben verschiedene Vor- und Nachteile. Die Schulpsychologen beispielsweise in Baden-Württemberg bilden

Beratungslehrkräfte aus, die dann hauptsächlich an den Schulen beraten. Bei uns ist es tatsächlich so, dass hauptsächlich *wir* an den Schulen sind und beraten – mit allen Vor- und Nachteilen.

I:

Wie stehen Schüler, Eltern und Lehrer Ihrer Arbeit als Schulpsychologin gegenüber?

CD:

Grundsätzlich stehen Schüler, Eltern und Lehrkräfte unserer Arbeit positiv gegenüber. Sicherlich gibt es bei Einzelnen auch Vorbehalte gegenüber Psychologen/Psychologinnen, mit denen es sich aber meiner Erfahrung nach gut arbeiten lässt. Da Ratsuchende bei uns häufig zum ersten Mal Kontakt mit Psychologen haben, kommt diesem Erstkontakt aus meiner Sicht eine besondere Bedeutung bei. Ich freue mich, wenn Ratsuchende, die aus unterschiedlichen Gründen in Not sind und bisher psychologische Unterstützung abgelehnt haben, sich positiv überrascht zeigen von unserer Art des Arbeitens und nach der Beratung durch uns, wenn notwendig, auch bereit sind, längerfristig psychologische Hilfe in Anspruch zu nehmen.

I:

Worin sehen Sie die besondere Kompetenz von Psychologinnen und Psychologen bei der Unterstützung für das System Schule?

CD:

Die besondere Kompetenz von Psychologen besteht zunächst in der Durchführung psychologischer Diagnostik. Zwar verfügen auch Lehrkräfte im Förderschulbereich über die Kompetenz, psychologische Testverfahren wie zum Beispiel Intelligenztests durchzuführen. Bei Persönlichkeitstests oder klinischen Verfahren sind Lehrkräfte jedoch generell sehr dankbar, wenn wir diese Verfahren durchführen und bei der Interpretation die Ergebnisse in einen Gesamtzusammenhang setzen. Meiner Erfahrung nach schätzen Lehrkräfte, aber auch Eltern und Schüler außerdem unser Fachwissen u. a. aus pädagogisch-psychologischen Bereichen wie Motivation, Kommunikation oder Classroom Management. Schulleitungen und Kollegen der Schulaufsicht sind u. a. interessiert an psychologischen Erkenntnissen aus dem Bereich der Personalauswahl und -entwicklung. Aber auch unser Wissen im Bereich der Klinischen Psychologie, etwa wenn es um Trauma, Essstörungen oder Depressionen geht, ist vielfach gefragt. Insgesamt sind im System Schule viele unterschiedliche Kompetenzen und Ressourcen vorhanden, und wenn es gelingt, das besondere Wissen der vielen Beteiligten – Pädagogik, Schulsozialarbeit, Schulpsychologie –, aber auch die unterschiedlichen Ressourcen der beteiligten Kinder und Eltern zu aktivieren, dann schafft man etwas Besonderes. Momente, in denen ich an Runden Tischen oder in Konferenzen den Eindruck habe, dass es mir gelingt, jeden in seiner besonderen Kompetenz zu würdigen und Ressourcen zu bündeln, machen mir besonders Freude.

I:

Können Sie anhand einer konkreten Aufgabe schildern, wie Ihre Expertise als Psychologin im System Schule gefordert ist und worin die von Ihnen gegebene schulpsychologische Unterstützung besteht?

CD:

Ein aktuelles Beispiel stellt die Arbeit mit aus ihrem Herkunftsland geflüchteten Kindern und Jugendlichen dar. Viele dieser Kinder und Jugendliche waren vor oder während ihrer Flucht besonderen Belastungen ausgesetzt und zeigen Symptome einer posttraumatischen Belastungsstörung.

Diese „normalen" psychischen und körperlichen Reaktionen auf „völlig unnormale Ereignisse" führen häufig u. a. im Unterricht zu besonderen Verhaltensweisen, die von Lehrkräften nicht immer einzuordnen sind und die auch auf deren Seite häufig zu Belastungen führen.

Wenn wir den Lehrkräften erläutern, was bei einer Traumatisierung genau abläuft und mit welchen Symptomen zu rechnen ist bzw. welche der vom jeweiligen Schüler gezeigten Auffälligkeiten der Traumasymptomatik zuzuordnen sind, sind diese häufig schon entlastet. Wenn es dann noch gelingt, gemeinsam mit der Lehrkraft, den Eltern und dem jeweiligen Schüler anhand aktueller Erkenntnisse aus dem Bereich der Traumapädagogik an Lösungsmöglichkeiten zu arbeiten bzw. einen bestmöglichen Umgang im Unterricht zu finden, sind Lehrkräfte häufig sehr dankbar und melden uns zurück, dass unsere Intervention hilfreich war. Dabei geht es nicht um eine konkrete Traumabearbeitung, sondern darum, den Schülern und Schülerinnen einen sicheren Ort in der Schule zu bieten. Gelingt es, Lehrkräfte im Bereich der Traumapädagogik zu schulen, fühlen sich diese häufig auch wieder sicherer und befähigt, diesen sicheren Ort für ihre Schüler/-innen zu gestalten.

I:
Eine Ihrer Aufgaben, die durch das Hessische Schulgesetz § 94 (3) festgelegt ist, ist die psychologische Beratung von Schülern, Lehrern, Eltern und Schulen. Wie unterscheidet sich diese psychologische Beratung von anderen Beratungsangeboten zum Beispiel durch Lehrer oder Sozialarbeiter?

CD:
Ich denke, eine psychologische Beratung unterscheidet sich von anderen Beratungsangeboten primär durch das Fachwissen des psychologischen Beraters. Ich habe jetzt die Klinische Psychologie angesprochen, aber das umfasst auch die Bereiche Diagnostik, Pädagogische Psychologie oder Sozialpsychologie – etwa wenn man jemandem vor dem Hintergrund eines Motivationstrainings erklärt, was Priming (Bermeitinger 2014) ist, oder wie das Rubikon-Modell (vgl. Achtziger und Gollwitzer 2014) zu verstehen ist. Von der Haltung und den Gesprächstechniken her unterscheidet sich die psychologische Beratung nicht per se von anderen Beratungsangeboten, da auch Lehrkräfte und Kollegen der Schulsozialarbeit häufig über eine (systemische) Beratungsausbildung verfügen.

Ein weiterer Unterschied ist der, dass Lehrer und Schulsozialarbeiter vor Ort an der Schule und damit präsenter sind. Die Kinder oder Jugendlichen kommen akut und sagen „Mir geht's gerade nicht gut", und die Kollegen aus der Schulsozialarbeit bzw. die Lehrkraft schätzen ab, wie weitreichend das Problem ist: Was geht weiter an die Schulpsychologie oder an die Kinder- und Jugendpsychiatrie? Was bleibt an der Schule? Damit entsteht ein Unterschied in der Zuständigkeit für bestimmte Probleme zwischen psychologischer und nichtpsychologischer Beratung.

I:
Wie grenzt sich die schulpsychologische Beratung von der therapeutischen Arbeit eines Kinder- und Jugendlichen-Psychotherapeuten ab, zum Beispiel, wenn ein Kind mit Aufmerksamkeitsstörungen zu Ihnen kommt?

CD:
Was wir ähnlich einem Kinder- und Jugendlichen-Psychotherapeuten machen, ist, das Kind zunächst in unterschiedlichen Situationen zu beobachten, Gespräche mit den Eltern/Lehrkräften zu führen und ggf. weitere Diagnostik beispielsweise in Form eines Intelligenz- und/oder Konzentrationstests durchzuführen. Dadurch, dass wir Teil des Systems Schule sind, sind wir

vermutlich schneller im Kontakt mit der Schule und können leichter Unterrichtsbeobachtungen durchführen als Therapeuten oder Therapeutinnen. Anders als Therapeuten vergeben wir keine Diagnose, sondern überlegen mit der Lehrkraft, wie sie den Unterricht gestalten könnte, damit es dem Schüler/der Schülerin leichter fällt, dem Unterricht aufmerksam zu folgen. Braucht der Schüler/die Schülerin über eine Kurzzeitberatung hinaus psychotherapeutische Unterstützung, verweisen wir in der Regel an niedergelassene Therapeuten bzw. die Institutsambulanz der Kinder- und Jugendpsychiatrie.

I:
Welche Bedeutung haben aktuelle Erkenntnisse und Ergebnisse der pädagogisch-psychologischen Forschung für Ihre Tätigkeit?

CD:
Aktuelle Erkenntnisse und Ergebnisse der pädagogisch-psychologischen Forschung haben für meine Tätigkeit eine große Bedeutung, was Leitlinien für Fortbildungsinhalte, Leitlinien für Diagnostik oder Leitlinien für Interventionen angeht.

Leitlinien für Fortbildungsinhalte sind Erkenntnisse und Ergebnisse der pädagogisch-psychologischen Forschung, etwa wenn es um Ergebnisse zur Unterrichtsforschung geht. Die sogenannte Hattie-Studie (Hattie 2008), in der es um Wirkfaktoren guten Unterrichts geht, ist ein Beispiel dafür, wie die pädagogisch-psychologische Forschung Eingang in die Schulen hält. Den meisten Lehrkräften ist diese Studie bereits vielfach in unterschiedlichen Fortbildungskontexten begegnet. Auch was Phänomene wie Erwartungseffekte (Rosenthal-Effekt) angeht oder Erkenntnisse zur Leistungsbeurteilung oder Bezugsnormorientierung, schätzen Lehrkräfte fachlichen Input der Pädagogischen Psychologie sehr. Viele Lehrkräfte haben Fragen zu Disziplinproblemen oder Gruppenprozessen im Unterricht und schätzen es, wenn wir zum Beispiel Möglichkeiten des Classroom Managements nach Kounin (2006) besprechen.

Leitlinien für Diagnostik sind Erkenntnisse und Ergebnisse der pädagogisch-psychologischen Forschung, beispielsweise im Bereich der Hochbegabung. So arbeitet der zuständige Ministerialrat des Hessischen Kultusministeriums sehr eng mit in diesem Bereich forschenden Professoren der Pädagogischen Psychologie zusammen, was dazu führt, dass unser Verständnis von Hochbegabung in der Praxis eng am aktuellen Forschungsstand orientiert ist.

Leitlinien für Interventionen sind Erkenntnisse und Ergebnisse der pädagogisch-psychologischen Forschung beispielsweise bei praxisrelevanten Trainingsverfahren wie dem Zürcher Ressourcenmodell von Storch (2004), das vielfach zur Aktivierung von Ressourcen und damit zur Gesundheitsförderung von Lehrkräften eingesetzt wird.

I:
Welche Kenntnisse aus Ihrem Psychologiestudium helfen Ihnen in Ihrem Berufsalltag?

CD:
Ein bisschen habe ich es schon angesprochen. Kenntnisse z. B. aus der Klinischen Psychologie erlebe ich als hilfreich. Das betrifft sowohl Wissen um Störungsbilder als auch um interventive Techniken. Was passiert eigentlich in einer Verhaltenstherapie? Welche Wirkfaktoren sind zentral, und ab wann ist eine stationäre Therapie angezeigt? Das Wissen aus der Pädagogischen Psychologie hilft mir wie gesagt enorm, aber auch diagnostisches Wissen, da ich regelmäßig Tests durchführe. Ich würde auch sagen, allgemeinpsychologische oder

sozialpsychologische Erkenntnisse helfen weiter, zum Beispiel, wenn man während einer Fortbildung ein paar Experimente zu verschiedenen kognitions- oder sozialpsychologischen Phänomenen erklären kann.

Auch arbeits- und organisationspsychologisches Wissen hilft – hier sind Schulaufsichtsbeamte oder Schulleitungen beispielsweise sehr dankbar: Wie erreichen wir, dass wir zum einen gut geeignete Personen auswählen und diese zum anderen optimal fördern? Schulen sind ja auch komplexe Organisationen, von daher spielt Wissen aus der angewandten Sozial- und der Organisationspsychologie eine große Rolle. Ich profitiere insgesamt stark von meinem Psychologiestudium.

I:

Von welchen Stationen Ihres beruflichen Werdegangs haben Sie für die Arbeit als Schulpsychologin am meisten profitiert?

CD:

Diese Frage zu beantworten, fällt mir sehr schwer, weil die Vielfalt meiner beruflichen Anforderungen auch von einer Vielfalt an beruflichen Stationen profitiert – aus meiner Sicht. So bin ich sehr froh um die Erfahrungen, die ich nach meinem Studium am Lehrstuhl für Diagnostik, Beratung und Intervention an der Universität Saarbrücken sammeln durfte. Hier war ich als wissenschaftliche Mitarbeiterin tätig und habe u. a. Studierende des Lehramtes in Seminaren zu Kommunikation und Interaktion, Persönlichkeitsentwicklung, Motivationsdiagnostik und Classroom Management unterrichtet. Zum einen konnte ich durch diese Tätigkeit und durch meine Promotion meine Kenntnisse aus dem Studium vertiefen und erweitern, zum anderen war ich in der Rolle der Unterrichtenden, was mich sensibilisiert hat für mögliche Herausforderungen, die der Lehrberuf mit sich bringt. Ich bringe Lehrkräften eine grundsätzliche Wertschätzung für diesen schönen, aber auch fordernden Beruf entgegen.

Von meinen Tätigkeiten im Bereich der Personalauswahl für diverse Unternehmen profitiere ich ebenfalls sehr, wenn es etwa um psychologische Expertisen im Bereich von Funktionsstellenbesetzungsverfahren geht. In meiner Zeit in psychosomatischen Kliniken habe ich sehr viel darüber gelernt, wie Therapiemöglichkeiten bei unterschiedlichen Störungsbildern aussehen und wie viel Freude es macht, multiprofessionell Prozesse zu begleiten.

I:

Was hat Sie am meisten überrascht, als Sie Ihre Tätigkeit als Schulpsychologin begonnen haben?

CD:

Vor meiner Tätigkeit in der Schulpsychologie habe ich in einer psychosomatischen Klinik gearbeitet und war gewohnt, hochstandardisiert für jeweils zehn Patienten zuständig zu sein und diese über einen langen Zeitraum verhaltenstherapeutisch zu begleiten. Plötzlich war ich für 27 Schulen, darunter sehr große Systeme mit über 1000 Schülern zuständig. Gefühlt wollte jeder etwas von mir, und zwar jetzt sofort, und ich brauchte einige Zeit, mich daran zu gewöhnen. Meine Weiterbildung in systemischer Beratung am Helm Stierlin Institut in Heidelberg hat mir dabei sehr geholfen. Gerade im Bereich der Auftragsklärung profitiere ich stark davon.

I:

Was nehmen Sie als am herausforderndsten an Ihrer Arbeit wahr?

3.2 · Interview mit Dr. Claudia Dickhäuser

CD:

Als besonders spannend, aber auch besonders herausfordernd erlebe ich die große Vielfalt an Beratungsanlässen und Bedürfnissen. Wie beschrieben handelt es sich um die gesamte Breite der Psychologie, und ich arbeite mich immer wieder in kurzer Zeit in neue Themen ein. Dabei muss ich aus genannten Gründen sehr auf meine Ressourcen achten, da ich für mehr als zehn Klienten zuständig bin und oft Lust habe, Prozesse längerfristig zu begleiten. Die Herausforderung besteht daher häufig darin, sich bei einem hohen Bedarf aufgrund begrenzter Ressourcen abzugrenzen. Auch systembezogenes Coaching, z. B. für Schulleitungsmitglieder, erlebe ich als sehr spannend und herausfordernd.

I:

Wie gestaltet sich die Zusammenarbeit mit anderen? An welchen Stellen arbeiten Sie meist alleine, an welchen im Team?

CD:

Im Team arbeiten wir in der Regel bei besonderen Krisen an Schulen zusammen, beispielsweise bei Bedrohungslagen oder bei Tod im schulischen Kontext. Auch im Fortbildungsbereich ist es häufig sinnvoll, im Team zu arbeiten bzw. multiprofessionell zusammengesetzt. Wenn ich beispielsweise eine Traumapädagogik-Fortbildung gebe, dann gerne im Team mit einer geschulten Lehrkraft, die maximal praxisnah berichten kann, wie die traumapädagogische Arbeit an deren Schule umgesetzt wird.

I:

Die Schulpsychologie ist im Bundesland Hessen in die Staatlichen Schulämter, also in Behörden der Schulaufsicht, eingegliedert. Wie wird dies von Ratsuchenden wahrgenommen?

CD:

Das ist eine Frage, zu der sich viele Menschen bereits Gedanken gemacht haben und die auch in den einzelnen Bundesländern unterschiedlich beantwortetet wird. In der Schulaufsicht wirken schulfachlich vorgebildete Beamtinnen und Beamte (sogenannte Schulaufsichtsbeamte) gemeinsam mit Verwaltungspersonal und Juristen zusammen und nehmen die Aufsicht über Schulen wahr. Sie üben dabei u. a. eine Kontrollfunktion aus und sind gegenüber den Schulen weisungsberechtigt. Die Kontrollfunktion lässt sich aus Sicht mancher Akteure in den einzelnen Bundesländern nicht gut mit einer primär beratenden Unterstützungsfunktion vereinbaren. Nimmt man an, dass die Kontroll- und Unterstützungsfunktion tatsächlich absolut unvereinbar sind, dann spräche dies für eine klare (auch räumliche) Trennung zwischen Aufsicht und Unterstützung, auch um Ratsuchenden den Weg in die Schulpsychologie zu erleichtern. Ich selbst habe als Schulpsychologin gute Erfahrungen in der Zusammenarbeit mit Schulaufsicht gemacht. Ich denke, sehr viele Ratsuchende wünschen sich, dass ihr individueller Fall ernst genommen und möglichst schnell und damit auf kurzen Wegen behandelt wird. Dafür kann es sehr hilfreich sein, wenn Schulpsychologie und Schulaufsicht eng zusammenarbeiten. Wenn es beispielsweise darum geht, dass einem Schüler aufgrund bestimmter Verhaltensweisen der Ausschluss aus dem System Schule und damit ein „Ruhen der Schulpflicht" droht, macht es aus meiner Sicht Sinn, gemeinsam nach einer geeigneten Schule mit passendem Unterstützungssystem zu suchen und das neue System und damit auch den Schüler/die Schülerin entsprechend zu stärken.

Momentan wird die Zusammenarbeit zwischen Schulpsychologie und Schulaufsicht in Hessen durch die Bildung sogenannter multithematischer Teams an Schulämtern wieder sehr gefördert. In diesen Teams sollen berufsgruppenübergreifend Themen bearbeitet werden, die unsere Schulen beschäftigen.

I:

Wie wird Ihre Tätigkeit als Schulpsychologin vergütet?

CD:

Bei Vorliegen der entsprechenden Voraussetzungen werden Schulpsychologen/Schulpsychologinnen nach dem Tarifvertrag der Länder in der Tarifstufe TvL 13 vergütet. Bei Verbeamtung erfolgt oft eine Eingruppierung in die Besoldungsgruppe A 13. Es besteht die Möglichkeit der Beförderung auf E bzw. A 14 und bei der Übernahme besonderer Themenschwerpunkte im Hessischen Kultusministerium auch auf E bzw. A 15/16.

I:

Wie leicht ist es, eine Stelle als Schulpsychologe zu bekommen, und gibt es Unterschiede zwischen den einzelnen Bundesländern?

CD:

Nach den diversen Amokläufen in Deutschland kam es insgesamt zu einer erhöhten Zahl an Ausschreibungen in unserem Bereich. Grundsätzlich ist es aber aufgrund der insgesamt geringen Zahl an Schulpsychologenstellen nicht ganz so einfach, eine Stelle auf Dauer zu erhalten. Unterschiede zwischen den Bundesländern gibt es schon. So gibt es Bundesländer, die gemessen an der Schülerzahl mehr Schulpsychologen beschäftigen als andere und damit häufiger Stellen ausschreiben.

I:

Wie wichtig sind Fort- und Weiterbildungen für die Tätigkeit als Schulpsychologin oder Schulpsychologe, und werden diese auch schon für den Berufseinstieg vorausgesetzt?

CD:

Ich halte Fort- und Weiterbildung in unserem Bereich für zentral. Aufgrund der angesprochenen Vielfalt der Beratungsanlässe ist es wichtig, sich berufsbegleitend immer wieder weiterzubilden und offenzubleiben für neue Erkenntnisse. Der Vorteil einer berufsbegleitenden Fort- und Weiterbildung besteht darin, dass ich mich bedarfsorientierter und damit gezielter fortbilden kann. So übernimmt eine neue Kollegin von mir gerade einen neuen Arbeitsschwerpunkt und besucht gezielt Fortbildungen zu diesem Thema.

I:

Welche persönlichen Kompetenzen sollte man mitbringen, um erfolgreich als Schulpsychologin oder Schulpsychologe arbeiten zu können?

CD:

Ich denke, eine grundsätzlich wertschätzende Haltung und eine damit verbundene Empathie gegenüber den Akteuren im System Schule sind hilfreich. Daneben halte ich ein hohes Maß an Flexibilität für wichtig, da ich mich ständig auf neue Situationen, Personen, Bedürfnisse und Themen einstellen muss. Außerdem kann es jederzeit vorkommen, dass ich eine Fortbildung oder Beratung abbrechen muss, weil ein akuter Krisenfall vorliegt. Da wir vorrangig Kurzzeitberatungen durchführen, ist es von Vorteil, schnell mit Menschen unterschiedlicher Zielgruppen in Kontakt kommen zu können. Die Fähigkeit zu selbstständigem Arbeiten und ein solides

Zutrauen in die eigenen Kompetenzen sind außerdem nützlich, weil ich häufig allein an Schulen unterwegs bin und es durchaus vorkommt, dass ich als „psychologische Expertin" vor einem Kollegium von 100 Personen angesprochen werde. Da es vorkommen kann, dass wir in kurzer Folge mit der Bearbeitung sehr belastender Ereignisse beschäftigt sind, sollte die eigene Belastbarkeit und Stressresistenz hoch sein.

I:
Welchen Tipp würden Sie Studierenden geben, die sich für eine Tätigkeit als Schulpsychologe interessieren?

CD:
Mein Haupttipp ist – egal für welchen Tätigkeitsbereich –, Praktika zu machen und dadurch schon während des Studiums einen Fuß in die Tür zu bekommen. Die neue Kollegin, die wir jetzt eingestellt haben, hat bei uns ein Praktikum absolviert und danach eine Zeit als Bachelor-Psychologin gearbeitet, bevor sie ihren Master abgeschlossen hat. Eine solche Arbeitsprobe erlaubt uns die valideste Einschätzung darüber, ob jemand zu uns ins Team passt und ob er aus unserer Sicht gut arbeitet.

I:
Manche Studierende machen sich viele Gedanken, was die Auswahl von Schwerpunkten im Studium angeht. Gibt es aus Ihrer Sicht Schwerpunkte, die besonders relevant sind für die Tätigkeit als Schulpsychologe?

CD:
Pädagogische Psychologie ist auf jeden Fall sehr hilfreich, aber auch Klinische Psychologie und Organisationspsychologie aus den genannten Gründen. Ich würde sagen: möglichst viel gehört, gesehen und gemacht haben – auch was Praktika angeht.

Video des Interviews:

▶ https://tinyurl.com/Schulpsy-Claudia-Dickhaeuser

Literatur

Achtziger, A. & Gollwitzer, P. (2014). Rubikonmodell der Handlungsphasen. In M. A. Wirtz (Hrsg.), *Dorsch – Lexikon der Psychologie* (18. Aufl., S. 1438). Bern: Verlag Hogrefe Verlag.

Bermeitinger, C. (2014). Priming. In M. A. Wirtz (Hrsg.), *Dorsch – Lexikon der Psychologie* (18. Aufl., S. 1297). Bern: Verlag Hogrefe Verlag.

Dunkel, L. (2016). Schulpsychologische Versorgung in Deutschland. *Praxis Schulpsychologie*, Ausgabe 7.

Grawe, K. (1998). *Psychologische Therapie*. Göttingen: Hogrefe.

Hattie, J. (2008). *Visible learning: A synthesis of over 800 meta-analyses relating to achievement*. London: Routledge.

Kounin, J. (2006). Techniken der Klassenführung. In *Standardwerke aus Psychologie und Pädagogik – Reprints, Band 3*. Münster: Waxmann.

Schulz von Thun, F. (2006). *Miteinander reden 3: Inneres Team und situationsgerechte Kommunikation*. Reinbek: Rowohlt-TB.

Spinath, B. & Brünken, R. (2016). *Pädagogische Psychologie – Diagnostik, Evaluation und Beratung*. (Kapitel 11: Wo arbeiten Pädagogische Psychologinnen und Psychologen?). Göttingen: Hogrefe.

Storch, M. (2004). Resource-activating Selfmanagement with the Zurich Resource Model (ZRM). *European Psychotherapy, 5*, 27–64.

Psychologische Diagnostik und Förderung von Schulleistungen

Heike Rolli

4.1 Einleitung – 36

4.2 Interview mit Dipl.-Psych. Heike Rolli – 36

Literatur – 45

Die Online-Version für das Kapitel (https://doi.org/10.1007/978-3-662-554411-1_4) enthält Zusatzmaterial, welches berechtigten Benutzern zur Verfügung steht. Laden Sie sich zum Streamen der Videos die „Springer Multimedia App" aus dem iOS- oder Android-App-Store und scannen Sie die Abbildung, die den „play button" enthält.

© Springer-Verlag GmbH Deutschland 2018
O. Dickhäuser, B. Spinath (Hrsg.), *Berufsfelder der Pädagogischen Psychologie*,
Meet the Expert: Wissen aus erster Hand, https://doi.org/10.1007/978-3-662-55411-1_4

4.1 Einleitung

Birgit Spinath

Rund um die Themen Bildung und Erziehung gibt es in Deutschland ein breites Angebot durch Beratungs- und Förderstellen (z. B. Rätz et al., 2014). Häufig liegen die Schwerpunkte allgemein in der Erziehungs- und Familienberatung (▶ Kap. 2), aber es gibt auch Einrichtungen, die sich spezialisiert haben, z. B. auf genuin pädagogisch-psychologische Themen wie Hochbegabung, Lese-Rechtschreib-Schwäche und andere Lernschwierigkeiten oder aber auf Themen in der Schnittmenge zur Klinischen Psychologie wie z. B. Drogen und Sucht. Zum Aufgabenspektrum solcher Einrichtungen gehört auch Hilfe bei familiären Konflikten (z. B. Sorgerechtsregelungen), Fremdunterbringung und gerichtlichen Fragestellungen. Viele Beratungs- und Förderstellen sind in kommunaler oder kirchlicher Trägerschaft. Zunehmend gibt es auch kommerzielle Institute, die spezielle Dienstleistungen zur schulischen Förderung anbieten (z. B. Kumon zur Vermittlung von Mathematik und Sprachen).

Im Folgenden wird die Arbeit des Psychologischen Zentrums für Diagnostik und Förderung von Schulleistungen (PZS) der Arbeiterwohlfahrt (AWO) des Kreisverbands Heidelberg e.V. vorgestellt. Diese Einrichtung ist im Bereich der schulischen Leistungen auf die Förderung bei Lese-Rechtschreib-Schwäche sowie Rechenschwäche spezialisiert. Das Interview wurde mit der Leiterin dieser Einrichtung, Dipl.-Psych. Heike Rolli, geführt.

4.2 Interview mit Dipl.-Psych. Heike Rolli

Das Interview führten Luise Hill und Rebekka Reinhuber im Juni 2016.

Interviewerin:
Liebe Frau Rolli, vielen Dank, dass Sie sich heute Zeit genommen haben, mit uns das Interview zu führen.

Dipl.-Psych. Heike Rolli:
Sehr gerne!

I:
Sie sind Leiterin des Psychologischen Zentrums für Diagnostik und Förderung von Schulleistungen der Arbeiterwohlfahrt des Kreisverbands Heidelberg e.V. Können Sie uns ganz allgemein etwas über diese Einrichtung berichten?

HR:
Wir sind eine schon sehr alte Einrichtung – über 40 Jahre – und zuständig für Heidelberg und den Rhein-Neckar-Kreis. Wir sind spezialisiert auf das Thema Schule. Wenn Kinder Schulleistungsprobleme haben, können sie zu uns kommen. Wir schauen dann, woran das liegt, machen eine ausführliche Diagnostik und bieten entsprechend – falls dabei herauskommt, dass eine Lese-Rechtschreib-Störung oder eine Rechenstörung vorliegt – eine Therapie an. Wir haben ein gemischtes Team mit vielen Psychologinnen, aber auch einer Ärztin für Kinder- und Jugendpsychiatrie, einer Pädagogin und einer Heilpädagogin.

I:
Wie lange sind Sie schon am Psychologischen Zentrum?

4.2 · Interview mit Dipl.-Psych. Heike Rolli

HR:
Schon lange. Ich habe während des Studiums ein Praktikum am Psychologischen Zentrum gemacht und dann auch immer mal wieder mit Kindern gearbeitet, die nicht dorthin kommen wollten, weil sie jemanden gebraucht haben, der zu ihnen nach Hause kommt. Nachdem ich 1994 mit meinem Studium fertig war, habe ich dreieinhalb Jahre als Honorarkraft gearbeitet. Danach habe ich 1997 eine halbe Stelle, also 55 %, bekommen und 1998, nachdem eine Kollegin in Rente gegangen war, eine volle Stelle. Seit 2006 habe ich die Leitung inne.

I:
Nun zu den Arbeitsschwerpunkten des PZS. Welche Angebote bietet das PZS im Allgemeinen an?

HR:
Die beiden Schwerpunkte sind Diagnostik und Therapie von Teilleistungsstörungen bei Schulproblemen.

I:
Nun hat sich das PZS auf die Diagnostik von Teilleistungsstörungen spezialisiert. Welche Teilleistungsstörungen werden besonders häufig diagnostiziert und hier behandelt?

HR:
Ursprünglich ging es um Lese- und Rechtschreibstörungen oder auch Rechtschreibstörungen, ohne dass eine auffällige Lesestörung dabei war. Irgendwann kamen dann die Rechenstörungen, die Aufmerksamkeitsstörungen und die Händigkeit dazu, wenn also unklar ist, ob ein Kind Rechts- oder Linkshänder ist.

Wir arbeiten mit einer Ärztin für Kinder- und Jugendpsychiatrie zusammen, das heißt, es werden entsprechende Diagnosen gestellt. Am häufigsten haben wir im Laufe des letzten Jahres – genau 715-mal – eine „umschriebene Entwicklungsstörung der motorischen Funktionen nicht näher bezeichnet" diagnostiziert, dann die „umschriebene Entwicklungsstörung der Fein- und Grafomotorik". Es kommt oft dazu, dass die Kinder auch große Probleme mit der Stifthaltung und dem Schreiben haben und deshalb sehr beeinträchtigt sind. An dritter Stelle steht mit 571-mal die „Lese- und Rechtschreibstörung"; danach kommen die „auditive Verarbeitungs- und Wahrnehmungsstörung", „kombinierte Störung schulischer Fertigkeiten", „einfache Aktivitäts- und Aufmerksamkeitsstörung" und die „emotionale Störung des Kindesalters nicht näher bezeichnet". Letzteres liegt beispielsweise vor, wenn die Kinder Schulangst bekommen oder jeden Morgen mit Bauchweh in die Schule gehen oder jeden Mittag mit Kopfweh aus der Schule heimkommen. Dann folgen die „Rechenstörung", „Entwicklungsstörung des Sprechens oder der Sprache nicht näher bezeichnet" und auf Platz 10 „sonstige emotionale Störungen des Kindesalters". Das waren nun die zehn häufigsten Diagnosen, die wir im letzten Jahr gestellt haben.

I:
Wer nimmt das Angebot des PZS in Anspruch, und wie kommt typischerweise ein Kontakt zu Ihnen zustande?

HR:
Wir haben Familien mit Kindern vom Vorschulalter bis teilweise auch noch Erwachsenenalter. Schwerpunkt ist die dritte Klasse, sagen wir Mitte/Ende Grundschule bis in die ersten ein, zwei Jahre in die weiterführende Schule hinein – immer ein paar mehr Jungen als Mädchen.

Und typischerweise ist es so: Das Kind hat irgendwelche Probleme in der Schule, die Betroffenen sprechen darüber, und dann wird ihnen häufig entweder vom Kinderarzt oder der Schule empfohlen, einfach mal zur AWO zu gehen. Oder die Schule sagt: „Da muss man was machen, sonst bleibt das Kind sitzen." Teilweise bekommen Betroffene auch von anderen gesagt: „Jaja, bei meinem Kind war es auch so, ich war dann bei der AWO." Die Betroffenen rufen daraufhin hier an und lassen sich auf unsere Warteliste für den Erstkontakt mit unserer Ärztin setzen.

I:
Wie sieht nun der weitere Verlauf nach der Beratung aus, wenn eine Teilleistungsstörung diagnostiziert wurde? Welche Maßnahmen werden innerhalb Ihrer Einrichtung ergriffen und welche außerhalb?

HR:
Also der typische Verlauf wäre jetzt so: Das Kind kommt mit seinen Eltern oder zumindest seiner Mutter als Erstes zum Gespräch mit unserer Ärztin für Kinder- und Jugendpsychiatrie. Die Eltern haben vorher bereits einen Fragebogen bekommen, den sie ausgefüllt und sich somit schon ein bisschen Gedanken gemacht haben. Die Ärztin versucht nun herauszubekommen, was für Probleme vorliegen und ob es schon vor der Schule Probleme gab. Wie hat es angefangen? Wie hat es sich entwickelt? Wie wirkt es sich aus? Wie sieht das aktuelle Zeugnis aus? Was sagt die Lehrerin? Wie geht es dem Kind? Daraufhin entscheidet die Ärztin, wie das weitere Vorgehen ist.

Schon wenn die Betroffenen anrufen und sich telefonisch anmelden, machen wir etwas Beratung und fragen nach, um was es geht. Denn von den Wartezeiten her können wir es nicht verantworten, dass die Leute hierherkommen und ihnen dann gesagt wird: „Ach, Sie sind hier eigentlich falsch, wären Sie doch woanders hingegangen."

Bei den meisten ist es aber so, dass die Ärztin eine diagnostische, testpsychologische Untersuchung empfiehlt. Diese ist typischerweise auf zwei Termine verteilt: ein Termin zur Intelligenzdiagnostik und der zweite Termin entsprechend entweder zum Lesen, Rechnen, Schreiben, zu auditiver Wahrnehmung, visueller Wahrnehmung oder visuomotorischer Wahrnehmung. Es sind immer etwa ein- bis anderthalbstündige Termine.

Wenn die Tests ausgewertet sind, hat die Familie nochmals mit der Ärztin einen Beratungstermin, bei dem ihnen die Ergebnisse mitgeteilt werden. Diese bekommen sie dann auch nochmals in einem ausführlichen Arztbrief zugeschickt. Der überweisende Arzt, aber auch die Familie erhält diesen Brief. Danach wird die Familie beraten. Was kann man machen? Braucht das Kind eine Therapie, also eine Legastehnietherapie oder eine Rechentherapie? Braucht es vielleicht eine Logopädie, oder soll es mal zu einer Ergotherapeutin gehen? Ist es vielleicht falsch beschult? Soll die Klasse nochmal wiederholt werden oder doch lieber Nachhilfe?

Den Eltern wird dann gesagt, was wir für Ideen haben. Wir kennen uns auch in der Gegend gut aus. Wenn die Betroffenen zum Beispiel kein Auto haben, sagen wir: „Ok, wir wissen, dass bei Ihnen in der Nähe eine gute Lerntherapeutin ist, da können Sie mal hingehen." Es ist relativ pragmatisch und konkret, was die Leute an die Hand bekommen.

Und ein Teil der Leute kommt bei uns auch auf die Warteliste für einen Therapieplatz. Nicht alle. Zum einen, weil manche von den äußeren Rändern des Rhein-Neckar-Kreises oder darüber hinaus kommen. Diese können zwar ein paarmal für die Testung, aber nicht jede Woche über Jahre hinweg zu einer Therapie kommen. Wir sehen zu viele Kinder zur Diagnostik, als dass man alle tatsächlich zur Therapie aufnehmen könnte. Aber wie gesagt, ein gewisser Teil landet bei uns zur Therapie. Die Kinder haben dann einmal pro Woche einen 45-minütigen Termin bei einer Therapeutin, bei der Lese-Rechtschreib-Therapie oder Rechentherapie stattfindet, wobei wir aber immer versuchen, sehr auf das ganze Kind, die ganze Familie zu schauen. Es ist nicht so, dass man einfach nur mehr übt oder Schulstoff wiederholt, sondern dass man zum einen die Grundlagen

4.2 · Interview mit Dipl.-Psych. Heike Rolli

legt, die in der Schule gefehlt haben, und zum anderen die Kinder häufig erst einmal neu motiviert, sodass sie sich überhaupt wieder zutrauen, etwas auszuprobieren.

I:

Sie haben von ganzheitlicher Betreuung und 45 Minuten Therapie wöchentlich gesprochen. Reicht das für einen langfristigen Erfolg aus?

HR:

Das ist eine sehr gute Frage! Also ich würde mal sagen, es kommt darauf an. Wir versuchen ja, nicht nur diese 45 Minuten mit dem Kind zu gestalten, sondern auch darüber hinaus mit den Eltern und mit der Schule in Kontakt zu treten. Ich hatte zum Beispiel gerade ein Kind, das kam nach einem Jahr auf das Jugendamt zu einem Hilfeplangespräch. Es war ein Mädchen, das Ende der dritten Klasse mit einer ausgeprägten Rechenstörung, etwas schwacher Intelligenz und auch ungewöhnlicher Familienkonstellation zu mir kam. Das Kind war ganz still, ganz zurückgezogen, hat eigentlich gar nichts gesagt. In der Schule ist beispielsweise aufgefallen, dass es überhaupt nicht integriert ist, überhaupt nichts sagt und sich nie meldet.

Das Mädchen kam jetzt ein Jahr lang immer schön regelmäßig. Ihr Papa hat sie jede Woche gebracht, und sie hat immer gut mitgemacht, hat manchmal sogar ein bisschen gelächelt, wenn ich mit ihr gespielt habe und sie mich total abgezogen hat. Ich habe zu Anfang der Therapie mit den Lehrerinnen, also mit der Mathelehrerin und mit der Klassenlehrerin, telefoniert. Sie waren beide sehr wohlgesonnen, sehr aufgeschlossen, sehr wohlwollend und sehr unterstützend dem Kind gegenüber. Sie sind darauf eingegangen, wie man einen Nachteilsausgleich in Mathe bieten kann, aber auch insgesamt darauf, dass das Kind auch mal für etwas Kleines gelobt wird. Sie sind beide ganz toll darauf eingestiegen. Das Mädchen wurde auch immer ganz pünktlich gebracht. Man hat gemerkt, das ist der Familie wichtig.

Nach einem Jahr habe ich mit den Lehrerinnen telefoniert, und sie haben gesagt, das Kind ist wie ausgewechselt, das ist überhaupt kein Vergleich, sie macht mit, sie ist integriert, sie ist manchmal sogar ein bisschen frech. Sie waren ganz begeistert, und das Mädchen hat sich auch im Rechnen deutlich verbessert. Das sind dann so Dinge, wo ich denke, anscheinend kann man eben dadurch, dass man auch auf das Umfeld einwirkt und dem Kind Erfahrungen vermittelt wie „Du kannst das lernen", viel bewirken. Ich setzte an der Stelle an, wo das Kind schon etwas konnte, mit Materialien, die es unterstützt haben, und dann hatten wir eben eine Übung, die wir immer wieder gemacht haben. Man konnte ganz deutlich sehen – und auch das Mädchen selber konnte sehen –, dass es jedes Mal ein bisschen besser wurde, und das kann teilweise unglaublich viel bewirken.

Es gibt natürlich auch sehr schwierige Fälle, bei denen ganz schlimme Familienverhältnisse vorliegen, oder wo die Schule gar nicht kooperativ ist. Dann ist das hier nur so eine kleine Insel, aber auch dann, gerade dann, kann es sehr wertvoll sein, dass das Kind wenigstens einen Platz hat, wo es irgendwie merkt, da werde ich gewürdigt, da werde ich wertgeschätzt, da traut man mir was zu, da lobt man mich auch mal, da werde ich akzeptiert, wie ich bin.

I:

Die Kinder kommen in der Regel relativ lange zu Ihnen. Wie finanziert sich das Ganze? Können sich die Förderung überhaupt alle leisten, oder profitieren nur einzelne Kinder davon?

HR:

Das ist auch eine sehr gute Frage. Es ist so, dass bis zum letzten Jahr die ganze Diagnostik für alle Leute kostenlos war. Sie mussten nur einen Überweisungsschein vom Kinderarzt mitbringen, und wir konnten dann ein bisschen was über die Kasse abrechnen. Wir wurden aber auch von der Stadt Heidelberg und vom Rhein-Neckar-Kreis von den jeweiligen Jugendämtern finanziell gefördert. Für die Therapie mussten die Eltern bis zu 80 Euro im Monat dazuzahlen. Das war für die meisten Familien noch machbar, aber es gab natürlich auch welche, die sich das nicht leisten konnten. Für diese Familien haben wir dann auch ein paar kostenlose Therapieplätze angeboten. Aber für die meisten waren die 80 Euro noch in Ordnung.

Seit diesem Jahr fördert uns der Rhein-Neckar-Kreis nicht mehr. Und jetzt gibt es zwei verschiedene Bedingungen: Für die Heidelberger gilt alles wie bisher: Die Familien zahlen 80 Euro im Monat für einen Therapieplatz. Für Geschwisterkinder gibt es einen günstigen Tarif von 50 Euro im Monat. Oft haben in einer Familie nicht nur ein, sondern zwei oder drei Kinder ein Problem mit dem Lesen, Rechtschreiben oder Rechnen. Dann ist ein günstigerer Geschwistertarif sehr wichtig. Die Leute aus dem Rhein-Neckar-Kreis müssen jetzt dagegen 150 Euro im Monat für einen Therapieplatz zahlen, einen Geschwistertarif gibt es nicht. Auch müssen sie, im Gegensatz zu den Heidelbergern, zu den Diagnostikterminen noch 150 Euro dazuzahlen. Normalerweise sind es zwei Diagnostiktermine, das heißt, es sind 300 Euro. Das ist natürlich nochmal eine andere Hausnummer, das können sich dann doch manche Familien nicht leisten. Da findet also eine gewisse Selektion statt.

I:

Gibt es spezielles diagnostisches Material oder auch Fördermaterial, mit dem Sie hier vorzugsweise arbeiten?

HR:

Als Intelligenztest machen wir eigentlich so gut wie immer die Hamburg-Wechsler-Geschichten, also je nach Alter meistens den Wechsler Intelligence Scale for Children IV (WISC-IV), der ist einfach extrem aussagekräftig, ein sehr schöner Test. Beim Lesen machen wir viel den Züricher Lesetest II (ZLT-II), für die Rechtschreibung die Weingartener Grundwortschatz Rechtschreib-Tests (WRTs) in verschiedenen Stufen. Wir haben auch noch ein paar andere, gerade für die Größeren, die vielleicht nochmals kommen, wenn sie in einer Bewerbungsphase sind und ein aktuelles Gutachten brauchen. Für das Rechnen haben wir die Neuropsychologische Testbatterie für Zahlenverarbeitung und Rechnen bei Kindern (ZAREKI-R), den Heidelberger Rechentest (HRT 1–4) und das Rechenfertigkeiten- und Zahlenverarbeitungs-Diagnostikum für die 2. bis 6. Klasse (RZD 2–6), den wir vor allem für die Größeren verwenden. Das sind jetzt mal die hauptsächlichen Tests.

Und Fördermaterialien? Kieler, Reuter-Liehr, Marburger, die CESAR-Programme am Computer, den Neuen Karolus. Fürs Rechnen orientieren wir uns an Prof. Dr. Wartha, aber auch an Prof. Dr. Kaufmann, die an der Pädagogischen Hochschule hier in Heidelberg lehrt und an dem Therapieansatz von Gaidoschik. Es ist viel, es wird auch immer mehr. Jedes Mal, wenn wir wieder auf einem Kongress waren oder wenn jemand eine Fortbildung macht, kommt wieder etwas Neues dazu. Wir gehen nicht nach einem Programm vor, sondern wir stellen für jedes Kind individuell zusammen, was gerade passt und was es gerade braucht. Wir haben einen ganz großen Fundus, aus dem wir uns da bedienen.

I:

Können Sie bestätigen, dass ADHS häufiger bei Jungen als bei Mädchen und auch häufiger bei Kindern mit niedrigem sozioökonomischem Status diagnostiziert wird und dass auch häufig Migranten zu den Verdachtsfällen gehören? Wenn ja, woran könnte das liegen?

HR:

Also häufiger bei Jungen als Mädchen, das würde ich bestätigen. Migranten besonders viel? Wir bieten auch Aufmerksamkeitstrainings an, und da muss man aufpassen, dass nicht von acht Kindern nur ein Mädchen dabei ist. Deshalb weiß ich, dass es mehr Jungen als Mädchen sind. Aber mit Migrantenkindern, das wüsste ich nicht, da habe ich auch keine Zahlen dazu. Wir sind sowieso ein bisschen vorsichtig mit der ADHS-Diagnose. Das ist eine sehr schwierige Geschichte. Ich denke, der Begriff „Aufmerksamkeitsstörung" oder der Satz „Die Aufmerksamkeit ist beeinträchtigt" sind etwas neutraler. Die Diagnose ADHS führt sehr häufig dazu, dass die Kinder einfach nur Medikamente kriegen. Die helfen bei manchen Kindern sehr gut, bei vielen aber gar nicht. Oft ist es einfach auch eine Kombination aus so vielen Dingen: dass die Kinder Struktur brauchen, dass sie vielleicht in der Schule überfordert sind oder, was wir sehr, sehr oft sehen, dass Kinder mit dem Verdacht auf Aufmerksamkeitsstörung zu uns kommen und wir dann eine auditive Merkstörung feststellen. Das heißt, die Kinder können sich einfach nicht alles merken, wenn der Lehrer z. B. sagt: „So jetzt tut mal euere Mathebücher raus, wir schlagen die Seite 123 auf, und da gucken wir uns jetzt mal die Nummer 3a an." Sie haben noch „Mathebuch" mitgekriegt, und bis sie nach der Seite suchen, wissen sie schon nicht mehr die Nummer, oder sie haben sich „3a" gemerkt, aber die Seite vergessen. Sie sitzen dann da und machen irgendwas, und nun heißt es, sie haben sich nicht konzentriert, nicht aufgepasst. Das ist es aber oft gar nicht, sondern das geht bei ihnen zum einen Ohr rein und zum anderen wieder raus. Das ist eigentlich ein ganz anderes Problem, und die Kinder sind sogar ganz besonders aufmerksam, weil sie das wissen und sich ganz arg anstrengen. Und da ist es zum Beispiel sehr wichtig, so etwas auch festzustellen, um die Kinder vor falschen Vorwürfen zu beschützen und Verständnis zu erzeugen. Man muss dann eben andere Möglichkeiten finden, wenn ein Kind so vergesslich ist. Oft wird den Kindern auch unterstellt „Die wollen ja nicht", „Der horcht nicht" im Sinne von nicht gehorchen.

Von daher sind wir sehr vorsichtig, ADHS dem Kind als Diagnose anzukleben.

I:
Was genau sind Ihre Aufgaben als Psychologin am PZS? Können Sie das an einer konkreten Aufgabe schildern?

HR:
Ich mache als Psychologin sowohl die Diagnostik als auch die Therapie. Vormittags machen wir die Diagnostik. Die Therapie kann nur nachmittags laufen, weil die Kinder vormittags an der Schule sind. Sie kommen im Durchschnitt einenhalb bis zwei Jahre jede Woche. Neben der Leitungsfunktion habe ich drei Diagnostiktermine in der Woche. Zwei montags und einen donnerstags. Bei einem solchen Termin verbringe ich eine bis anderthalb Stunden mit dem Kind, das getestet wird. Zuvor habe ich mich bereits intensiv mit der Akte beschäftigt, in der die Unterlagen vom Familiengespräch unserer Ärztin sind, außerdem Zeugnisse und eventuell andere Arztberichte, die die Eltern mitgebracht haben. Dadurch habe ich schon viel Vorwissen und kann damit die Diagnostik vorbereiten. Die Ärztin schreibt beispielsweise rein, dass sie gerne eine Überprüfung der Begabung und des Lesens und Rechtschreibens oder so hätte. Dann suche ich die entsprechenden Tests heraus, schaue, was zu dem Kind, dem Alter und der Klassenstufe passt, mache die Diagnostiktermine und werte diese aus. Das, was ich montags mache, werte ich mittwochs aus. Ich fasse in einem Bericht die Ergebnisse zusammen, damit die Ärztin wiederum die Eltern beraten kann.

Einmal in der Woche haben wir einen Teamvormittag, an dem wir praktische Dinge besprechen, aber auch Fallintervisionen machen, und etwa zehnmal im Jahr haben wir eine Supervision bei einer externen Supervisorin. Am Nachmittag sehe ich die Kinder, die zur Lerntherapie kommen. Das sind pro Nachmittag normalerweise fünf Kinder, die eines nach dem anderen ihren Termin bei mir haben. Da eine Lerntherapie in der Regel ein Jahr oder länger dauert, begleitet man diese Kinder über eine relativ lange Zeit hinweg. Dabei ist es sehr wichtig, einen guten Kontakt zu den Eltern zu halten und sie intensiv in die Lerntherapie mit einzubeziehen.

I:
Was gefällt Ihnen besonders an Ihrem Beruf?

HR:
Also ich denke, mit Kindern arbeiten ist einfach super. Es ist immer frisch, es ist immer neu, es ist immer interessant, man lernt immer wieder etwas dazu. Es ist oft eine Herausforderung, macht auch oft viel Spaß, und man hat immer das Gefühl, man macht etwas Sinnvolles. Man setzt an einem Punkt an, wo man helfen kann. Wenn man abends nach Hause geht, hat man nie das Gefühl, seine Zeit vergeudet zu haben. Man hat eigentlich immer den Eindruck, etwas Wichtiges erreicht zu haben, geholfen zu haben, etwas vorangebracht zu haben. Es ist eine sehr große Sinnhaftigkeit, die einem das gibt. Wenn man am Nachmittag fünf Kinder hintereinander hat und auf jedes voll eingeht, ist das schon sehr anstrengend, aber es kommt auch wieder etwas zurück, was einem Auftrieb gibt.

I:
Mit welchen Schwierigkeiten werden Sie in Ihrem Berufsfeld konfrontiert?

HR:
Das größte Problem ist das Geld. Ich interessiere mich eigentlich nicht für Geld, sonst wäre ich vielleicht ins Bankwesen gegangen oder so. Ich interessiere mich für Menschen, deswegen bin ich Psychologin geworden, aber ich beschäftige mich jeden Tag mit Geld. Jeder sagt, es ist total wichtig, dass alle Kinder das Lesen und das Schreiben lernen, aber keiner möchte dafür bezahlen. Das ist oft sehr schwierig und sehr traurig. Wir arbeiten hier an der Schnittstelle zwischen Schule, Gesundheitssystem und Jugendhilfe. Dann hat man oft den Eindruck, dass die Kinder hin und her geschoben werden zwischen den Systemen. Und keine Stelle hat das nötige Geld dafür, keine Stelle fühlt sich zuständig und keine Stelle hat die Leute dafür oder die Zeit. Die Leidtragenden sind im Endeffekt die Kinder und ihre Familien, vor allem diejenigen, die vielleicht nicht so super durchsetzungsfähig sind und die im Notfall nicht alles selbst bezahlen können.

I:
Kommen wir zu Ihrem Werdegang und zu den Voraussetzungen für Ihre Arbeit. Wie sind Sie zu Ihrem Beruf gekommen?

HR:
Ich habe Psychologie studiert und wollte danach ein Praktikum bei einem niedergelassenen Psychotherapeuten machen und eines bei einer Erziehungsberatungsstelle. Nach diversen Bewerbungen bin ich dann zufällig bei der AWO gelandet. Und seither ist der Kontakt einfach geblieben. Als ich mich nach dem Studium dort beworben habe, kannten die mich schon, und so hat sich das entwickelt. Für die Diagnostik ist die Voraussetzung, dass man Psychologie studiert hat. Wir haben im Team aber zum Beispiel auch eine Heilpädagogin und eine Pädagogin. Wir hatten auch schon eine Sozialtherapeutin im Team und eine Sozialpädagogin, die die Therapie machten. Die meisten haben inzwischen auch eine zusätzliche Lerntherapieausbildung.

I:
Welche besonderen Kenntnisse oder Fähigkeiten, gerade in der Pädagogischen Psychologie, sind besonders wichtig in Ihrem Beruf?

4.2 · Interview mit Dipl.-Psych. Heike Rolli

HR:
Die Testdiagnostik ist nicht speziell Pädagogische Psychologie – sie ist Pädagogische und Klinische Psychologie. Das ist auf jeden Fall ganz wichtig. Die Themen Schulsystem und Motivation, also klassische Gebiete der Pädagogischen Psychologie, sind sehr wichtig bei dieser Arbeit. Und ich würde sagen alles, was man schon Praktisches gemacht hat, ist von Vorteil. Also, wenn man schon einmal mit Kindern und Jugendlichen gearbeitet hat, hilft das einem ganz schön weiter.

I:
Was würden Sie Studierenden darüber hinaus empfehlen, wenn diese sich für Ihr Berufsfeld interessieren? Wie sollten sie ihr Studium ausrichten und welche Schwerpunkte gegebenenfalls setzen?

HR:
Also ich denke, wenn man das als Psychologe machen möchte, nimmt man die ganzen „Testgeschichten" ja sowieso mit. Das hat mich während meines Studiums nie besonders interessiert, ich fand das immer sehr trocken und langweilig. Inzwischen finde ich die Testpsychologie wahnsinnig spannend und interessant. Wenn man die Tests konkret anwendet, sind sie ganz hilfreich und praktisch. Ansonsten denke ich, es ist immer gut, wenn man schon mal irgendetwas Praktisches gemacht hat und irgendwo reingeschnuppert hat, weil man es sich nur dann wirklich vorstellen kann. Gut ist es auch, wenn man – ich weiß nicht inwiefern das durch das Psychologiestudium, vielleicht eher an der PH, abgedeckt wird – schon ein bisschen was über Probleme weiß wie zum Beispiel: Welche Probleme Kinder in der Schule so haben können. Da ist es hilfreich, wenn man schon etwas über Legasthenie oder Dyskalkulie weiß. Es gibt sicher viele Berufe, die gute Voraussetzungen mitbringen, um therapeutisch mit Kindern zu arbeiten. Darüber hinaus ist es sinnvoll, sich in Lerntherapie weiterbilden. Aber ich denke, alles, was einem irgendwie lehrt, mit Menschen oder Kindern umzugehen, ist da eine gute Voraussetzung. Wie gesagt, wir haben schon immer ein gemischtes Team, was immer sehr gut und interessant ist, weil zum Beispiel unsere Heilpädagogin viel von uns Psychologen lernt, und umgekehrt lernen wir viel von ihren heilpädagogischen Methoden. Ich denke, das ist ein relativ weites Feld.

I:
Was wünschen Sie sich für die Zukunft des PZS?

HR:
Eine gute finanzielle Absicherung, die es einfach ermöglicht, dass wir unsere Arbeit in hoher Qualität für alle anbieten können, die die Unterstützung und Hilfe brauchen – ohne dass die Familien, die finanziell schlechter gestellt sind, auf der Strecke bleiben oder dass die Kinder, deren Eltern Prioritäten ein bisschen anders setzen, trotzdem hierherkommen können.

I:
Wie schätzen Sie die zukünftige Entwicklung Ihres Arbeitsfeldes ein?

HR:
Der Bedarf steigt an, seitdem ich in diesem Gebiet arbeite. Man hat den Eindruck, dass die Schule und die Noten immer wichtiger werden. Während früher der Stress in der vierten Klasse war, wenn es Richtung weiterführende Schule ging, erlebt man das heute bereits in der zweiten Klasse. Bevor die Kinder die Noten kriegen, rechnen sich die Eltern schon aus den Fehlern aus, welche Noten das nach irgendwelchen Listen wären. Es herrschen ein hoher Leistungsanspruch und

Leistungsdruck in der Gesellschaft und diese Angst, was aus meinem Kind wird, wie es weitergeht, ob es da mithalten kann und zu den Gewinnern oder zu den Verlierern gehört und so weiter. Auch in der Schule steigt der Anspruch – habe ich den Eindruck – immer mehr, sodass unsere Arbeit immer wichtiger wird. Der Druck auf die Kinder und die Familien wird höher und es wird immer wichtiger, sie auch psychisch zu stützen Herausforderungen sehe ich auch im Hinblick auf das Thema Inklusion. Ich weiß nicht, ob die Schulen das alleine bewältigen können oder ob es nicht darauf hinauslaufen wird, dass die Eltern auch selber aktiv werden und sich um unterstützende Maßnahmen kümmern müssen. Also der Bedarf ist da, und im Moment steigt er. Was die politische Handhabung angeht, geht es eher in die Richtung, dass immer weniger Geld dafür da ist und dass es immer mehr zur Privatsache gemacht wird.

I:
Wer trägt Ihrer Meinung nach die Verantwortung für die Förderung oder die Früherkennung? Wir haben viel über Diagnostik gesprochen. Wie sieht es mit Prävention und der diesbezüglichen Verantwortung aus?

HR:
Ich denke, da wird schon einiges getan, indem man Hebammen einbezieht und die Erzieherinnen in Kindergärten immer besser ausbildet. Da kann man tatsächlich bereits mit der Prävention ansetzen. In Heidelberg passiert da schon einiges, so werden in den Kindergärten zum Beispiel mit den Kindern im Vorschulalter Sprachübungen gemacht. Wenn dann Auffälligkeiten bestehen, wenn ein Kind das gar nicht gut oder überhaupt nicht kann, so kann man hier sehr frühzeitig ansetzen. Was die Legasthenie und Dyskalkulie angeht, wäre es sicher wichtig, dass die Lehrer noch besser Bescheid wüssten. Da gibt es große Unterschiede. Es gibt Lehrer, die sich da ganz toll auskennen, denen das sofort auffällt und sofort zu Maßnahmen anregen. Es gibt aber auch viele Lehrer, die sagen „Ach, der Knoten platzt noch" oder „Der muss sich halt mehr anstrengen". So wird oft viel Zeit vergeudet bis in der Schule wirklich gar nichts mehr klappt, bis das Kind in den Brunnen gefallen ist. Man würde sich wünschen, dass die Lehrer besser ausgebildet und informiert sind und frühzeitig sagen „Also irgendwie kommt mir das jetzt aber schon komisch vor, dass der immer so viele Fehler macht. Das klappt immer noch nicht … " und dann mal schauen, was da los ist, und nicht einfach nur ins Heft zu schreiben „Üben, üben, üben". Für die Eltern ist es oft schwierig. Die, die schon ein größeres Kind haben und beim jüngeren Kind merken, dass das beim großen Kind ganz anders war, gehen dann von selber zum Kinderarzt oder suchen sich irgendwo Unterstützung, aber diejenigen, bei denen es das erste Kind ist, das betroffen ist, dauert es oft ziemlich lange, bis klar ist, dass man eine zusätzliche Unterstützung suchen muss.

I:
Bietet das Zentrum Fortbildungen oder Infoveranstaltungen für Lehrer oder für interessierte Eltern an?

HR:
Das mit den Infoveranstaltungen für Lehrer ist ein bisschen schwierig, da sind wir noch nicht auf so viel Interesse gestoßen. Wir hatten einmal die Idee, dass wir das für Heidelberg anbieten. Da bestand das Angebot, dass wenn sie für ihren pädagogischen Tag sowas brauchen, dass wir dann kommen, doch das wurde nie abgerufen. Es sind oft eher einzelne Lehrer, die interessiert sind, weil sie vielleicht gerade ein betroffenes Kind in der Klasse haben. Zum Beispiel bei dem Mädchen mit Dyskalkulie, von dem ich vorhin berichtet habe, da waren die Lehrerinnen ganz offen und interessiert und wollten wissen, wie sie das Kind besser unterstützen können. Aber so

richtig institutionalisiert ist das noch nicht. Wenn, dann sind solche Vorträge eher für die Eltern. Die sind da oft eher interessiert. Gerade sind wir dabei, unsere Webseite zu überarbeiten; das ist auch etwas, wo man sich gut informieren kann. Also solche Dinge. Wir würden auch gerne so was wie offene Sprechstunden anbieten, die werden uns aber nicht finanziert.

Video des Interviews:

▶ https://tinyurl.com/Psycholo-Diag-Heike-Rolli

Literatur

Rätz, R., Schröer, W. & Wolff, M. (2014). *Lehrbuch Kinder- und Jugendhilfe. Grundlagen, Handlungsfelder, Strukturen und Perspektiven* (2. Aufl.). Weinheim: Beltz.

Lernförderung und Lerntherapie

Susanne Schreiber

5.1 Einleitung – 48

5.2 Interview mit Dipl.-Psych. Susanne Schreiber – 48

Literatur – 58

Die Online-Version für das Kapitel (https://doi.org/10.1007/978-3-662-554411-1_5) enthält Zusatzmaterial, welches berechtigten Benutzern zur Verfügung steht. Laden Sie sich zum Streamen der Videos die „Springer Multimedia App" aus dem iOS- oder Android-App-Store und scannen Sie die Abbildung, die den „play button" enthält.

© Springer-Verlag GmbH Deutschland 2018
O. Dickhäuser, B. Spinath (Hrsg.), *Berufsfelder der Pädagogischen Psychologie*,
Meet the Expert: Wissen aus erster Hand, https://doi.org/10.1007/978-3-662-55411-1_5

5.1 Einleitung

Oliver Dickhäuser

Die Pädagogische Psychologie als wissenschaftliche Disziplin beschäftigt sich intensiv mit der Entstehung von Lernstörungen und darauf aufbauend mit der Intervention bei Lernstörungen. Auch der Frage danach, welche Verhaltensweisen (etwa mit Blick auf das eigene Lern- und Arbeitsverhalten oder die Regulation eigener Motivation) mittelbar (schul-)erfolgszuträglich sind, wird im Rahmen pädagogisch-psychologischer Forschung nachgegangen. Entsprechend haben viele der interventiven Techniken bei Teilleistungsstörungen oder Arbeitsproblemen ihre Wurzeln in der Pädagogischen Psychologie (vgl. Holz-Ebeling 2010; Lauth et al. 2014).

Zugleich ist das Feld der Lernförderung und Lerntherapie ein interdisziplinäres Feld – ein Blick in die Zeitschrift *Lernen und Lernstörungen* illustriert die Vielfalt der beteiligten Disziplinen wie etwa Psychologie, Sonderpädagogik, Pädagogik oder Medizin.

Die Qualifikation der Anbieter von Leistungen im Bereich der Lerntherapie ist sehr heterogen. Trotz der hohen Expertise, die Pädagogische Psychologinnen und Psychologen für interventive Arbeit in diesem Feld mitbringen, und trotz der Bemühungen psychologischer Berufsverbände, Fortbildungswege zu standardisieren (vgl. etwa die Zertifizierung zum Psychologischen Lerntherapeuten/zur Psychologischen Lerntherapeutin durch den Berufsverband deutscher Psychologinnen und Psychologen; http://www.psychologenakademie.de/zertifizierung/#Anker8), werden Lerntherapie und -förderung nicht nur von Psychologinnen und Psychologen angeboten. Für die Kunden, die Leistungen der Lernförderung und Lerntherapie in Anspruch nehmen (und sehr häufig auch selbst bezahlen, sofern die Maßnahme nicht als Eingliederungshilfe im Sinne des Sozialgesetzbuches VIII durch die Jugendämter übernommen wird), bedeutet dies, dass man nicht bei jedem freien Anbieter auch pädagogisch-psychologische Expertise erwarten kann. Für Pädagogische Psychologinnen und Psychologen, die in diesem Bereich arbeiten, gilt es vor diesem Hintergrund, besonders klar zu machen, worin die Schwerpunkte und die Stärken des eigenen Angebots liegen. Dies dürfte vor dem Hintergrund der psychologischen Wurzeln vieler Trainings in diesem Bereich nicht schwerfallen. Hinzu kommt, dass gerade Pädagogische Psychologinnen und Psychologen besonders gut in der Lage sind, die mit Lernschwierigkeiten oft verbundenen Sekundärproblematiken mit zu bearbeiten.

Bemerkenswert an einer Tätigkeit in diesem Praxisfeld ist, dass sie in nennenswertem Umfang nicht nur in Beratungsstellen (vgl. ▶ Kap. 4) sondern auch in Form selbstständiger Tätigkeit ausgeübt werden kann. Nicht nur für Psychologinnen und Psychologen, die sich bewusst gegen eine selbstständige psychotherapeutische Tätigkeit entscheiden, ist dies ein spannendes Berufsfeld.

Das Interview mit Dipl.-Psych. Susanne Schreiber gibt Einblick in die berufliche Tätigkeit im Bereich Lernförderung und Lerntherapie. Susanne Schreiber ist Mitinhaberin der pädagogisch-psychologischen Schulungspraxis Wettenberg, Hessen. Das Interview vermittelt ein Bild der Natur der Arbeit als Lerntherapeutin und beleuchtet Möglichkeiten und Herausforderungen einer selbstständigen Tätigkeit in diesem Bereich.

5.2 Interview mit Dipl.-Psych. Susanne Schreiber

Das Interview führte Sophie Heidemann im August 2016. Zu diesem Zeitpunkt war Dipl.-Psych. Susanne Schreiber praktizierende Lerntherapeutin in eigener Praxis.

5.2 · Interview mit Dipl.-Psych. Susanne Schreiber

Interviewerin:
Bitte schildern Sie zunächst, welche Leistungen Sie in Ihrer Praxis anbieten und für wen die Angebote vorgesehen sind.

Dipl.-Psych. Susanne Schreiber:
Hauptsächlich bieten wir Lerntherapie für Kinder mit einer Teilleistungsstörung an. Die Kinder haben in der Regel eine Lese-Rechtschreib-Störung (LRS) oder seltener auch Dyskalkulie. Der andere Angebotsbereich ist das Coaching, innerhalb dessen Probleme in der Schule besprochen werden, z. B. Schwierigkeiten bei der Vorbereitung auf Arbeiten und mangelnde Strukturierung, geringes Arbeitstempo oder geringe Motivation. Vorwiegend arbeiten wir mit Kindern im Grundschulalter und aus der Sekundarstufe 1 (5. bis 10. Klasse). Die Sitzungen finden wöchentlich im Einzelsetting statt und dauern 45 min. Pro Woche kommen acht bis zehn Kinder zu mir, der Großteil davon zur Lerntherapie.

I:
Wie oder von wem wird eine Lerntherapie bezahlt?

SSch:
LRS und Dyskalkulie werden zwar wie körperliche Krankheiten und psychische Störungen nach ICD-10 diagnostiziert, aber die Krankenkassen sind in diesem Fall nicht für die Kostenübernahme der Behandlung zuständig. Die Lerntherapie wird über das Jugendamt mit der sogenannten Eingliederungshilfe nach § 35a SGB VIII finanziert. Das Jugendamt bewilligt die außerschulische Förderung dann, wenn ein Kinder- und Jugendpsychiater oder eine Kinder- und Jugendpsychiaterin festgestellt hat, dass aufgrund der Teilleistungsstörung und deren Folgen eine Sekundärproblematik vorliegt, durch welche die Teilhabe am sozialen Leben erschwert ist.

Bei einem Erstantrag bewilligt das Jugendamt 40 Therapiesitzungen. Damit ist abzüglich der Ferienzeiten, während derer keine Lerntherapie stattfindet, ein ganzes Jahr abgedeckt. Meistens dauert eine Lerntherapie insgesamt eineinhalb bis zwei Jahre. Für den Antrag auf Verlängerung der Eingliederungshilfe muss von mir ein Zwischenbericht geschrieben werden. Monatlich bekommt das Jugendamt von uns einen Therapienachweis, der die bearbeiteten Inhalte pro Termin dokumentiert. Er wird von den Eltern oder dem Kind unterschrieben.

Über das Jugendamt wird aber nur ein Teil der bei uns geförderten Kinder finanziert, die meisten sind Selbstzahler.

I:
Wie viel Arbeit spielt sich in der Praxis ab, und welcher Teil Ihrer Arbeit findet außer Haus statt?

SSch:
Die Lerntherapie wird ausschließlich in der Praxis durchgeführt. Da die Schüler und Schülerinnen erst nach Schulschluss kommen können, finden die Lerntherapien nachmittags statt. Vormittags arbeite ich zusätzlich an der Familienservicestelle des Studentenwerks Gießen, und einmal in der Woche leite ich an einem Krankenhaus Schulungen zu psychologischen Themen wie Veränderungsmotivation und Krankheitsakzeptanz für Patienten und Patientinnen mit Diabetes. Hätte ich noch zeitliche Kapazitäten, könnte ich z. B. Kooperationen mit Schulen eingehen und dort vormittags Kurse zu Lernstrategien oder Stressprävention anbieten, so wie das meine Kollegin eine Zeit lang getan hat.

I:
Auf welchem Weg werden Klienten gewöhnlich auf Ihre Praxis aufmerksam? Wie erlangt man mit einer Praxis Bekanntheit, sodass ratsuchende Menschen auch dorthin kommen?

SSch:
Ich glaube, das ist ein Prozess. Man sagt, dass es ab der Existenzgründung in etwa zwei Jahre dauert, bis das Geschäft gut läuft, aber aus der Erfahrung heraus würde ich eher drei Jahre angeben.

Am Anfang haben wir auf verschiedensten Wegen Werbung gemacht, um kundzutun, dass es unsere Praxis gibt – per Anzeige im Gemeindeblatt, über Flyer, die wir in Briefkästen warfen –, und wir schickten unser Konzept an Kinder- und Jugendpsychiater/-innen sowie an die Jugendämter in der Region. Nach nun sieben Jahren kommen die meisten Klientinnen und Klienten auf Empfehlung durch die Schulen oder die Elternschaft zu uns. Unsere Homepage wird auch angeschaut, aber eher im zweiten Schritt. Mittlerweile müssen wir als Praxis keinerlei Werbung mehr machen und haben sogar eine kleine Warteliste.

I:
Neben den rein psychologischen Tätigkeiten, wie der Durchführung von Lerntherapie: Welche weiteren Aufgaben fallen innerhalb des Praxisbetriebs an, und welchen zeitlichen Anteil nehmen diese ein?

SSch:
An dem bekannten Wortspiel „Selbstständig – selbst und ständig" ist schon was dran. Letztendlich liegt alles in unserer Hand: Von der Anschaffung neuer Spiele und Materialien über Bürotätigkeiten und den Besuch von Fortbildungen bis hin zur Verantwortlichkeit für die Sauberkeit der Praxisräume. Wie viel diese Nebentätigkeiten ausmachen, das kann ich ganz schlecht beziffern. Die Verteilung dieser Aufgaben schwankt auch stark über das Jahr. Lerntherapeutische Angebote finden nicht in den Schulferien statt – da ist dann mehr Zeit für andere Aufgaben. Rechnungen und die Therapienachweise für das Jugendamt schreibe ich gebündelt am Monatsende. Wenn ein Zwischenbericht ansteht, brauche ich auch schon mal drei Stunden dafür.

I:
Welche Trainings führen Sie am häufigsten durch? Können Sie Ihre Vorgehensweise bei diesen Angeboten kurz beschreiben?

SSch:
Wir greifen auf verschiedene manualisierte Programme zurück, doch im Praxisalltag muss man sehr flexibel sein und individualisiert vorgehen. Am ehesten führen wir das Marburger Rechtschreibtraining von der ersten bis zur letzten Einheit durch. Es enthält allerdings viele Bilder, wodurch es eher auf Grundschulkinder ausgerichtet ist. Häufig fangen Kinder aber erst in der Sekundarstufe 1 mit Rechtschreibförderung an, sodass wir eher eklektisch vorgehen müssen und uns nach dem richten, womit das Kind je nach Alter zurechtkommt. Im Bereich der Rechtschreibung gibt es auch Materialien aus der FRESCH-Methode (Freiburger Rechtschreibschule), die man systematisch mit den Kindern durcharbeiten kann. Zum Rechentraining gibt es meiner Meinung nach kein Material, das in Gänze für viele Kinder geeignet ist.

Manche Kinder haben zusätzlich zur LRS auch Schwierigkeiten mit dem Lernen und der Motivation. Bei manchen liegt das an der Arbeitshaltung und dem Arbeitsverhalten, vor allem bei älteren Kindern spielt auch die Arbeitssituation zu Hause eine Rolle. Mit solchen Kindern führen wir dann keine Therapie durch, sondern vereinbaren zehn Termine, bei denen wir bestimmte

Knackpunkte ansprechen und verschiedene Möglichkeiten zum Umgang mit den Schwierigkeiten aufzeigen. Fortschritte spiegeln sich im besten Fall gleich in einer besseren Note wider oder durch weniger Stress zu Hause bei den Hausaufgaben. Letztens hatte ich einen Jungen in der Praxis, bei dem sogar schon fünf Termine reichten, um Fortschritte zu erzielen.

I:

Sie nutzen in Ihrer Arbeit zahlreiche gut etablierte pädagogisch-psychologische Trainingsverfahren, wie etwa das Marburger Konzentrationstraining als Intervention bei Aufmerksamkeitsstörungen. Wie passen Sie Ihr Vorgehen bei der Durchführung solcher manualisierter Trainings an die individuellen Besonderheiten der Trainierenden an, ohne dabei die Manualtreue zu verlieren?

SSch:

Das Marburger Konzentrationstraining ist eigentlich für Gruppensettings gedacht. Daraus greifen wir höchstens einzelne Elemente heraus und setzen diese punktuell ein, wie z. B. die Abbildung einer Schildkröte, die verschiedene Gefühle ausdrückt.

Oft passt ein manualisiertes Training aufgrund des Einstiegsalters oder der Herangehensweise nicht, deshalb müssen wir es anpassen. Wenn die Kinder sich in der Schule gerade z. B. mit Inhaltsanalyse, Nacherzählung oder Grammatik befassen, sind wir offen dafür, das auch hier noch mal für eine Arbeit zu üben, wenn die Kinder das wünschen. Dadurch weichen wir dann vereinzelt vom eigentlichen Fahrplan ab.

Des Weiteren lege ich ein besonderes Augenmerk darauf, worin das Problem des Kindes besteht. Oft geht es nicht nur um die Teilleistungsstörung an sich, sondern um die Sekundärproblematik. So kommt es vor, dass ein Kind durch die Probleme mit dem Lesen und Schreiben keine Lust mehr hat zur Schule zu gehen, dass es ein geringes Selbstwertgefühl hat, vielleicht ausgelacht wird, es sich für dumm hält und keine Lust mehr hat, sich nachmittags noch mit Freunden zu treffen. Diese Sekundärproblematik gilt es, gesondert zu beachten. Hierauf lege ich als Psychologin ein besonderes Augenmerk.

Ich hatte mal einen Jungen in Therapie, der theoretisch die Rechtschreibung beherrschte, sie aber nicht immer umsetzen konnte. Er war eigentlich ganz pfiffig, hatte aber Probleme, seine Leistung in der Schule abzurufen. Innerhalb eines Jahres hat es hier dann geklappt. Wir haben die Rechtschreibung auf eine spielerische Art geübt, und er hat Selbstvertrauen aufgebaut. Meine Kollegin und ich fokussieren immer auf das, was die Kinder gut können, denn das sollen sie hier auch zeigen dürfen. Als bei dem Jungen die anfängliche Verunsicherung verschwunden war, beherrschte er die Rechtschreibung auch im schulischen Kontext.

Bei Kindern mit Rechenschwierigkeiten muss oft erst einmal der Lösungsweg erkennbar werden, um Ansatzpunkte für die Förderung ableiten zu können. Denn möglicherweise kommt das Kind zu einem falschen Ergebnis, weil der Rechenweg, den es gewählt hat, sehr kompliziert und störanfällig ist und besonders viele Fehlerquellen enthält. In der Therapie geht es darum, dass sich das Kind traut, seinen Lösungsweg vorzurechnen und dabei seine Rechenschritte zu verbalisieren. Darauf aufbauend kann ich dann mit dem Kind weiterarbeiten.

Wenn ein Kind das Lesen verweigert, besteht das adaptive Vorgehen z. B. darin, dass ich alle Materialien zu seinem Lieblingsthema zusammensuche. Diese Texte sind für das Kind interessant, und es wird sie viel eher lesen wollen.

I:

Sie arbeiten schwerpunktmäßig mit Kindern und Jugendlichen. Vor welche unterschiedlichen Herausforderungen sehen Sie sich als Psychologin dabei gestellt?

SSch:
Ob ein Kind große Lust hat hierherzukommen, hängt vom Alter des Kindes und davon ab, wie viele frustrierende Erfahrungen es bereits u. a. mit Förderungsmaßnahmen gemacht hat. Es ist wichtig zu vermitteln, dass hier zwar gelesen, geschrieben und gerechnet wird, dass dies aber in einem geschützten Kontext passiert, in dem keiner lacht, in dem es ausreichend Zeit gibt, keine Ablenkung herrscht und in dem das Kind auch seine Schwierigkeiten und Probleme schildern kann, denn die sind hier erlaubt.

Wir arbeiten zwar allein mit den Kindern, aber zum Teil werden auch die Eltern in die Arbeit einbezogen. Weil einige Eltern Fragen zum Umgang mit Hausaufgaben äußerten, haben wir z. B. zeitweise ein Elterntraining angeboten. Aber der Erfahrung nach wurde das Angebot nicht in Anspruch genommen. In der Regel lokalisieren Eltern das Problem alleine beim Kind und möchten gern, dass ihm geholfen wird. Das tun wir, und ich finde es auch richtig, dass wir den Kindern hier ihren geschützten Rahmen bieten. Ein großer Teil der Kinder, die schon lange zu uns kommen, will sogar noch weiterhin kommen, auch wenn sie mittlerweile im Jugendalter sind. Da bin ich manchmal ganz gerührt.

Bei kleineren Kindern sind die Eltern (meist die Mütter) oft involviert, wenn es darum geht, wer sich zu Hause um die Hausaufgaben kümmert. Manchmal gebe ich dem Kind eine Aufgabe mit nach Hause, um die Fortschritte und den Fähigkeitsstand des Kindes sehen zu können. Für mich ist es daher selbstverständlich, dass das Kind die Aufgabe selbst erledigt. Aber ich erlebe es häufig, dass die Aufgabe nicht allein gemacht wurde, sondern entweder von der Mutter korrigiert oder zusammen mit ihr bearbeitet wurde, mit der Erklärung, dass das Kind die Aufgabe nicht verstanden habe. Ich muss dann immer klarstellen, dass beides nicht so viel bringt. Um erkennen zu können, wo das Kind Probleme hat, muss ich sehen, wo das Kind Fehler gemacht oder etwas weggelassen hat und an welcher Stelle es aufgehört hat zu arbeiten. Außerdem bekommt das Kind keine Rückmeldung über seine eigene Leistung und kann Erfolge nicht auf seine eigenen Fähigkeiten zurückführen, wenn die Eltern bei der Erledigung von Aufgaben geholfen haben. Über solche psychologischen Mechanismen gilt es, Eltern aufzuklären.

Abgesehen davon ist es für Eltern oft eine Erleichterung, wenn die Kinder zu uns kommen, da sich hierdurch zu Hause das verkrampfte Gegeneinander beim Thema Schule auflöst und Schule weniger zum Streitthema wird. Gerade für Eltern, deren eigene Schulzeit schon eine Weile zurückliegt, stellt die Lerntherapie für die eigenen Kinder eine große Entlastung dar.

Einige Jugendliche, die zu uns kommen, haben bereits viele Therapien gemacht, wie z. B. Logotherapie oder Ergotherapie, und dementsprechend ist die Motivation für weitere Therapie sehr gering, was ich völlig nachvollziehbar und auch legitim finde. In der Pubertät sind schließlich eigentlich andere Dinge wichtig. Damit eine Zusammenarbeit trotzdem möglich ist, thematisiere ich in solchen Fällen offen die Unlust des Jugendlichen, und wenn die Bereitschaft geäußert wird, der Lerntherapie eine Chance zu geben, kann ich mit der Lerntherapie beginnen.

I:
Können Sie uns anhand ganz konkreter Beispiele erläutern, worin das typisch psychologische an Ihrer Arbeit besteht und was den pädagogisch-psychologischen Hintergrund Ihrer Arbeit kennzeichnet?

SSch:
Um Lerntherapie anzubieten, kann man entweder aus dem pädagogischen Bereich kommen, so wie meine Kollegin, die eine ehemalige Lehrerin ist, oder man hat als Lerntherapeut/-in eher einen psychologischen Hintergrund. Gerade mit Blick auf die angesprochenen, oft mit den

Lernschwierigkeiten verbundenen Sekundärproblematiken wie Motivations- und Selbstwertprobleme sind Psychologen bzw. Psychologinnen Experten bzw. Expertinnen, vor allem Pädagogische Psychologen und Psychologinnen.

Lerntherapie steht an der Schnittstelle zwischen der klinischen Diagnose und der Schule, die eigentlich das Problem allein bewältigen soll. Pädagogische Psychologen und Psychologinnen sind hier genau an der richtigen Stelle, gerade im Hinblick auf die Sekundärproblematik.

I:

Inwieweit greifen Sie bei der Lerntherapie und beim Coaching auf Ihre Erfahrungen zurück, die Sie als Schulpsychologin im Kontakt mit Lehrpersonal und Schulleitungen gemacht haben?

SSch:

Ich empfinde es als sehr hilfreich, dass ich drei Jahre als Psychologin in einem Schulamt tätig war, wo ich u. a. Elterngespräche geführt und Diagnostik gemacht habe. Teilleistungsstörungen waren dort allerdings kein großes Thema, sondern eher Hochbegabung und Verhaltensauffälligkeiten. Als ich mich anschließend in einer Praxis bewarb, in der ich dann selbstständig auf Honorarbasis mitgearbeitet habe, war es im Vorstellungsgespräch günstig für mich, ein Plus an Schulpsychologie vorweisen zu können. Der Kontext Schule ist mir vertraut, und ich weiß, wie ein Lehreralltag aussieht: mit wenig Zeit, wenigen Rückzugsmöglichkeiten und mit Tür- und Angelgesprächen im Lehrerkollegium. Ich bin aufgrund der schulpsychologischen Tätigkeit außerdem vertraut mit dem Schulgesetz und den beteiligten Personengruppen, die im Lernkontext relevant für Schulkinder sind.

I:

Sie haben Fortbildungen zur systemischen Therapie und Familientherapie gemacht. Inwiefern fließen diese Kenntnisse in Ihre Arbeit ein?

SSch:

Von der Familientherapie fließt eigentlich nichts in meine Arbeit als Lerntherapeutin ein, aber dafür vom systemischen Denken. Ich finde es wichtig zu berücksichtigen, wie Eltern möglicherweise reagieren, wenn es beim Kind Veränderungen in diese oder jene Richtung gibt. Für mich sind außerdem das Menschenbild und die Haltung gegenüber anderen Menschen entscheidend. Sie finden sich in Techniken der Gesprächsführung wieder, z. B. als wertschätzende Kommunikation. Ich begegne Eltern grundsätzlich mit einer positiven Haltung und unterstelle ihnen, dass sie in jedem Fall das Beste für ihr Kind wollen, auch wenn ich die Eltern im Umgang zunächst als schwierig erlebe. Bei Kindern fokussiere ich nicht auf das, was sie nicht können, sondern schaue zuerst auf das, was sie können, und darauf, wie sie ihre Ressourcen aktivieren können, damit eine positive Veränderung möglich ist.

I:

Was macht Ihnen an Ihrer Arbeit am meisten Spaß und warum?

SSch:

Die Arbeit als Schulpsychologin fand ich sehr abwechslungsreich, ging mir im Einzelfall jedoch nicht tief genug. Ich testete ein Kind, besprach die Ergebnisse, ging mit in den Unterricht, beobachtete ein Kind und sprach mit den Eltern und gegebenenfalls mit den Lehrern und Lehrerinnen. Jedoch arbeitete ich nicht über längere Zeit mit einem Kind zusammen, sondern war eher punktuell eingebunden. Man kann zwar bestimmte Rückmeldeschleifen in den Prozess einbauen, aber auch dann erlebt man die Weiterentwicklung nicht selbst mit, sondern bekommt lediglich Informationen darüber. Eine dauerhafte Prozessbegleitung gehörte nicht zur schulpsychologischen Tätigkeit, und diesen Aspekt finde ich an meiner jetzigen Arbeit großartig. Es ist ein kontinuierliches Hinarbeiten auf etwas, z. B. wenn ein Kind erst keine große Lust hat, zur Lerntherapie zu kommen, und es dann Woche für Woche bei jedem Treffen Fortschritte macht. Man kann durch die fortlaufenden Sitzungen viele Erfolgserlebnisse bei dem Kind sehen. Jeder Fall ist individuell verschieden, sodass man immer wieder neugierig sein kann auf das, was kommt.

Außerdem gefällt es mir, dass ich als Selbstständige in eigener Praxis ganz viel selbst bestimmen kann. Das kann manchmal lästig sein, aber es kann auch Spaß machen, z. B. das Konzept zu schreiben und sich dabei zu überlegen, auf welche Angebote man sich mit der Praxis fokussieren möchte und welche zusätzlichen Angebote es geben kann, ohne dass zu viele verschiedene Dinge angeboten werden. Ich kann selbst entscheiden, wie viele Kinder ich annehme und ob ich mir einen Nachmittag freihalte. So viele Freiheitsgrade zu haben, ist toll.

Zudem gefällt es mir, mich mit Kulturtechniken zu beschäftigen und sie den Kindern beizubringen. Ich finde Lesen, Schreiben und Rechnen wichtig – nicht im Sinne von guten Noten, sondern als Kompetenzen. Daher ist es einfach toll für mich, mit den Kindern an diesen Themen zu arbeiten.

I:
Was war Ihre Motivation, freiberuflich zu arbeiten und eine eigene Praxis zu gründen?

SSch:
Ehrlich gesagt wäre ich ohne die vorangehende Honorartätigkeit nie auf die Idee einer Praxiseröffnung gekommen. Ich würde es als typisch für mich bezeichnen, Chancen zu erkennen, wenn sie sich bieten, und weniger, dass ich vorgefertigte Träume habe. Wenn sich mir eine Möglichkeit eröffnet, kann ich gut entscheiden, ob es das Richtige für mich ist oder nicht.

Ich habe wie gesagt drei Jahre in der Schulpsychologie und dann in einer Praxis auf Honorarbasis gearbeitet. Dort habe ich kennengelernt, was alles zum Praxisbetrieb dazugehört. Die Chefin schloss den Vertrag mit dem zuständigen Jugendamt ab, sprach mit den Eltern und fragte anschließend uns, das Team, wer das Kind übernehmen könne. Sie war für das Organisatorische und wir für die Therapien, die Zwischenberichte und die Dokumentation zuständig.

Damals suchte die Leiterin einen Nachfolger, der die Praxis übernehmen würde. Meine Kollegin und ich konnten uns das gut vorstellen. Letztendlich entschied sich die Leiterin jedoch wieder um. Meine Kollegin und ich waren an dem Punkt trotzdem entschlossen, eine Praxis führen zu wollen, und entschieden, unsere eigene Praxis zu gründen.

Als Schulpsychologin hätte ich mir noch gar nicht vorstellen können, freiberuflich zu arbeiten. Daher kann ich nicht sagen, dass die Praxisgründung damals „mein Traum" war. Wie das Leben manchmal so läuft, tat sich diese Möglichkeit plötzlich auf, und ich fand es gut!

I:
Welche Unterschiede ergeben sich, wenn Sie die Selbstständigkeit mit einer Anstellung vergleichen? Was sind Vor- und Nachteile?

SSch:
Es ist natürlich ein ganz anderes Modell. Ursprünglich hatte ich geplant, dass ich ausschließlich und nur als halbe Stelle hier in der Praxis arbeite. Als die Praxis 1,5 Jahre alt war, musste ich dann aber auf einmal aus persönlichen Gründen für ein höheres regelmäßiges Einkommen

sorgen. Daraufhin habe ich beim Studentenwerk in der Familienservicestelle für Studierende mit Kind, die verschiedene Angebote und Beratung anbietet, eine Stelle bekommen. Mittlerweile bin ich dort unbefristet angestellt, und zwar mit 27 Stunden, von vormittags bis halb drei. Anschließend beginnt für mich der Praxistag. Ich habe also eine Kombination aus Angestelltenverhältnis, über das die Krankenversicherung und Sozialabgaben etc. laufen, und als Zuverdienst die Praxis. Bei meiner Kollegin ist das anders, deswegen hat sie auch doppelt so viele Kinder in Therapie.

Aufgrund meiner Erfahrung in den letzten Jahren würde ich nicht den Schritt wagen, komplett auf die Praxis zu setzen. Die Kombination aus Familienservicestelle und der Praxis finde ich toll für mich. An Tagen, an denen ich beides und zusätzlich die Schulung im Krankenhaus mache, ist es zwar anstrengend, aber dafür bin ich abgesichert und habe meine regelmäßigen Einkünfte. Das gibt mir den Freiraum, mal mehr oder mal weniger Kinder in Therapie zu nehmen.

Mit der Selbstständigkeit geht natürlich eine finanzielle Unsicherheit einher, und man muss beachten, dass das Zeitfenster, in dem man mit einer lerntherapeutischen Praxis Geld verdienen kann, begrenzt ist. Wenn man das Konzept hat, dass die Praxis während der Schulferien geschlossen ist, bleiben 40 Wochen im Jahr, in denen man Lerntherapie durchführen kann, und zwar nur nachmittags, da die Kinder bis mittags oder nachmittags Schule haben. Letztendlich kann man nur von 14 bis 18 Uhr mit den Kindern arbeiten, und in diesen vier Stunden muss man außerdem das Geld für die 13 Wochen, in denen Schulferien sind, mitverdienen.

Es gibt aber durchaus Möglichkeiten, die Praxistätigkeit weiter auszubauen. Zum Beispiel könnte man für Erwachsene an den Vormittagen oder Wochenenden Stresspräventions- oder ähnliche Angebote zur Verfügung stellen. Man könnte auch Schulen kontaktieren und dort vormittags Förderunterricht anbieten. Dadurch würde auch der Vormittag als Arbeitszeit zur Verfügung stehen und man könnte eventuell einen Vertrag mit der Schule abschließen. In der Richtung ist also noch vieles möglich, was für mich und meine Kollegin aber zurzeit gar nicht infrage kommt, da wir zeitlich schon ausgelastet sind. Man muss die Verdienstmöglichkeiten im Auge behalten, und von daher finde ich es aus meiner Position ideal, auch angestellt zu sein.

I:
Was sind Ihrer Meinung und Erfahrung nach wichtige Voraussetzungen – sowohl finanziell als auch persönlich –, um sich so wie Sie selbstständig zu machen?

SSch:
Ich glaube, man braucht eine gewisse finanzielle Sicherheit, wenn man den Schritt macht, um nicht dem Druck zu erliegen, unmittelbar große Erfolge verzeichnen zu müssen. Aus einer Halbtagsbeschäftigung heraus kann man weitaus gelassener an eine Praxiseröffnung herangehen als ohne feste Einkünfte.

Ich glaube außerdem, dass man Geduld braucht, um die ersten Jahre durchzuhalten, und zwar Geduld in jeglicher Hinsicht: in Bezug auf finanzielle Ressourcen und auch Toleranz gegenüber der Ungewissheit, gerade in der Anfangsphase, um nicht unruhig zu werden. Es besteht sonst die Gefahr, überaktiv zu werden und den Eltern Stunden zu Rabattpreisen anzubieten oder willkürlich verschiedenste Angebote ins Programm aufzunehmen. Das kommt bei den Kunden nicht so gut an. Man verliert sein Konzept, und die Arbeit wird durch Sonderpreise automatisch weniger wertgeschätzt. Daher ist immer darauf zu achten, im Kern bei dem zu bleiben, was man kann, sich klarzumachen, was dies wert ist, und zu versuchen, das bekannt zu machen. All das braucht seine Zeit.

I:
Wie geht man am besten vor, wenn man eine eigene Praxis mit lerntherapeutischen Angeboten eröffnen will? Wie kann man sich das nötige Hintergrundwissen dafür aneignen?

SSch:
Ich fand es hilfreich, die Schulpsychologie im Hintergrund zu haben und mich als Honorarkraft ins Thema eingearbeitet zu haben, ohne gleichzeitig in der großen Verantwortung gewesen zu sein, die Kosten decken zu müssen, so wie es bei einer eigenen Praxis der Fall ist.

Man muss sich auf jeden Fall überlegen, wo man die Praxis eröffnet. Gibt es in der Gegend schon fünf Praxen? Wie ist das Einzugsgebiet? Mehrheitlich sind die Kunden Selbstzahler, daher sollte man die Praxis in einer Gegend aufmachen, in der Familien wohnen, die in der Lage sind, eine Lerntherapie selbst zahlen zu können.

Des Weiteren gibt es Existenzgründerseminare, die ich selbst aber nicht besucht habe. Von der IHK gab es einen Existenzgründerinnen-Stammtisch, zu dem meine Kollegin und ich auf Empfehlung eines Freundes ein paar Mal hingegangen sind. Dort konnten wir erfahren, wie andere an die Existenzgründung herangehen. Aber meine Kollegin und ich waren durch die Honorartätigkeit schon recht weit in das Thema eingestiegen, sodass wir solche Angebote nicht regelmäßig in Anspruch genommen haben.

Damals gab es außerdem von der Arbeitsagentur einen Existenzgründerzuschuss, der über drei Jahre hinweg gezahlt wurde, aber nur im Anschluss an eine Arbeitslosigkeit. Auf solche Angebote würde ich immer zurückgreifen.

Jedenfalls kann ich es mir schlecht vorstellen, direkt nach dem Studium eine Praxis zu eröffnen. Man braucht eine Haftpflichtversicherung, Rechtsschutzversicherung, Inhalts- und Glasversicherung. Die Sozialabgaben muss man komplett selbst zahlen. Hinzu kommen die Anschaffungen für die Praxiseinrichtung und -ausstattung.

Ich hätte die Praxis wohl auch nicht alleine gegründet. Eine Praxis zu zweit zu betreiben, ist eigentlich immer von Vorteil, da man sich die Kosten teilt, aber die eigenen Einnahmen für sich hat und unabhängig entscheiden kann, wie viel man arbeitet. Lediglich ein paar Absprachen bezüglich der Räumlichkeiten sind nötig.

I:
Sehen Sie Möglichkeiten, einer lerntherapeutischen Tätigkeit auch im Angestelltenverhältnis nachgehen zu können und, wenn ja, wie?

SSch:
Ja es gibt diese Möglichkeit, da es in den Bundesländern unterschiedliche Regelungen gibt. Zum Beispiel existiert in Bayern eine Art Dachverband, der bestimmt, in welcher Region wie viele Lerntherapeuten gebraucht werden. Dort wäre es nicht möglich gewesen, selbstständig an einem beliebigen Ort eine Praxis zu eröffnen. In Berlin hingegen gibt es viel größere, stadtteilbezogene Einrichtungen, ähnlich wie Familienzentren, die verschiedene Leistungen unter einem Dach anbieten. Neben Logo- und Ergotherapeuten bzw. -Therapeutinnen werden dort auch Lerntherapeuten und Lerntherapeutinnen beschäftigt. Aber dass man als Lerntherapeut/in im Angestelltenverhältnis arbeiten kann, ist mir für das Bundesland Hessen, in dem ich arbeite, wiederum nicht geläufig.

I:
Wie erlangt man die nötigen Qualifikationen, um als Lerntherapeut arbeiten zu können? Gibt es einen typischen Weg?

SSch:

Nein, überhaupt nicht! Soweit ich weiß, ist „Lerntherapeut" kein geschützter Titel. Jeder kann sich Lerntherapeut nennen. Ein Legasthenie-Dachverband bietet zwar zertifizierte Fortbildungen an, aber auch dafür gibt es wiederum kein Anerkennungsverfahren, sodass im Prinzip jeder, der wollte, zertifizierte Fortbildungen anbieten könnte. Da Zertifikate nicht zwangsläufig aussagekräftig sind, habe ich auch nicht viele gemacht. Zur Beschreibung meiner Expertise kann ich vorweisen, dass ich Diplom-Psychologin mit dem Schwerpunkt Pädagogische Psychologie bin, ich auf Honorarbasis in einer Praxis gearbeitet habe und drei Jahre Schulpsychologin war.

Im lerntherapeutischen Bereich arbeiten auch viele Lehrer/innnen und Erziehungswissenschaftler/innen. Manche bieten neben der Familienarbeit Lerntherapie in der eigenen Wohnung an.

Mit manualisierten Verfahren, wie dem Marburger Konzentrationstraining, kann man zeigen, dass man sich wissenschaftlich fundierter Programme bedient, die sich als wirksam erwiesen haben. Allerdings existiert kein Kontrollsystem, das die korrekte Ausführung eines einzelnen Therapeuten prüft oder bescheinigt. Die Umsetzung wird den Lerntherapeuten und Lerntherapeutinnen selbst überlassen und ist eine Frage des Maßstabs, den jeder an seine eigene Tätigkeit hat. Ich würde in mein Angebot beispielsweise niemals unwissenschaftliche Schlagwörter aufnehmen, um damit aktuelle Trends zu bedienen und Kunden anzulocken. Das finde ich unangemessen, und ich achte daher immer darauf, nur das zu tun, was ich selbst guten Gewissens vertreten kann.

I:

Welchen Tipp würden Sie einem Psychologiestudenten mitgeben, der nach seinem Abschluss lerntherapeutisch arbeiten möchte?

SSch:

Wer Psychologie studiert und lerntherapeutisch arbeiten möchte, dem würde ich empfehlen, sich in der Umgebung nach einer Praxis umzusehen, in der man auf Honorarbasis arbeiten kann. Denn viele Praxen beschäftigen meines Wissens nach studentische Therapeuten. Man könnte neben dem Studium vier bis fünf Stunden pro Woche dort mitarbeiten, um herauszufinden, ob einem das Thema und die Arbeitsweise zusagen.

Außerdem gibt es zum Teil Kinder- und Jugendpsychiater, die für die Testung, für Elterngespräche und Gruppenangebote Diplom- oder Master-Psychologen und -Psychologinnen mit weniger als einer vollen Stelle beschäftigen. Das wäre eine Möglichkeit, ohne eigene Praxis herauszufinden, ob Arbeit rund um Teilleistungsstörungen und überhaupt die Arbeit mit Kindern – auch in dem Kontext – das Richtige für einen ist.

So könnte man ohne finanzielles Risiko Erfahrungen sammeln, bis man sich bereit fühlt, eine eigene Praxis zu gründen.

Wenn ich gewusst hätte, dass ich mal eine lerntherapeutische Praxis eröffnen würde, hätte ich auch schon im Studium entsprechende Seminare dazu besucht. Aber damals habe ich mich noch nicht so sehr für den Bereich interessiert.

Ein Praktikum ist sicherlich interessant im Hinblick darauf zu erfahren, wie die Abläufe in einer Praxis, die Kooperationen mit den verschiedenen Institutionen und die Antragstellung funktionieren. Allerdings muss man, wenn man es als Pflichtpraktikum macht und einen vorgeschriebenen Stundenumfang hat, beachten, dass lerntherapeutische Praxen in der Regel nur nachmittags geöffnet haben.

Video des Interviews:

▶ https://tinyurl.com/Lernfoerd-Susanne-Schreiber

Literatur

Holz-Ebeling, F. (2010). Arbeitsverhalten und Arbeitsprobleme. In D. H. Rost (Hrsg.), *Handwörterbuch Pädagogische Psychologie* (S. 29–38). Weinheim: Beltz.
Lauth, G. W., Grünke, M., & Brunstein, J. C. (Hrsg.). (2014). *Interventionen bei Lernstörungen: Förderung, Training und Therapie in der Praxis*. Göttingen: Hogrefe.
Zeitschrift *„Lernen und Lernstörungen"*, Hogrefe-Verlag. ISSN: 2235-0977.

Diagnose, Beratung und Förderung bei Hochbegabung

Julia Schiefer

6.1 Einleitung – 60

6.2 Interview mit Dr. Julia Schiefer – 60

Literatur – 70

Die Online-Version für das Kapitel (https://doi.org/10.1007/978-3-662-554411-1_6) enthält Zusatzmaterial, welches berechtigten Benutzern zur Verfügung steht. Laden Sie sich zum Streamen der Videos die „Springer Multimedia App" aus dem iOS- oder Android-App-Store und scannen Sie die Abbildung, die den „play button" enthält.

© Springer-Verlag GmbH Deutschland 2018
O. Dickhäuser, B. Spinath (Hrsg.), *Berufsfelder der Pädagogischen Psychologie*,
Meet the Expert: Wissen aus erster Hand, https://doi.org/10.1007/978-3-662-55411-1_6

6.1 Einleitung

Birgit Spinath

Während dem Thema Hochbegabung lange Zeit wenig Beachtung geschenkt wurde, wird in den letzten Jahren zunehmend mehr Wert auf die Identifikation und insbesondere eine angemessene Förderung von Hochbegabten gelegt. Aufgrund des gestiegenen Bedarfs haben sich einige Diagnose- und Beratungsstellen auf Hochbegabung spezialisiert. Da gleichzeitig die Forschung zur Hochbegabung einen Boom erlebt, sind solche spezialisierten Beratungsstellen häufig an Universitäten angegliedert (z. B. BRAIN an der Universität Marburg und das Tübinger Institut für Hochbegabung am Fachbereich Psychologie der Universität Tübingen). Während die Diagnostik zur Absicherung einer Hochbegabung weit entwickelt ist (Preckel et al. 2010), liegen zur Wirksamkeit von Fördermöglichkeiten für Hochbegabte nur wenige wissenschaftliche Erkenntnisse vor (zsf. Subotnik et al. 2011). Das ist nicht zuletzt dem Umstand geschuldet, dass die Förderung von intellektuell Hochbegabten im Vergleich z. B. von sportlich oder musisch talentierten Personen weniger breit akzeptiert und praktiziert wird. Die Arbeit der Beratungsstellen ist ein wichtiger Beitrag zur Versachlichung der Diskussion um Hochbegabte und deren angemessene Förderung (vgl. Rost 2009).

Im Folgenden wird die Arbeit des Tübinger Instituts für Hochbegabung vorgestellt, einer Diagnose- und Beratungsstelle für Hochbegabung. Interviewt wurde Dr. Julia Schiefer, die zudem als wissenschaftliche Mitarbeiterin am Hector-Institut für Empirische Bildungsforschung beschäftigt ist.

6.2 Interview mit Dr. Julia Schiefer

Das Interview führten Aleksandra Grobelna und Evelyn Ehrlich im Juni 2016.

Interviewerin:
Sie sind seit mehreren Jahren am Tübinger Institut für Hochbegabung (TüI-Hb) im Bereich Diagnostik und Beratung tätig. Außerdem forschen Sie am Hector-Institut für Empirische Bildungsforschung der Universität Tübingen (HIB) zum Thema Begabtenförderung. Können Sie uns zu Beginn etwas über das Tübinger Institut für Hochbegabung sagen, z. B. seit wann es besteht, wer es leitet, wie viele Mitarbeiter/innen es hat etc.?

Dr. Julia Schiefer:
Das Tübinger Institut für Hochbegabung wurde am Psychologischen Institut der Eberhard Karls Universität Tübingen von Frau Dr. Aiga Stapf gegründet. Sie hat bereits in den 1980er Jahren begonnen, sich in Forschung und Lehre mit dem Thema Begabung und Hochbegabung zu beschäftigen. In den ersten Jahren war das Institut unter dem Namen „Arbeitsgruppe Begabungs- und Persönlichkeitsentwicklung von Kindern und Jugendlichen" an der Universität Tübingen angesiedelt. Unter dem Namen „Tübinger Institut für Hochbegabung" besteht es seit dem Jahr 2005 als eigenständige Institution außerhalb der Universität Tübingen. Es arbeiten momentan fünf Mitarbeiterinnen sowie eine studentische Mitarbeiterin am Institut. Alle haben einen Studienabschluss im Fach Psychologie (Diplom oder Master) sowie individuelle Aus- und Weiterbildungen wie beispielsweise eine Erzieherausbildung oder eine systemische Ausbildung, Berufserfahrung als Schulpsychologin oder eine Promotion im Bereich der Begabungsforschung. An unserem Institut wurden seit seiner Gründung über 4000 Kinder fachpsychologisch untersucht.

6.2 · Interview mit Dr. Julia Schiefer

I:
In welcher Form sind Sie an diesem Institut beschäftigt, und womit befassen Sie sich genau?

JS:
Alle Mitarbeiter/innen sind freiberuflich tätig. Das Institut wird von den Kolleginnen gemeinsam geleitet und organisiert. Die psychologischen Untersuchungen und Beratungen zur Begabungs- und Persönlichkeitsentwicklung von Kindern und Jugendlichen bilden den Schwerpunkt unserer Arbeit. Die Untersuchungen beginnen bei Kindern im Vorschulalter, in Einzelfällen wenden sich auch Erwachsene an uns. Wir befassen uns vor allem mit Diagnostik und Beratungen im Zusammenhang mit der potenziellen Hochbegabung eines Kindes. Einen wichtigen Schwerpunkt unserer Arbeit bildet die Intelligenzdiagnostik mit standardisierten Verfahren, aber auch die Diagnostik in den Bereichen Persönlichkeit, Motivation, Arbeitsverhalten, Konzentration und Schulleistungen. Um einen umfassenden Eindruck von der Entwicklung eines Kindes zu erhalten, wird zudem immer eine ausführliche Anamnese mithilfe der Eltern durchgeführt. Ausgehend von den Ergebnissen beraten wir die Eltern im Hinblick auf ihre individuelle Situation und ihre konkreten Fragen. Im Fokus steht dabei die Schaffung möglichst förderlicher Entwicklungsbedingungen für das Kind im schulischen wie außerschulischen Kontext.

I:
Wie sind Sie dazu gekommen, sich mit hochbegabten Kindern zu beschäftigen? War es eine bewusste Entscheidung Ihrerseits?

JS:
Ja und nein. Dazu gekommen bin ich im Rahmen meines Studiums. Ich habe Psychologie in Tübingen studiert und bereits während des Grundstudiums ein Seminar zum Thema Hochbegabung besucht. Mich hat das Thema damals schon fasziniert, und ich hatte Interesse, mich weiterhin damit zu beschäftigen. Ich habe dann die Möglichkeit bekommen, in der Arbeitsgruppe Begabungs- und Persönlichkeitsentwicklung ein studienbegleitendes Praktikum zu absolvieren. Dadurch konnte ich mit besonders begabten und hochbegabten Kindern arbeiten, was mir von Beginn an sehr viel Spaß gemacht hat. Im Rahmen dieser Tätigkeit habe ich meine Diplomarbeit über die Identifikation hochbegabter Grundschulkinder durch Lehrkräfte und Eltern geschrieben. Nach dem Studium habe ich die Gelegenheit erhalten, in die Arbeit am Tübinger Institut einzusteigen und dort meine Erfahrungen zu nutzen und auszubauen.

I:
Welches Verständnis von Hochbegabung legen Sie und Ihre Kolleginnen Ihrer Arbeit zugrunde?

JS:
Wir verfolgen in unserer Arbeit am TüI-HB einen positiven Ansatz und verstehen eine Hochbegabung als eine Chance und nicht als ein Entwicklungsrisiko. Hochbegabte Kinder zeichnen sich vor allem durch ein sehr hohes Denkvermögen aus. Es sind „ganz normale" Kinder, die über besondere intellektuelle Fähigkeiten verfügen. Hinsichtlich anderer Persönlichkeitsmerkmale unterscheiden sich hochbegabte Kinder wie alle anderen Kinder auch. Wenn wir von Hochbegabung sprechen, meinen wir in der Regel die intellektuelle Hochbegabung, also das Vorhandensein einer sehr hohen allgemeinen Intelligenz. Man kann auch in anderen Bereichen hochbegabt sein oder über bestimmte Begabungen verfügen, zum Beispiel im musischen, künstlerischen, sportlichen, handwerklich-praktischen oder sozialen Bereich. Die Ausprägung der allgemeinen Intelligenz sowie das Intelligenzprofil können mit standardisierten Testverfahren festgestellt werden.

Dabei wird eine Person als hochbegabt eingestuft, wenn ihre Testergebnisse zwei Standardabweichungen über dem Mittelwert der Vergleichsgruppe liegen. Bei den meisten deutschen Verfahren entspricht dies einem Intelligenzquotienten ab 130. Das Kind zählt dann zu den oberen 2 % der begabtesten Kinder seiner Altersgruppe. Hierbei muss man aufgrund von Messfehlern natürlich von einem Übergangsbereich ausgehen. Wir verstehen eine Hochbegabung als eine Disposition für herausragende Leistungen, aber wir setzen diese nicht mit Leistungen gleich. Deswegen legen wir Hochbegabungsmodelle, die von Dispositionen (Potenzial) auf der einen Seite und Performanz (gezeigten Leistungen) auf der anderen Seite ausgehen, unserer Arbeit zugrunde. Das Hochbegabungsmodell von Kurt Heller oder das allgemeine Bedingungsgefüge von Aiga Stapf wären Beispiele dafür. Diese beinhalten den Ansatz, dass Intelligenz eine notwendige, aber keine hinreichende Voraussetzung für außergewöhnliche Leistungen darstellt. Es gibt vermittelnde Bedingungen zwischen der Disposition und der Performanz. Hierzu gehören beispielsweise Umweltfaktoren wie Akzeptanz, schulische Anforderungen oder Anregungen im Elternhaus, aber auch nichtkognitive Persönlichkeitsfaktoren, Motivation oder Anstrengungsbereitschaft. Um herauszufinden, wie ein Kind sein Potenzial umsetzen kann, benötigen wir solche Modelle, die sich mit dem Zusammenhang zwischen Begabung und Leistung beschäftigen. Wenn alle Faktoren positiv zusammenwirken, kann das hochbegabte Kind seinen Fähigkeiten entsprechende Leistungen zeigen. Dabei setzen intellektuelle – genau wie sportliche oder musikalische – Höchstleistungen neben einer grundlegenden Begabung auch ein intensives Training bzw. ein jahrelanges Üben voraus. Wir haben bei unserer Arbeit somit kein statisches, sondern ein flexibles Verständnis von Begabung und Hochbegabung. Diese muss stets angeregt und gefördert werden, um sich entwickeln zu können.

I:
Welche Angebote macht das Institut, und an wen richten sich diese?

JS:
Das Hauptangebot des Tübinger Instituts für Hochbegabung richtet sich an Eltern und deren Kinder, die sich meist mit Fragen oder Problemen im Zusammenhang mit einer vermuteten Begabung oder Hochbegabung an uns wenden. Es gibt jedoch auch viele andere Untersuchungsanlässe wie Erziehungsprobleme oder schulische Überforderung. Einen wichtigen Teil unserer Arbeit bildet die Intelligenzdiagnostik im Vorschul- und Schulalter. Dabei werden bei uns ausschließlich Einzeltestungen durchgeführt. Dies hat im Vergleich zu Gruppenverfahren den Vorteil, dass auch die Motivation, das Arbeitsverhalten oder die Anstrengungsbereitschaft des Kindes überprüft werden kann. Weitere wichtige Informationen liefert dann das anamnestische Gespräch mit den Eltern. Einen weiteren wichtigen Schwerpunkt unserer Arbeit bildet die Beratung von Eltern und Kindern. Unser Angebot richtet sich dabei nicht nur an die Familien. Bei Bedarf können Gespräche mit Lehrkräften oder Erzieherinnen und Erziehern geführt werden, beispielsweise zur Besprechung konkreter Fördermaßnahmen. Über die Einzelfallberatung hinaus betreiben wir Öffentlichkeitsarbeit. Wir informieren über das Thema Hochbegabung, indem wir Vorträge halten oder Fortbildungen und Seminare für Eltern, Lehrkräfte und Erzieherinnen und Erzieher anbieten.

I:
Sprechen wir zunächst über Ihre Arbeit mit Kindern und Jugendlichen. Wie sieht der typische Untersuchungsverlauf eines potenziell hochbegabten Kindes aus?

JS:
Zunächst nehmen die Eltern mit uns Kontakt auf, entweder per E-Mail oder per Telefon. Viele kommen auf Empfehlung der Schule oder des Kinderarztes zu uns, es gibt aber auch Eltern, die

aus Eigeninitiative Kontakt mit uns aufnehmen. In einem telefonischen Vorgespräch werden die Rahmenbedingungen sowie der grobe Untersuchungsanlass geklärt. Die Eltern bekommen dann von uns Unterlagen zugesendet, darunter einen Fragebogen zur Entwicklung und aktuellen Situation des Kindes. Dadurch können wir uns auf den Termin vorbereiten und bereits Bereiche identifizieren, die dann im Gespräch vertieft oder aufgegriffen werden können. Wir bieten den Eltern immer an, auch einen Fragebogen an den Kindergarten bzw. die Schule weiterzugeben, um die Perspektive der Lehrkräfte bzw. Erzieherinnen in die Beratung mit einbeziehen zu können.

An dem Ersttermin findet dann die Intelligenzdiagnostik statt. Dabei ist es wichtig, je nach Alter des Kindes ein geeignetes Verfahren auszuwählen. Wir verwenden, wenn möglich, adaptive Verfahren, die für die Motivation eines Kindes sehr förderlich sind, weil dabei Aufgaben gewählt werden, die sich an die Fähigkeiten des Kindes anpassen. So ein Individualtest dauert je nach Alter ungefähr 60 bis 90 Minuten. Nach der Testung findet ein Elterngespräch statt, in das die Kinder und Jugendlichen je nach Alter einbezogen werden. In diesem anamnestischen Elterngespräch geht es hauptsächlich darum, die Fragen und Wünsche der Familie, die Erwartungen und Probleme des Kindes zu klären. Nach der Auswertung aller Ergebnisse und Angaben folgt ein zweiter Termin, an dem die Ergebnisse und deren Ableitungen genau besprochen werden. Bei Bedarf kommen weitere diagnostische Verfahren zum Einsatz (z. B. Lese-/Rechtschreibtests, Persönlichkeitsfragebögen, Konzentrationstests oder weitere Intelligenztests). Nach der Besprechung der Ergebnisse erhalten die Eltern ein fachpsychologisches Gutachten, das die Befunde und Empfehlungen zusammenfasst. Bei Bedarf können auch Gespräche mit dem Kindergarten oder der Schule stattfinden. Für die meisten Familien ist der Beratungsprozess damit abgeschlossen. Es gibt jedoch auch Familien, die sich bei weiteren Fragen oder anstehenden Entscheidungen immer wieder an uns wenden. Einige Kinder werden dabei erneut testpsychologisch untersucht. Es ist vor allem dann sinnvoll, die Entwicklung der Kinder zu prüfen, wenn die Erstvorstellung im Vorschulalter stattgefunden hat.

I:
Was sind häufige Gründe dafür, dass Eltern bei Ihnen Rat suchen?

JS:
Es gibt ein sehr breites Spektrum an Fragestellungen. Dieses reicht von Eltern, die aus Interesse wissen möchten, über welche Begabung und Begabungsschwerpunkte ihr Kind verfügt. Sie haben keine besonderen Schwierigkeiten und möchten sich darüber informieren, wie sie ihr Kind optimal fördern können oder welche Schulart für ihr Kind geeignet ist. Es gibt aber auch Familien, die wegen massiver Probleme im schulischen oder außerschulischen Bereich mit ihrem Kind kommen. Diese reichen vom Klagen über Langeweile oder nachlassender Motivation bis hin zu psychosomatischen Beschwerden oder starken Verhaltensauffälligkeiten. Häufig wollen die Eltern oder die Lehrkräfte abklären lassen, ob eine Unterforderung oder gar eine nicht erkannte Hochbegabung der Grund dafür sein könnte.

I:
Wie können Eltern erkennen, dass ihr Kind hochbegabt ist?

JS:
Es gibt Anzeichen für das Vorliegen einer Hochbegabung, aber keine allgemeinen Kriterien oder „Checklisten", anhand derer man ein hochbegabtes Kind mit Sicherheit erkennen kann. Nicht jedes begabte oder hochbegabte Kind zeigt die gleichen Anzeichen und Verhaltensmuster. Ein aussagekräftiger Intelligenztest ist meist unerlässlich, um die Begabung eines Kindes feststellen zu können. Was allen hochbegabten Kindern gemeinsam ist, sind ein großes intellektuelles Potenzial sowie ein hohes Denk- und Abstraktionsvermögen, was sich in vielen Bereichen beobachten

lässt. Bei sehr jungen Kindern kann man zum Beispiel häufig eine hohe Lerngeschwindigkeit feststellen. Vor allem bei Dingen, die sie interessieren, zeigen viele begabte Kinder eine hohe Neugier und Wissbegierde. Sie stellen weiterführende und tiefgründige Fragen und erkennen schnell Zusammenhänge. Bei vielen Kindern fallen früh eine besondere Gedächtnis- und Merkfähigkeit sowie Spaß an der Beschäftigung mit abstrakten Symbolen, Buchstaben oder Zahlen auf. Das führt nicht selten dazu, dass die Kinder bereits vor dem Schuleintritt rechnen und lesen können und sich Regeln und Gesetzmäßigkeiten selber herleiten.

In Bezug auf die Sprachentwicklung berichten Eltern immer wieder von einem komplexen und korrekten Umgang mit Sprache bei ihrem Kind. Dabei fangen nicht alle begabten Kinder besonders früh an zu sprechen, bilden dann aber häufig gleich grammatikalisch richtige Sätze und entwickeln schnell einen umfangreichen Wortschatz. Hochbegabte Kinder wirken dadurch manchmal viel weiter und reifer als gleichaltrige Kinder. Dabei fällt häufig ihr hohes Abstraktionsvermögen auf, indem sie zum Beispiel leicht Gemeinsamkeiten und Unterschiede erkennen oder sich für Themen interessieren, die weit über ihre Altersgruppe hinausgehen. Manche Kinder entwickeln dabei ein großes Spezialwissen in einem bestimmten Bereich, andere haben wiederum eher breite Interessen. Dabei zeigen sich auch immer wieder Geschlechterunterschiede. Das Fokussieren auf einen Bereich kommt unserer Erfahrung nach häufiger bei Jungen vor, Mädchen verfügen dagegen über weniger spezifische oder breitere Interessen. In Bezug auf die Persönlichkeit gibt es innerhalb der Gruppe der Hochbegabten sehr große Unterschiede. Man sollte sehr vorsichtig damit sein, irgendwelche „typischen" Eigenschaften und Merkmale mit Hochbegabten in Zusammenhang zu bringen. Diese Zuschreibung entspricht häufig nur vorherrschenden Vorurteilen, die jedoch wissenschaftlich nicht haltbar sind. Es gibt zum Beispiel keine Belege dafür, dass hochbegabte Kinder weniger sozial kompetent als durchschnittlich begabte Kinder sind. Das hohe Denkvermögen ist das einzig sichere Merkmal, in dem sich hochbegabte Kinder von anderen unterscheiden.

I:

Wenn Sie von Eltern aufgesucht werden und ein Beratungsgespräch stattfindet, welche Fragen werden Ihnen dabei häufig gestellt?

JS:

Die Fragen hängen natürlich immer individuell vom Einzelfall ab. Die meisten Eltern haben Fragen hinsichtlich einer geeigneten Förderung ihres Kindes im schulischen wie außerschulischen Bereich. Im schulischen Bereich geht es dabei ganz konkret um Fragen hinsichtlich des geeigneten Einschulungszeitpunktes, des möglichen Überspringens von Klassen oder der Wahl einer geeigneten weiterführenden Schule (z. B. eines Gymnasiums mit einem besonderen Begabtenzug). Falls keine spezifischen schulischen Entscheidungen anstehen, wird ausgehend von den Ergebnissen auch immer besprochen, wie man das Kind innerhalb seiner Klasse angemessen fördern kann. Dabei besprechen wir mit den Eltern Maßnahmen zur Anreicherung des Unterrichts (Enrichment), z. B. in Form von anspruchsvollen Zusatz- oder Knobelaufgaben. Auch Strategien für die Gespräche mit der Schule können in diesem Zusammenhang erarbeitet werden. In Bezug auf die außerschulische Förderung ihres Kindes haben Eltern ebenfalls vielfältige Fragen. Hierbei kann es ganz konkret um die Wahl eines spezifischen Konstruktionsspielzeugs über Fragen zu Freizeitangeboten wie dem Erlernen eines Musikinstruments oder einer Fremdsprache bis hin zu allgemeinen Fragen hinsichtlich der Nützlichkeit und des Vorhandenseins bestimmter Kurse und Förderangebote in einer Region gehen.

Neben den Fragen zu den Fördermaßnahmen spielen für die Eltern meist Fragen bezüglich des Umgangs oder der Erziehung ihres Kindes eine wichtige Rolle. Sie wollen wissen, wie sie ihr

Kind auch im Hinblick auf seine Persönlichkeitsentwicklung optimal unterstützen können und am besten auf bestimmte Verhaltensweisen und Eigenarten ihres Kindes reagieren. Dabei geht es auch häufig um das Thema Motivation (z. B. bei den Hausaufgaben). Asynchrone Entwicklungen (z. B. Diskrepanzen zwischen der kognitiven sowie der motorischen oder emotionalen Entwicklung des Kindes) können ebenfalls ein wichtiges Thema darstellen. Unserer Erfahrung nach stehen Eltern gegenüber Institutionen oder gegenüber anderen Eltern auch oft unter einem Rechtfertigungsdruck, wenn ihr Kind mehr kann oder weiß als andere gleichaltrige Kinder. Die Eltern begabter Kinder suchen dann Rat und Unterstützung, wie sie mit schwierigen Situationen umgehen können und einen angemessenen Umgang mit der Begabung ihres Kindes finden.

I:

Gibt es typische Probleme, die bei Ihrer Arbeit mit Eltern häufig auftreten?

JS:

Insgesamt treten Probleme eher selten auf. Wir haben durch den Einsatz standardisierter Verfahren eine objektive Grundlage für die Beratung, und die Ergebnisse werden von Seiten der Eltern eher selten angezweifelt. Die meisten Eltern sind dankbar für die Unterstützung und offen für die Beratung und die Empfehlungen. Den meisten geht es dabei nicht um die „Höhe des Intelligenzquotienten" ihres Kindes, sondern um die Passung der Fördermaßnahmen. Es gibt aber im Einzelfall auch Eltern, die die Ergebnisse anzweifeln oder mit sehr bestimmten Erwartungen zu uns kommen. Manche hoffen, dass eine eventuelle Hochbegabung manche Schwierigkeiten und Verhaltensauffälligkeiten ihres Kindes erklärt und gegebenenfalls rechtfertigt. Wenn in diesen Fällen keine Hochbegabung diagnostiziert wird, kann das in den Gesprächen manchmal sehr herausfordernd sein. Es bedarf dann eines besonderen Einfühlungsvermögens, um die Eltern auf andere Gründe für die Auffälligkeiten hinzuweisen. Im umgekehrten Fall kann es für manche Eltern hochbegabter Kinder auch nicht einfach sein, die Begabung ihres Kindes zu akzeptieren und anzunehmen.

I:

Was raten Sie Eltern, die ihr hochbegabtes Kind fördern möchten?

JS:

Auch hier gibt es keinen allgemeinen Rat und keine generellen Empfehlungen. Diese sind so individuell wie die Intelligenzprofile und die Lebenssituation der getesteten Kinder. Wie bereits erwähnt, geht es im schulischen Bereich häufig um die Themen Enrichment und Akzeleration (beschleunigende Maßnahmen wie das Überspringen einer Klasse). Hierbei ist immer die Einschätzung der Gesamtsituation wichtig. Auch die Wahl außerschulischer Maßnahmen ist davon abhängig, was die Kinder schon können, über welche Stärken und Schwächen sie verfügen, welche Möglichkeiten die Eltern haben und welche Angebote verfügbar sind. Generell geht es uns dabei nicht um die Quantität, sondern die Qualität der Fördermaßnahmen. Es gibt hochbegabte Kinder, die aufgrund ihrer Persönlichkeit und einer sehr hohen Verarbeitungsgeschwindigkeit gar nicht genug Input bekommen können, und es gibt andere, die vor allem Zeit zum Nachdenken brauchen und sich am liebsten selbst mit ihren Themenbereichen oder Büchern beschäftigen. Für manche Kinder kann ein Tutor oder Mentor sehr hilfreich sein, der sich regelmäßig mit ihnen beschäftigt und Themen vertieft, zu denen diese Kinder ansonsten keinen Zugang haben. Manchen Familien empfehlen wir auch die Teilnahme an bestimmten Angeboten, Kursen oder Aktivitäten, die speziell für hochbegabte Kinder entwickelt wurden. Kontakte zu anderen ähnlich begabten Kindern können für Hochbegabte sehr hilfreich sein, da sie sich dadurch mit Kindern austauschen oder anfreunden können, die ihnen ähnlich sind.

I:
Aus welchen Familienverhältnissen kommen die meisten Ihrer Klienten/innen?

JS:
Unsere Klientinnen und Klienten kommen aus allen Familienverhältnissen und allen sozialen Schichten. Die meisten Eltern verfügen über einen mittleren bis höheren Bildungsgrad sowie einen mittleren bis höheren sozioökonomischen Status.

I:
In welchem Verhältnis tragen Ihrer Meinung nach genetische Anlagen auf der einen Seite und Förderbedingungen auf der anderen Seite zu Hochbegabung bei?

JS:
Die Begabungsforschung beschäftigt sich schon lange mit dieser Frage, und es herrscht darüber Konsens, dass sowohl Gene als auch Umweltfaktoren eine Rolle bei der Entwicklung von Intelligenz und Hochbegabung spielen. Auch Zwillingsstudien haben gezeigt, dass es eine starke genetische Determinante für Begabung und Intelligenz gibt. Diese Befunde haben gezeigt, dass Intelligenzunterschiede in der Bevölkerung ungefähr zu 50–70 % durch genetische Einflussfaktoren erklärt werden können. Dies bedeutet wiederum, dass auch andere Einflussgrößen wie Umweltfaktoren oder die Förderung eine wichtige Rolle spielen. Man kann dabei von einem gegenseitigen Zusammenspiel der Gene und der Umweltfaktoren ausgehen. Daher ist die Förderung von Begabungen sehr wichtig; diese Förderung kommt jedoch irgendwann an ihre Grenzen. In diesem Zusammenhang ist es vielleicht noch interessant, dass sich die Intelligenzunterschiede vor allem bei älteren Personen stärker durch genetische Einflüsse erklären lassen und bei jüngeren Kindern häufiger auf Umwelteinflüsse zurückzuführen sind. Das bestärkt die Notwendigkeit einer frühen Förderung von Begabungen.

I:
Bieten Sie auch Fortbildungen für Lehrkräfte an? Welche Qualifikationen sollte eine Lehrkraft besitzen, um hochbegabte Kinder zu unterrichten?

JS:
Ja, unser Angebot beinhaltet auch Fortbildungen sowie Vorträge oder Seminare für Lehrkräfte. Diese Fortbildungen können je nach Wunsch und Zielgruppe unterschiedliche Themen abdecken. Unserer Meinung nach ist es sehr wichtig, dass Lehrkräfte über ein bestimmtes Wissen und Grundkenntnisse zum Thema Hochbegabung verfügen. Weil das Thema in der Lehrerausbildung kaum oder teilweise gar nicht behandelt wird, herrschen bei Lehrkräften nicht selten Fehlvorstellungen oder Vorurteile darüber vor. Grundkenntnisse über Hochbegabung sind jedoch sehr wichtig, um begabte Kinder im Unterricht erkennen und angemessen fördern zu können. Eine wichtige Voraussetzung für das Unterrichten hochbegabter Kinder sind unserer Erfahrung nach neben dem Wissen zum Thema Hochbegabung fundierte Fachkenntnisse sowie die Bereitschaft und Freude, sich mit begabten Kindern auseinanderzusetzen. Damit Lehrkräfte besonders begabte und hochbegabte Kinder in ihrem Unterricht individuell fördern können, sind Strategien zur Binnendifferenzierung und kognitiven Aktivierung von Kindern innerhalb einer Klasse sehr wichtig.

I:
Welche anderen Etappen haben Sie auf dem Weg zu Ihrem jetzigen Beruf durchlaufen?

6.2 · Interview mit Dr. Julia Schiefer

JS:
Im Rahmen meines Studiums war ich als wissenschaftliche Hilfskraft in viele verschiedene Projekte involviert und konnte zudem durch mehrere Forschungspraktika im In- und Ausland einen vertieften Einblick in die Entwicklungs- und Kognitionspsychologie bekommen. Durch mein Praktikum in der Arbeitsgruppe „Begabungs- und Persönlichkeitsentwicklung" an der Universität Tübingen konnte ich viel über hochbegabte Kinder und deren Lebensumwelt lernen. Nach dem Studium war ich in der Abteilung für Allgemeine und Angewandte Psychologie der Universität Tübingen Tutorin und habe dadurch zusätzlich einen Einblick in die Eignungsdiagnostik und Gutachtenerstellung im Bereich der Arbeits-, Organisations- und Verkehrspsychologie erhalten. Nach meinem Studium arbeitete ich einige Jahre als Schulpsychologin am Leonardo da Vinci Gymnasium in Neckargmünd. Das ist eine spezielle Schule für besonders begabte und hochbegabte Kinder. Meine Kolleginnen und ich konnten die Konzeption und Entwicklung der Schule von Beginn an begleiten. Ich konnte dort einen genauen Einblick in die Herausforderungen des Schulalltags mit hochbegabten Kindern bekommen und eng mit den Lehrkräften und der Schulleitung zusammenarbeiten. Ich habe dort die Aufnahmeverfahren der neuen Schülerinnen und Schüler geleitet, Einzelfälle betreut, Eltern und Kinder beraten sowie Lehrerfortbildungen durchgeführt (z. B. zu den Themen Underachievement, hochbegabte Mädchen oder Klassenführung). Die vielseitigen Tätigkeiten an der Schule haben meine Perspektive auf das Thema Hochbegabung erweitert und bereichert. Ausgehend von der vielfältigen Beschäftigung mit dem Thema Begabung und Hochbegabung habe ich mich für die Forschung in diesem Bereich interessiert und beschäftige mich nun am Hector-Institut für Empirische Bildungsforschung wissenschaftlich mit dem Thema Begabtenförderung.

I:
Welchen Herausforderungen sind Sie begegnet? Wie sah Ihr Umgang damit aus?

JS:
In meinem beruflichen Werdegang bin ich immer wieder Herausforderungen begegnet. Das Thema Begabung und Hochbegabung wird in der Öffentlichkeit nach wie vor ambivalent diskutiert und wahrgenommen. Wenn man sich mit den Belangen begabter Kinder beschäftigt, begegnen einem immer wieder Menschen, die der Meinung sind, dass dies ein Luxusproblem oder eine Modeerscheinung sei. Die Bedürfnisse minderbegabter Kinder und deren Förderung standen in der Gesellschaft lange deutlich mehr im Mittelpunkt als die Entwicklung und die Bedürfnisse hochbegabter Kinder. Inzwischen gibt es zahlreiche Bücher, Elternratgeber sowie Radio- und Fernsehsendungen über und mit hochbegabten Kindern. Dabei halten sich immer noch hartnäckig Mutmaßungen und Mythen über Hochbegabte, die sich u. a. in besonders reißerischen und einseitigen Darstellungen mancher Fernsehberichte zeigen. Die Medien neigen dazu, Hochbegabte entweder als kleine Genies darzustellen, die bereits in jungen Jahren durch außergewöhnliche Leistungen auffallen, oder als extreme Problemkinder, die mit ihrem Alltag überhaupt nicht zurechtkommen. Solche Meinungen und Darstellungen werden weder dem aktuellen Forschungsstand noch den hochbegabten Kindern und ihren Familien gerecht.

I:
Womit beschäftigen Sie sich in Ihrer Forschung am Hector-Institut für Empirische Bildungsforschung der Universität Tübingen zum Thema Begabung und Hochbegabung?

JS:
Ich beschäftige mich in meiner Forschung am HIB damit, wie besonders begabte und hochbegabte Grundschulkinder durch außerunterrichtliche Enrichment-Angebote effektiv gefördert werden

können. Ich arbeite am Hector-Institut für Empirische Bildungsforschung in dem Projekt „Formative Evaluation der Hector-Kinderakademien". Die Hector-Kinderakademien bieten durch die Unterstützung der Hector Stiftung II ein freiwilliges, zusätzliches Angebot zur Begabtenförderung für Grundschulkinder in Baden-Württemberg. Das Programm wird unter der Leitung von Prof. Dr. Ulrich Trautwein (Hector-Institut für Empirische Bildungsforschung, Universität Tübingen) und Prof. Dr. Marcus Hasselhorn (Deutsches Institut für Internationale Pädagogische Forschung, Frankfurt) wissenschaftlich begleitet. Die Hector-Kinderakademien verfolgen das Ziel, besonders begabte und hochbegabte Kinder, besonders interessierte, motivierte und kreative Kinder der Grundschule in kostenlosen außerunterrichtlichen Kursangeboten zu fördern. Ein besonderer Schwerpunkt liegt bei Angeboten im MINT-Bereich (MINT = Mathematik, Informatik, Naturwissenschaften und Technik). Im Rahmen meiner Promotion habe ich an der Konzeption, Evaluation sowie Implementation eines Kurses zur Förderung des Wissenschaftsverständnisses bei begabten Grundschulkindern mitgearbeitet, dem sogenannten Hector Core Course „Kleine Forscher". Mit diesem Kurs wird das Ziel verfolgt, Grundschulkinder Einsicht in die Entstehung von Wissen in den Naturwissenschaften nehmen zu lassen und die Entwicklung eines Verständnisses für den Zyklus wissenschaftlicher Erkenntnisgenese zu fördern.

I:

Warum ist Ihrer Meinung nach Forschung zur Effektivität von Fördermaßnahmen für begabte Kinder relevant?

JS:

Es gibt im Bereich der Begabtenförderung sehr viele Angebote, deren Wirksamkeit nie überprüft wurde. Insgesamt besteht ein Mangel an geeigneten, empirisch validen Evaluations- und Interventionsstudien. Bestehende Studien weisen häufig methodische Schwächen wie das Fehlen geeigneter Kontrollgruppen, fehlende Randomisierung oder die fehlende Erhebung der Ausgangwerte auf. Um fundierte Aussagen darüber machen zu können, welche (Lern-)Effekte die Teilnahme an einem Förderprogramm auf die Entwicklung von Kompetenzen und Fähigkeiten von Kindern hat, sind daher aussagekräftige empirische Studien unerlässlich. So kann ein Beitrag zur Qualität der Begabtenförderung geleistet werden.

I:

Welche besonderen Kenntnisse und Fähigkeiten der (Pädagogischen) Psychologie sind in Ihrem heutigen Beruf wichtig?

JS:

Eine Vielzahl von Kenntnissen und Grundlagen aus meinem Psychologiestudium sind für meine derzeitige Tätigkeit sehr nützlich. Für die Beratung Hochbegabter ist ein fundiertes Wissen im Bereich der Entwicklungs-, Persönlichkeits- und Kognitionspsychologie wichtig. Zentral sind zudem fundierte Kenntnisse im Bereich der pädagogisch-psychologischen Diagnostik und Forschungsmethoden. Für eine professionelle Intelligenz- und Leistungsdiagnostik ist zum Beispiel ein vertieftes Wissen über Testentwicklung und Gütekriterien entscheidend. Nur so kann man die Aussagekraft und Grenzen von psychologischen Testverfahren beurteilen und kompetent für die Diagnostik und Beratung nutzen. Aus dem großen Themenfeld der Lehr- und Lernforschung sind besonders Kenntnisse im Bereich Unterrichtsqualität und Motivation sowie Interventionen hilfreich.

I:

Was würden Sie Studierenden raten, die ähnliche Berufsfelder anstreben?

6.2 · Interview mit Dr. Julia Schiefer

JS:

Ich denke, in einem ersten Schritt können Studierende versuchen, die genannten Schwerpunkte der Pädagogischen Psychologie durch ihr Studium abzudecken und gezielt zu vertiefen. Nicht an jeder Universität gibt es Veranstaltungen zu dem Thema Begabung und Hochbegabung. Eine intensive Beschäftigung mit pädagogisch-psychologischer Diagnostik und den anderen genannten Bereichen liefern auf jeden Fall wichtige Grundlagen. Empfehlenswert sind zudem Praktika im Bereich der Schulpsychologie oder an einer (Hochbegabten-)Beratungsstelle. Auch durch die eigenständige Weiterbildung und die Einarbeitung in Fachliteratur können Studierende ihre Kenntnisse vertiefen und herausfinden, ob sie Spaß und Interesse daran haben, sich mit dem Thema Hochbegabung zu beschäftigen.

I:

Kann man an Ihrem Institut ein Praktikum machen? Falls ja, welche Voraussetzungen sind nötig?

JS:

In Einzelfällen sind für Studierende der Psychologie Praktika an unserem Institut möglich. Es muss dabei jedoch bedacht werden, dass eine Test- oder Beratungssituation sehr leicht durch die Anwesenheit weiterer Personen gestört werden kann. Daher muss im Einzelfall immer genau überlegt werden, wie ein Praktikum gestaltet werden kann und in welcher Form Kontakte zu Klienten möglich sind. Erfahrungen im Umgang mit Kindern sowie Grundkenntnisse in den Bereichen Diagnostik, Entwicklungspsychologie, Pädagogischer Psychologie oder Schulpsychologie sind hilfreich.

I:

Hat sich die Arbeit in Ihrem Berufsfeld in den letzten Jahren verändert?

JS:

Im Bereich der Hochbegabtenberatung sind mache Dinge gleich geblieben, manches hat sich jedoch auch verändert. Der Bedarf an der Unterstützung und Beratung für Familien ist in den letzten Jahren recht konstant geblieben. Auf der anderen Seite rückt das Thema Begabung und Hochbegabung immer mehr in den Fokus der Öffentlichkeit. Die Notwenigkeit der Förderung von begabten Kindern wird mehr gesehen und umgesetzt. Auch die Bildungspolitik beschäftigt sich seit ca. 10 bis 15 Jahren vermehrt mit dem Thema. Zum Beispiel wurden in Baden-Württemberg Schulen wie das Landesgymnasium für Hochbegabte in Schwäbisch Gmünd oder das Leonardo da Vinci Gymnasium in Neckargemünd gegründet und Hochbegabtenzüge an 15 Gymnasien eingeführt. Ein aktuelles Beispiel für die Fokussierung auf das Thema Hochbegabung ist die Förderstrategie für leistungsstarke Schülerinnen und Schüler der Kultusministerkonferenz 2015. Zudem wird das Thema Differenzierung und Begabtenförderung im Rahmen der Lehrerausbildung diskutiert. Ich gehe davon aus, dass in Zukunft weitere Strukturen geschaffen werden, um besonders begabte Kinder und hochbegabte Kinder zu fördern.

I:

Wenn Sie sich für Ihre Arbeit etwas wünschen könnten, was wäre das?

JS:

Ich wünsche mir eine höhere Selbstverständlichkeit im Umgang mit den Belangen und den Bedürfnissen begabter und hochbegabter Kinder sowie eine weiter steigende Akzeptanz des Themas. Meiner Meinung nach ist die Förderung hochbegabter junger Menschen vor dem

Hintergrund ihres besonderen gesellschaftlichen Potenzials eine zentrale Bildungsaufgabe. Hochbegabte verfügen aufgrund ihrer allgemeinen kognitiven Leistungsfähigkeit über das Potenzial, die Gesellschaft in wissenschaftlichen, ästhetischen und praktischen Domänen zu bereichern und dazu beizutragen, das gesellschaftliche Leben zu verbessern. Es wäre wünschenswert, dass diese Chance und gesellschaftliche Relevanz in den Fokus der Öffentlichkeit rücken. Zudem hoffe ich, dass ich hochbegabte Kinder und ihre Familien weiterhin auf ihrem Weg unterstützen und durch praxisrelevante Forschung an der Schaffung von Strukturen und Fördermöglichkeiten für begabte Kinder mitwirken kann.

Video des Interviews:

▶ https://tinyurl.com/Hochbegabung-Julia-Schiefer

Literatur

Preckel, F., Schneider, W. & Holling, H. (2010). *Diagnostik von Hochbegabung*. Reihe: Jahrbuch der pädagogisch-psychologischen Diagnostik. Tests und Trends. Göttingen: Hogrefe.
Rost, D. H. (2009). *Hochbegabte und hochleistende Jugendliche. Befunde aus dem Marburger Hochbegabtenprojekt*. Münster: Waxmann.
Subotnik, R. F., Olszewski-Kubilius, P. & Worrell, F. C. (2011). Rethinking giftedness and gifted education: A proposed direction forward based on psychological science. *Psychological Science in the Public Interest, 12*, 3–54.

Human Factors

Michael Kutscher

7.1 Einleitung – 72

7.2 Interview mit Dipl.-Psych. Michael Kutscher – 72

Literatur – 81

Die Online-Version für das Kapitel (https://doi.org/10.1007/978-3-662-554411-1_7) enthält Zusatzmaterial, welches berechtigten Benutzern zur Verfügung steht. Laden Sie sich zum Streamen der Videos die „Springer Multimedia App" aus dem iOS- oder Android-App-Store und scannen Sie die Abbildung, die den „play button" enthält.

© Springer-Verlag GmbH Deutschland 2018
O. Dickhäuser, B. Spinath (Hrsg.), *Berufsfelder der Pädagogischen Psychologie*,
Meet the Expert: Wissen aus erster Hand, https://doi.org/10.1007/978-3-662-55411-1_7

7.1 Einleitung

Oliver Dickhäuser

Pädagogische Psychologinnen und Psychologen sind Experten für die Gestaltung von Instruktions- und Lernprozessen (▶ Kap. 8). Lernen findet nicht nur in Bildungsinstitutionen wie etwa der Schule oder Hochschule statt. Die professionelle Gestaltung von Lernprozessen ist auch für Unternehmen von sehr hoher Bedeutung, wenn es darum geht, Mitarbeiterinnen und Mitarbeiter mit Blick auf ihre beruflichen Handlungskompetenzen aus- und weiterzubilden.

Die Realisierung solcher Fördermaßnahmen verlangt dabei zunächst die sorgfältige Analyse des Entwicklungsbedarfs (z. B. mit Blick auf die Arbeit mit neuen technischen Systemen oder Maschinen), die darauf aufbauende Konzeption des Trainings in inhaltlicher, didaktischer und struktureller Hinsicht sowie dessen Realisierung und Bewertung mit Blick auf den angestrebten Lernerfolg (vgl. Sonntag 2002). Unternehmen unterhalten in vielen Fällen eigene Abteilungen, deren Aufgabe u. a. darin besteht, Lern- und Entwicklungsprozesse der Mitarbeiterinnen und Mitarbeiter besser zu steuern. In solchen Abteilungen arbeiten auch Pädagogische Psychologinnen und Psychologen. Dies ist deshalb sinnvoll, weil sie zentrale Kompetenzen mitbringen, die bei der Entwicklung und Realisierung von Trainingsmaßnahmen wichtig sind.

Ohne Frage ist der „Faktor Mensch" ein wichtiger Schlüssel für den Erfolg von Organisationen – oft sind aber auch menschliche Faktoren an der Entstehung von Fehlern, Schwierigkeiten und Unfällen beteiligt. Deshalb ist das Training von Mitarbeiterinnen und Mitarbeitern gerade in Hochrisikobranchen (wie etwa der Luftfahrt) ein wichtiger Ansatzpunkt, auch mit Blick auf die Erhöhung der Sicherheit und die Vermeidung von Unfällen (Badtke-Schaub et al. 2012). Im Folgenden wird das Arbeitsfeld „Human Factors" durch Dipl.-Psych. Michael Kutscher vorgestellt. Er ist Mitarbeiter der Abteilung „Human Factors Training" der Lufthansa Flight Training GmbH.

7.2 Interview mit Dipl.-Psych. Michael Kutscher

Das Interview führten Lisa Grefe und Lisa Wolf im September 2016.

Interviewerin:
Könnten Sie uns kurz die Einrichtung vorstellen, in der Sie arbeiten?

Dipl.-Psych. Michael Kutscher:
Die Lufthansa Flight Training GmbH ist Teil der Lufthansa Group und hat verschiedene Standorte. Unsere Hauptstandorte sind Frankfurt, München und Bremen, wo sich auch die Flugschule befindet. Speziell in Frankfurt sind wir Anbieter von Trainingsdienstleistungen sowohl für verschiedene Airlines – neben der Lufthansa sind es noch weitere 150 Airlines – als auch für Kunden aus ganz anderen Bereichen, wie zum Beispiel der Medizin, Feuerwehr oder Anwaltskanzleien.

I:
Wie ist Ihre Organisation aufgebaut, und welche berufliche Position nehmen Sie ein?

MK:
Die Lufthansa Group ist ein recht großer Konzern mit knapp 120.000 Mitarbeitern und Mitarbeiterinnen, aufgeteilt in verschiedene Teilbereiche wie die Lufthansa Flight Training GmbH. Dieser Teil ist mit 700 Mitarbeiterinnen und Mitarbeitern ein eher kleiner Bereich. Er ist selbst

wiederum in drei Teilbereiche untergliedert: Das sind zum einen die Flugschulen in Bremen, wo Lufthansa-Piloten, aber auch Piloten anderer Airlines ausgebildet werden. Dann gibt es die Flugsimulatoren, die größtenteils am Standort Frankfurt sind, wo sowohl Teile der Ausbildung, aber auch die Weiterbildung und sogenannte Checks stattfinden. Und dann gibt es den dritten Bereich Safety und Service Trainings. Dieser Bereich wiederum besteht aus den Abteilungen Emergency-, Service- und Human Factors Training, zu dem auch ich gehöre. Speziell mein Team besteht aus acht Referenten und einer Teamleitung.

I:
Könnten Sie uns kurz Ihre berufliche Laufbahn mit den wichtigsten Etappen beschreiben?

MK:
Ich habe drei Jahre nach Beginn meines Studiums selbstständig mit Trainings im IT-Bereich angefangen, da ich hier ein gewisses Vorwissen hatte. So habe ich zum Beispiel Office-Trainings angeboten, in denen ich gelehrt habe, wie man beispielsweise mit Word umgeht. Ich habe somit schon vor der eigentlichen Trainerausbildung angefangen, in dem Bereich zu arbeiten. Während des Studiums habe ich mich immer mehr mit den psychologischen Themen beschäftigt und dann während des Studiums meine Trainerausbildung machen können. Auch im Studium habe ich in meine Trainings, die ich als selbstständiger Kleinunternehmer durchgeführt habe, immer mehr psychologische Themen eingebracht; dies habe ich unmittelbar nach Beendigung meines Studiums weitergeführt. Im Studium konnte ich schon als wissenschaftliche Hilfskraft im Bereich der Pädagogischen Psychologie sehr viel Erfahrung sammeln und auch dort Trainings konzipieren und teilweise durchführen. Diese waren im Bereich Schule angesiedelt, also für Schüler/-innen, Lehrkräfte, aber auch Eltern. Danach habe ich ein Praktikum im Bereich Training bei Kienbaum Management Consulting in der Abteilung Diagnostics und Development angeschlossen. Dies waren auch klassische Konzeptionen von Trainings für verschiedene Kunden, von Autoteilezulieferern bis zu Rechtsanwälten – also eigentlich schon ziemlich genau die Tätigkeit, die ich jetzt auch mache. Als Praktikant kümmert man sich dort eher um die Konzeption und weniger um die Durchführung von Trainings. Letztendlich, nachdem ich mehrere Jahre als Selbstständiger gearbeitet hatte, habe ich mir angeschaut, was mir Festanstellungen bieten können, und fand das Angebot von der Lufthansa Flight Training GmbH sehr interessant. Ich habe mir gedacht, dass da eine ganz andere Klientel ist als Lehrkräfte oder auch klein- und mittelständige Unternehmen mit ihren Führungskräften und Teams. Pilotinnen und Piloten und Flugbegleiter/-innen als Zielgruppe hielt ich für sehr interessant und wollte das ausprobieren. Und vor zweieinhalb Jahren bin ich dann zur Lufthansa gekommen, bereue diese Entscheidung bis heute nicht, und es macht mir immer noch sehr viel Spaß.

I:
Welche inhaltlichen Qualifikationen waren und sind für Ihre Laufbahn heute noch wichtig?

MK:
Ich habe vor dem Psychologiestudium Pädagogik studiert und hatte damals im Nebenfach Psychologie. Irgendwann habe ich dann für mich entschieden, dass das, was ich erreichen möchte, also in den Bereich Training und Erwachsenenbildung zu gehen, der Psychologie näher ist, und bin vom Nebenfach zum Hauptfach Psychologie gewechselt. Da habe ich sehr viele pädagogisch-psychologische Seminare besucht sowie verstärkt Veranstaltungen der Arbeits- und Organisationspsychologie, aber auch der Organisationsentwicklung. Das dort erworbene Wissen ist sehr hilfreich, da Themen wie Organisations- oder Teamentwicklung immer noch eine große Rolle spielen. Zweitens war definitiv meine Trainerausbildung hilfreich, die ich im Laufe des Studiums

absolvieren konnte. Diese bestand aus einer mehrsemestrigen Ausbildung aus verschiedenen Seminaren mit einem Schwerpunkt in der Pädagogischen Psychologie: Instruktionskompetenz, Gesprächsführung und ähnliche Aspekte, gepaart mit einem Zusatzangebot der Hochschuldidaktischen Arbeitsstelle an der Universität in Darmstadt. Auch meine Arbeit als wissenschaftliche Hilfskraft während des Studiums war sehr hilfreich. Dort habe ich sehr viele praktische Erfahrungen sammeln können, teilweise sogar mehr, als ich durch mein Studium selbst erfahren konnte. Zuletzt haben mir natürlich auch meine IT-Kenntnisse an vielerlei Stellen geholfen. Wir leben mittlerweile in einer Zeit, in der die Digitalisierung schon eine sehr große Rolle in der Arbeitswelt spielt, und dann ist es natürlich hilfreich, wenn man sich mit solchen Themen auskennt und beschäftigen kann. Zum Beispiel beschäftigte ich mich mit der Frage, welche speziellen Probleme auftreten, wenn sehr viel virtuell gearbeitet werden muss. Das sind besondere Anforderungen an all diejenigen, die damit arbeiten müssen. Da hilft Vorwissen enorm.

I:

Würden Sie uns einen typischen Arbeitstag beschreiben? Welches sind typische Inhalte und Aufgaben Ihrer Arbeit?

MK:

Grundsätzlich gibt es für eine Trainerin und einen Trainer – das kann ich auch branchenübergreifend sagen – eigentlich nicht die „typischen" Arbeitstage. Trainer/-innen oder generell Personen, die in der Personalentwicklungsbranche arbeiten, haben normalerweise Tätigkeiten, die sich zu einem sehr großen Teil um die Konzeption und Durchführung von Trainings drehen. Dementsprechend kann man nicht pauschal sagen, dass man drei Tage Konzeption hat und direkt zwei Tage danach Training. Meistens ist das eher variabel und unterschiedlich von Woche zu Woche. Abgesehen davon hat man neben der Konzeption und Durchführung von Trainings auch administrative Aufgaben. Daher gibt es den typischen Arbeitstag nicht. An Konzeptionstagen habe ich einen normalen Arbeitszeitbeginn, den ich allerdings flexibel ansetzen kann. Wenn keine Teamtermine notwendig sind, kann ich in der Konzeption auch von zu Hause aus arbeiten. Wenn ich allerdings ein Training habe, sieht das schon ganz anders aus. Ein eintägiges Training, das normalerweise hier in Frankfurt stattfindet, geht für die Teilnehmer meist von 9 bis 17 Uhr. Man kann sich dann ausrechnen, dass ich noch eine gewisse Zeit davor zur Vorbereitung brauche und auch noch Zeit zur Nachbereitung nach dem Training. Bei mehrtägigen Trainings sieht die Sache noch mal anders aus, da diese auch außerhalb von Frankfurt stattfinden. Da reise ich dann am Abend davor schon mit dem Flieger an, da morgens die Zeit zur Vorbereitung zu knapp wäre. Diese durchaus längeren Tage kann ich aber auch wieder ausgleichen.

I:

Können Sie am Beispiel einer ganz konkreten Aufgabe oder eines aktuellen Arbeitsschwerpunkts schildern, wo genau Sie dort als Psychologe gefordert sind und inwiefern die Erledigung der Aufgabe Ihre psychologische Expertise erfordert?

MK:

Bei uns gibt es diverse Themen, die psychologische Kenntnisse verlangen. Aktuell ist es für mich die Thematik Automation und Mensch-Maschine-Interaktion, die der Gesetzgeber fordert. Das heißt für uns, dass wir zum einen in der Literatur nachlesen müssen, was es hierzu für aktuelle Erkenntnisse aus der Luftfahrtpsychologie gibt. Auf der anderen Seite wollen wir das Thema aber auch praxisnah gestalten. Wir schauen uns Flugunfälle an, die sich auf diese Problematik zurückführen lassen. Meine Fähigkeit als Psychologe ist wichtig für das Herleiten, aber auch um verständlich zu machen, warum sich ein Mensch auf bestimmte Art und Weise verhält und nicht anders. Ich habe mal eine schöne Aussage gehört, die lautete: „Unser Job ist es, psychologisches Fachwissen so zu formulieren, dass der Pilot beziehungsweise die Pilotin dies verstehen, auf den Alltag anwenden und somit den Job gut und sicher machen kann." Das trifft es ziemlich gut.

I:
Was können Psychologinnen/Psychologen besonders gut, bzw. was unterscheidet sie von Kolleginnen und Kollegen mit anderen Qualifikationen, z. B. bei der Konzeption von Trainingsmaßnahmen?

MK:
Erstens, wie ich schon erwähnt habe, müssen wir psychologisches Fachwissen verständlich machen. Da ist unser Wissen notwendig, besonders, wenn es um physiologische oder physiopsychologische Themen geht, in denen letztendlich nur wir die vertieften Kenntnisse haben. Auf der anderen Seite beschäftigt sich ein Pädagogischer Psychologe sehr viel mit Didaktik und mit der praxisnahen und nachhaltigen Vermittlung von Trainingsinhalten. Wenn wir Inhalte vermitteln, wollen wir natürlich, dass diese lange im Gedächtnis bleiben und sich gut umsetzen lassen. Da sind natürlich entsprechende Kenntnisse sehr wertvoll und sogar notwendig.

I:
Für welche Trainings sind Sie verantwortlich, und wo schlagen sich bei der Konzeption oder in den Inhalten der Trainings Ihre pädagogischen oder psychologischen Kompetenzen nieder?

MK:
Meine Aufgabe ist einerseits die Konzeption und andererseits Durchführung von Trainings. Die Trainings decken eigentlich die ganze Bandbreite von Pilotinnen und Piloten ab. Das beginnt bei den Flugschülern mit der Vermittlung von Basisinhalten, wie Kommunikation und Teamarbeit, geht über die Führungskräfteausbildung von ersten Offizieren bis hin zur Weiterentwicklung von Kapitänen. Das ist eigentlich eine komplette Führungskräfteausbildungsreihe. Dazu kommt die Ausbildung von sogenannten Ausbilder- und Check-Kapitänen. Darüber hinaus kümmern wir uns auch um die Konzeption des Kabinen-Grundkurses, in denen Flugbegleiter und Flugbegleiterinnen lernen, wie sie mit den verschiedenen Begebenheiten und Herausforderungen bei der Arbeit umgehen können. Zusätzlich bieten wir verschiedene Seminare für den Drittmarkt an. Bei der Feuerwehr sind dies zum Beispiel Trainings, die sich relativ nah an unseren Bereich angliedern. Auch hier handelt es sich um ein High-Risk-Environment, bei dem Prozeduren eingehalten werden müssen, damit alles gut funktioniert, gerade auch, wenn es stressig oder gefährlich wird.

Ein anderer Bereich ist die Medizin: In den Medien taucht immer wieder auf, dass sehr viele Fehler in den Kliniken und bei Operationen passieren. Deshalb hat man sich die Frage gestellt, wie Fehler reduziert werden können. Man ist zu der Überzeugung gekommen, dass die Konzepte der Fliegerei, in der ebenfalls Hierarchien und feste Prozeduren bestehen, auch auf den Klinik-Alltag übertragen werden können und zu Verbesserungen führen könnten. Somit muss ich mich in den Trainings auf unterschiedliche Menschen einstellen. Andere Kunden aus Bereichen, die nicht solchen Hochrisikobereichen zuzuordnen sind, fordern klassische Themen wie Führung oder Teamarbeit. Hier steht natürlich nicht die Luftfahrt im Vordergrund, sondern die generelle Teamarbeit, wie sie in der Luftfahrt sehr gut funktioniert und wie man diese Konzepte übertragen kann. Wie Sie sehen, sind wir also für ganz verschiedene Trainings zuständig. Da wir ein relatives kleines Team sind, kümmern sich alle um fast alle Themen.

Nun zu den Trainings. Wenn wir Pilotinnen Piloten als Kunden oder als Trainingsteilnehmer/-innen haben, finden diese Trainings bezüglich der Moderation immer in einem Tandem statt. Wir nutzen das Know-how von beiden Bereichen: Ich als Theoretiker bringe psychologisches Fachwissen mit ein, zum Beispiel Wissen über Kommunikation, Teamarbeit und Stress. Die Praxis decken wir ab, indem wir neben einem Sozialwissenschaftler bzw. einer Sozialwissenschaftlerin, also einem Psychologen/einer Psychologin oder einem Pädagogen/einer Pädagogin, auch immer einen Piloten oder eine Pilotin in das Training einbeziehen, der/die eine Zusatzausbildung zum sogenannten Cockpitmoderator absolviert hat. Dadurch erlangen wir eine gute Kombination aus theoretischem Hintergrund und Wissen aus der Praxis, wie man die Theorie bestmöglich anwendet.

I:

Ihre Arbeit verbindet Sicherheit und klassische Soft-Skill-Themen. Wie schlägt sich diese Kombination in den Trainings nieder? Ist die Stimmung dort anders? Wie fordert Sie das als Psychologe?

MK:

Speziell die Fliegerei als High-Risk-Environment liefert natürlich besondere Anforderungen, sowohl an mich als Trainer als auch an diejenigen, die später in diesem Bereich arbeiten. Wir haben bestimmte Thematiken, die sich ganz explizit damit auseinandersetzen, wie Menschen Risiken bewerten oder wie Menschen mit dauerhaft hohem Stress umgehen. Generell ist es so, dass Fehler hier meist mit gravierenden Folgen verbunden sind. Es passieren zwar sehr wenige Fehler, aber auch diese müssen eigentlich vermieden werden. Auch andere Faktoren wie die sogenannte Complacency, also das Einschleichen von Fehlern durch Nachlässigkeit, spielen hier eine besonders große Rolle. Wenn im Büro zum Beispiel in der Kommunikation ein Fehler passiert, dann sind die Fehler weit weniger schlimm als in der Fliegerei. Ein positiver Aspekt sind die Stimmung und der Umgang unter den Fliegern und Fliegerinnen, die ausgesprochen freundlich und kollegial sind, auch wenn viel gefordert wird. Die Piloten und Pilotinnen sind sehr gut in dem, was sie tun, allerdings haben sie auch hohe Anforderungen. Sie sind selbst sehr fokussiert und wollen deshalb sehr genau auf den Punkt wissen, warum sie einen Inhalt brauchen. Einen langen Vortrag zu halten über irgendeine Studie, wird mich da nicht weiterbringen. Sie wollen doch sehr schnell hören, warum sie etwas wissen müssen und wie ihnen das bei der Arbeit weiterhilft.

I:

In der Personalentwicklung arbeiten Psychologinnen und Psychologen oft mit Trainerinnen und Trainern zusammen, die einen anderen fachlichen Hintergrund mitbringen. Was unterscheidet Sie als psychologischer Trainer von Trainern mit einem anderen fachlichen Hintergrund?

MK:

Wir haben genau diese Konstellation eigentlich fast tagtäglich im Training, da wir die Trainings meist in einer Kombination aus einem Sozialwissenschaftler bzw. einer Sozialwissenschaftlerin und einem Piloten bzw. einer Pilotin mit einer pädagogischen Zusatzausbildung bestreiten. Somit haben wir sowohl jemanden, der aus der Praxis kommt und das angewandte Wissen und ein Standing bei den Teilnehmern und Teilnehmerinnen mitbringt, als auch auf der anderen Seite mich als Theoretiker, der erzählen kann, warum ein Mensch auf eine bestimmte Art und Weise handelt. Die Herausforderung besteht darin, daraus die richtige Kombination zu erzielen, dass man sich im Lehrsaal die Bälle zuspielt, die Themen hin- und herreicht und dadurch dann den besten Effekt erzielt. Wenn ich einer Pilotin erklären würde, wie sie ein bestimmtes Anflugmanöver fliegen soll, dann wird sie mir nicht zuhören. Ähnlich wird es einem Piloten ergehen, der einem anderen Piloten versucht zu erklären, wie ein Gehirn unter Stress funktioniert.

Was mir meinen Job als Trainer generell erleichtert, sind die Kenntnisse aus Didaktik und Pädagogischer Psychologie, besonders, wenn es um die Aufbereitung von Themen geht. Hier weiß ich wahrscheinlich eher als manch anderer, wie ich die Inhalte so aufbereiten kann, dass sie gut ankommen und hängenbleiben. Natürlich können sich auch Kollegen und Kolleginnen aus anderen Bereichen diese Inhalte selbst beibringen, aber wir bringen diese eben schon vom Studium mit. Anhand eines Trainings kann ich dies verdeutlichen: Dort werden Piloten und Pilotinnen ausgebildet, selbst Ausbilder bzw. Ausbilderin zu sein – ein sogenannter Type Rating Instructor. Das ist der Pilot oder die Pilotin, der/die dann andere Piloten oder Pilotinnen dahingehend befähigt, ihre Flugzeugmuster zu fliegen. Es geht hier darum, welche verschiedene Lerntypen es gibt, dass Inhalte auf verschiedenen Kanälen vermittelt werden sollten, dass es bestimmte Grundlagen des Lernens gibt wie beispielsweise die Wiederholung, welche Rolle Ablenkung beim Lernen spielt oder dass Inhalte praxisnah vermittelt werden sollten. Solche Wissensbereiche helfen uns sehr, andere Personen dafür vorzubereiten, diese Tätigkeiten später auszuführen.

I:
Begegnen Ihnen Trainingsteilnehmer/-innen mit Vorurteilen, weil Sie Psychologe sind? Wie gehen Sie damit um?

MK:
Es gibt natürlich diverse Klischees, etwa die Vorstellung von der Couch und die Erwartung, analysiert zu werden, wenn man mit einem Psychologen zu tun hat. Diesen Vorurteilen wird man, nicht nur in der Fliegerei, immer wieder begegnen, wenn man als psychologischer Trainer oder als psychologische Trainerin arbeitet – egal mit welcher Klientel man es zu tun hat. Bei den Piloten und Pilotinnen kommt hinzu, dass während der Auswahl durch das Institut für Luft- und Raumfahrtmedizin am Deutschen Zentrum für Luft und Raumfahrt die Bewerber von Psychologen und Psychologinnen ziemlich in die Mangel genommen werden. Das heißt, dass wir noch einen Stein weniger im Brett haben bei dieser Klientel, und eine der ersten Antworten, die wir geben, ist daher: „Nein, wir haben nichts mit der Auswahl von Piloten zu tun." Es gibt also viele Vorurteile, wie man damit umgeht, vor allem auch mit dem Punkt, dass man fachfremd ist. Man muss sich einfach klarmachen, dass man in dem Fall im Seminarraum Experte für psychologische Themen wie Führung und Kommunikation ist, wie Menschen funktionieren, wie Menschen mit Situationen umgehen – den fachlichen Part übernehmen die Teilnehmer oder ein zweiter Trainer bzw. Trainerin, der/die das Fachwissen mitbringt. Wenn man sich das klarmacht, kann man recht gut mit den Vorurteilen umgehen.

I:
Hat die German-Wings-Katastrophe dabei etwas verändert?

MK:
Kurze Antwort: Nein. Die Katastrophe war unglaublich tragisch, hat aber definitiv nichts mit dem Training zu tun. Es kommen natürlich verstärkt Fragen, wie man z. B. mit Stress umgeht. Aber mehr nicht.

I:
Stellen Sie sich vor, dass Sie mit einer Gruppe Bachelorstudenten und -Studentinnen sprechen, die sich noch unklar über ihren zukünftigen Studien- und damit späteren Berufsschwerpunkt sind. Welche Gründe sprechen Ihrer Meinung nach für Pädagogische Psychologie als Vertiefungsfach?

MK:

Was ich sehr reizvoll an der Pädagogischen Psychologie finde, ist die Flexibilität in dem, was wir später tun. Man kann sagen, dass man in den Bereich Konzeption geht oder in den Bereich Erwachsenenbildung und Training; man kann sich aber auch zum Beispiel im schulischen Bereich mit Themen auseinandersetzen wie etwa den Lerntheorien. Kombinieren lässt sich Pädagogische Psychologie auch ziemlich gut, beispielsweise mit der Klinischen Psychologie, mit dem Bereich Arbeitswissenschaften, der Arbeits- und Organisationsentwicklung oder der Arbeits- und Organisationspsychologie. Letztendlich ist dies Fluch und Segen zugleich. Auf der einen Seite ist man sehr breit ausgebildet, aber man muss sich dann auch entscheiden können. Es kann ebenso sein, dass man nach zehn Jahren feststellt, dass man in einen komplett anderen Bereich wechseln möchte. Das spricht ziemlich für unser Fach, finde ich – für die Psychologie allgemein, aber vor allem auch für die Pädagogische Psychologie.

I:

Welche typischen Einstiegsmöglichkeiten für Psychologinnen und Psychologen gibt es in Ihrem Berufsfeld?

MK:

Der Einstieg in den Beruf als Trainer oder Trainerin ist meiner Meinung doch recht schwer. Wie in den meisten Berufen würden am liebsten Bewerber und Bewerberinnen gesehen, die direkt aus dem Studium kommen und gleichzeitig schon zehn Jahre Berufserfahrung haben. Das ist natürlich nicht möglich. Wir absolvieren im Psychologiestudium bereits sehr viele Seminare, in denen man Referate hält, die Trainings schon ähnlich sind – dies wird auch gerne gehört von denjenigen, die über Personaleinstellungen entscheiden. Meiner Meinung zählt viel mehr als eine Trainerausbildung die Praxis, die man gesammelt hat. Klar, wo kommt diese her? Praktika sind gute Möglichkeiten, aber auch zum Beispiel die Tätigkeit als wissenschaftliche Hilfskraft kann hilfreich sein. Ich habe damals während meiner Tätigkeit als Hilfskraft in der Pädagogischen Psychologie sehr viele praktische Erfahrungen sammeln können. Wenn ich jemanden als Berufseinsteiger/-in suche, höre ich es auch gerne, wenn jemand Erfahrung hat: Praktika sind letztendlich dann das, was man braucht.

I:

Ein Teil Ihrer Verantwortung ist auch die Betreuung von Praktikanten und Praktikantinnen. Was sollte man mitbringen, um bei Ihnen erste praktische Erfahrungen sammeln zu dürfen? Worauf achten Sie z. B. im Auswahlgespräch?

MK:

Bei Praktikantenbewerbern achte ich besonders darauf, dass sie bereits Vorerfahrung haben. Als Psychologe bzw. Psychologin oder Pädagoge bzw. Pädagogin – das sind die beiden Fächer, die Voraussetzungen sind bei uns – hat man normalerweise schon einige Referate hinter sich. Dementsprechend weiß man grob, wie man Schulungen konzipiert, wie man Trainingsmaterialien gestaltet, und kann mit Microsoft Office umgehen. Das sind Punkte, die ich gerne von Bewerbern und Bewerberinnen höre. Besonders gut sind Vorerfahrungen im Bereich Training durch andere Praktika oder durch ähnliche Tätigkeiten, die aber keine Voraussetzung sind. Darüber hinaus ist es für uns wichtig, dass Praktikanten und Praktikantinnen wissenschaftliche Themen extrahieren können. Es kann gut sein, dass uns ein neues Forschungsthema vorgelegt wird, und auch wir können nicht alles wissen. Psychologie ist ein typisches Fach, in dem man nicht zwingend alles wissen muss, sondern vor allem wissen muss, wo Informationen stehen. Dementsprechend ist bei uns auch eine mögliche Praktikantentätigkeit das Recherchieren von wissenschaftlichen Artikeln zu bestimmten Themen.

Darüber hinaus schätze ich persönlich ein gehöriges Maß an Selbstreflexion. Das geht über die übliche Frage nach Stärken und Schwächen hinaus: Welches Feedback hat man schon bekommen, und was hat man daraus geschlossen? Wo sieht man selbst das Entwicklungspotenzial bei sich? Es gibt ein Zitat von Sokrates, was hier recht passend ist: „Sich selbst zu kennen, ist die erste Säule der Weisheit" – das gilt für sehr viele Bereiche. Speziell eine Praktikumstätigkeit wird sehr erleichtert, wenn man selber bei sich guckt, wo man sich noch verbessern und entwickeln kann.

I:

Welche Weiterbildungsmaßnahmen oder Zusatzausbildungen haben Sie absolviert oder streben Sie noch an, und welche davon würden Sie auch weiterempfehlen?

MK:

Ich hatte wie bereits erwähnt die Möglichkeit und auch das Glück, schon während meines Studiums an der TU Darmstadt eine sogenannte pädagogisch-psychologische Trainerausbildung zu absolvieren. Die bestand aus verschiedenen Inhalten wie beispielsweise Instruktionskompetenz oder Gesprächsführung, aber auch Praxisinhalten, die von der hochschuldidaktischen Arbeitsstelle vermittelt wurden. Das war eine mehrsemestrige Ausbildung und bestand aus verschiedenen Seminaren. Es war recht aufwendig, diese Ausbildung neben dem Studium zu absolvieren, ist aber im Vergleich zu Trainerausbildungen, die man extern belegt, eine Menge Geld kosten und genauso lange dauern, eine Chance. Das hat mir enorm geholfen. Ich habe dort sehr viel über die Trainertätigkeit erfahren, durch Videoanalysen früh gelernt, wie ich dastehe, wie ich auf andere Menschen wirke und wo ich vielleicht noch etwas an mir ändern muss, damit ich besser „ankomme" als Trainer. Eine solche Ausbildung – wenn man die Möglichkeit hat – lohnt sich meiner Meinung nach gerade im universitären Rahmen sehr, auch wegen der geringeren Kosten. Man muss während des Studiums dann viel Zeit investieren und unter Umständen auch das Studium deshalb ein wenig verlängern. Eine Ausbildung, die ich noch anstrebe, ist eine systemische Beraterausbildung. Ich denke, dass ich dort in der Organisationsentwicklung und für die persönliche Entwicklung viele Andockpunkte finde, und nehme an, dass mir das dort erworbene Wissen mein Leben und meine Tätigkeit noch leichter macht.

I:

Welche Art von Flexibilität ist notwendig, wenn man sich in Ihrem Berufsfeld etablieren möchte?

MK:

Für Trainer und Trainerinnen sind die Tage im Training ziemlich genau durchgeplant, gerade im Fall von recht standardisierten Seminaren, wie sie in der Luftfahrt recht häufig vorkommen, und bei Seminaren, die gesetzlich vorgeschrieben sind. Man hat also oft einen Plan, aber sobald Menschen beteiligt sind, laufen Seminare dann doch stets unterschiedlich ab: Man arbeitet die verschiedenen Inhalte zwar in jedem Seminar gleich ab, aber man weiß eigentlich nie, mit was man zu rechnen hat. Beteiligen sich die Teilnehmenden? Wie beteiligen sie sich? Welche Fragen stellen sie? Das ist selbst bei hochstandardisierten Seminaren so. Das führt aber auch zu Abwechslung und macht jeden Seminartag interessant. Auf der anderen Seite, wenn man ein „normales" Seminar hat – das war vor allem früher während meiner Selbstständigkeit so –, macht man eine lange und genaue Auftragsklärung und spricht mit dem Auftraggeber ab, welche Inhalte im Training enthalten sein sollen. Und dann steht man im Lehrsaal, und die Teilnehmenden möchten viel lieber andere Themen behandeln. Das bedeutet für mich als Trainer, dass ich meinen „mentalen Koffer" aufmachen und gucken muss, was ich noch dabei habe. Dann muss ich möglichst flexibel – zum Teil während der Mittagspause, sogar während der Einheiten und abends im Hotel – Inhalte anpassen. Es gilt, einen Kompromiss einzugehen zwischen den vom Auftraggeber geforderten Inhalten und dem, was die Klientel im Training hören möchte. Man muss also sehr viel Flexibilität mitbringen. Außerdem geht die Trainertätigkeit oft auch mit vielen Reisen einher: am Abend oder am Morgen davor anreisen, flexibel auf die unbekannten Teilnehmer eingehen, nicht wissen, wie der Ort aussieht, zwei Tage später unter Umständen schon wieder woanders hinfahren. Als flexibler Lebenswandel ist das durchaus reizvoll, aber auch stressig – das muss man abwägen. Gerade als selbstständiger Trainer, aber auch als angestellter Trainer kann man nicht alles planen. Unter Umständen leiden dann auch ab und zu private Termine.

I:

Uns würde interessieren, wie sich Ihre Arbeitszeit typischerweise über die Tage und über die Arbeitswoche hinweg verteilen.

MK:

Bei mir sieht es so aus wie wahrscheinlich bei den meisten Berufstätigen auch: Man hat eine bestimmte Wochenarbeitszeit, die man ableistet. Diese teilt sich allerdings danach auf, ob man einen Trainings- oder einen Konzeptionstag hat oder von zu Hause aus arbeitet. Generell sind Trainingstage länger, denn zu den acht Stunden Training kommen noch Vor- und Nachbereitungszeiten dazu. Wenn man an dem Tag anreist, ist das auch Arbeitszeit. Unter Umständen ist man von sieben Uhr morgens zwölf Stunden lang unterwegs. Typische Arbeitszeiten kann man daraus nicht ableiten, die gibt es eher an Konzeptionstagen oder bei administrativen Tätigkeiten. An solchen Tagen kann ich es flexibel kompensieren, dass der Tag vorher ein längerer war, indem ich etwas früher gehe. Klassisches Nine-to-Five gibt es in meiner Tätigkeit also nicht immer.

I:

Gibt es in Ihrem Bereich Unsicherheiten, wie beispielsweise befristete Arbeitsverträge, mit denen man zunächst lernen muss umzugehen?

MK:

Generell ist es wohl so, dass man schon sehr viel Glück haben muss, um nicht mit einem befristeten Vertrag anzufangen. Es ist inzwischen fast Standard: Meistens wird man als Berufseinsteiger/in auf zwei Jahre befristet eingestellt. Andererseits ist es jetzt zum Beispiel hier bei der Lufthansa so, dass man nach den zwei Jahren oft festangestellt wird. Das liegt normalerweise auch im Interesse des Arbeitgebers: Nach zwei Jahren Trainertätigkeit hat man sich unglaublich viel Wissen bezüglich der Seminarinhalte und der Durchführung angeeignet, und dies können Mitbewerber/innen nicht bieten. Im Sinne von „Brain-Drain" ist eine Festanstellung nach zwei Jahren schlicht effizienter für den Arbeitgeber. Von daher liegt hier eine Unsicherheit schon vor, aber damit kann man gerade als junger Mensch durchaus umgehen. Mit Mitte 30 oder 40, wenn man eine Familie ernähren möchte, kann das schon unangenehm sein. Aber als gut ausgebildeter Trainer findet man eigentlich immer eine Anstellung. Auf der anderen Seite kann einem in jedem großen Unternehmen auch eine Umstrukturierung blühen, und Team und Standort können sich überraschend schnell ändern. Das ist nicht nur bei den Lufthansaverträgen der Fall, fast jeder Arbeitsvertrag ermöglicht es Arbeitgebern, Arbeitnehmer/innen flexibel überall einzusetzen. Das ist allerdings sehr unwahrscheinlich. Grundsätzlich sind wir mit unserer Ausbildung als Pädagogische Psychologen und Psychologinnen ziemlich gut aufgestellt und finden eigentlich immer eine Arbeitsstelle.

I:

Zum Schluss noch eine letzte, zusammenfassende Frage: Würden Sie sich wieder für diese Laufbahn entscheiden? Und warum? Was schätzen Sie an Ihrem Beruf?

MK:

Ich würde diesen Beruf und die Laufbahn definitiv wieder einschlagen. Wenn ich jetzt noch mal an dem gleichen Punkt wäre wie vor einigen Jahren und mir überlegen müsste, was ich mit meiner Ausbildung nun mache – wie bereits vorher erwähnt bringt die Psychologie die Breite als Fluch und Segen mit sich –, ich würde diesen Weg einschlagen, da ich meinen Job sehr gerne mache. Gerade auch die Berufsgruppen, mit denen ich zu tun habe, die Piloten bzw. Pilotinnen und Flugbegleiter bzw. Flugbegleiterinnen, sind wirklich angenehme, hochmotivierte und freundliche Personen, die zwar auf der einen Seite einen hohen Anspruch, aber auch Verständnis für das mitbringen, was wir als Psychologen und Psychologinnen vermitteln. Auf der anderen Seite weiß ich, dass ich mit meinem Job auch viel bewege. Wir verkaufen nicht Seminarinhalte, sondern Sicherheit – mit dem, was wir Teilnehmenden beibringen, werden Flüge sicherer. Wenn man sich das bewusst macht, ist das ein angenehmes Gefühl. Man hilft Menschen außerdem nicht nur, ihren Job besser zu machen, sondern auch als Team effizient und gut zusammenzuarbeiten. Auch wenn man dann diese Aha-Erlebnisse in den Gesichtern der Teilnehmer und Teilnehmerinnen sieht, ein „Ach, deshalb ist das so!", ist das tagtäglich ein tolles Gefühl, weswegen ich meine Arbeit gerne mache.

Video des Interviews:

▶ https://tinyurl.com/Humanfac-Michael-Kutscher

Literatur

Badke-Schaub, P., Hofinger, G. & Lauche, K. (Hrsg.) (2012). *Human Factors: Psychologie sicheren Handelns in Risikobranchen.* Heidelberg: Springer.

Sonntag, K.-H. (2002). Personalentwicklung und Training. Stand der psychologischen Forschung und Gestaltung. *Zeitschrift für Personalpsychologie, 2,* 59–79.

Instructional Design

Philipp Starkloff

8.1 Einleitung – 84

8.2 Interview mit Dipl.-Psych. Philipp Starkloff – 84

Literatur – 92

Die Online-Version für das Kapitel (https://doi.org/10.1007/978-3-662-554411-1_8) enthält Zusatzmaterial, welches berechtigten Benutzern zur Verfügung steht. Laden Sie sich zum Streamen der Videos die „Springer Multimedia App" aus dem iOS- oder Android-App-Store und scannen Sie die Abbildung, die den „play button" enthält.

© Springer-Verlag GmbH Deutschland 2018
O. Dickhäuser, B. Spinath (Hrsg.), *Berufsfelder der Pädagogischen Psychologie*,
Meet the Expert: Wissen aus erster Hand, https://doi.org/10.1007/978-3-662-55411-1_8

8.1 Einleitung

Birgit Spinath

Rund um das Lernen und Arbeiten mit digitalen Medien (z. B. Internet, Podcasts) sind neue Berufsfelder für Pädagogische Psychologinnen und Psychologen entstanden. Ein Name, unter dem einige dieser Berufe zusammengefasst werden könne, ist Instructional Design. Obwohl Instructional Design kein neuer Begriff ist (z. B. Gagné und Driscoll 1988; Reigeluth 1993), so ist er doch wenig bekannt und weckt Neugier auf das dahinterstehende Berufsfeld. Eine deutsche Übersetzung könnte „Gestaltung von Lernerfahrungen" lauten. Auf der Basis wissenschaftlicher Erkenntnisse über die Funktionsweise des Lernens mit Medien werden Lern- und Arbeitsumgebungen gestaltet (zsf. Gagné et al. 2004). Dazu sind neben psychologischen Kenntnissen auch solche über digitale Medien erforderlich, also Kompetenzen im Bereich der Informatik. Expertinnen und Experten für Instructional Design werden überall dort gebraucht, wo neue Anwendungen für digitale Lern- und Arbeitsmedien entstehen. Das können Softwareunternehmen sein, aber auch andere Firmen oder Organisationen.

Im Folgenden wird das Berufsfeld Instructional Design bei einem der weltweit führenden Softwareunternehmen, SAP, vorgestellt. Zu diesem Zweck wurde Dipl.-Psych. Philipp Starkloff interviewt.

8.2 Interview mit Dipl.-Psych. Philipp Starkloff

Das Interview führten Steffen Müller und Elisa Svensson im Juni 2016.

Interviewer/in:
Ihr Arbeitsfeld trägt den Namen Instructional Design. Können Sie für uns Instructional Design definieren oder mit eigenen Worten beschreiben, was das bedeutet?

Dipl.-Psych. Philipp Starkloff:
„Instructional Design" ist ein englischsprachiger Begriff, den ich ins Deutsche mit „Gestalten von Lernerfahrungen" übersetzen würde. Es geht darum, Lernprozesse zu steuern, Lernumgebungen oder auch Lehrprozesse zu gestalten. Im Grunde kommt der Begriff aus der Schulpädagogik, nämlich, dass man Lehrern erklärt, wie sie am besten unterrichten. Das wird übertragen auf elektronische Medien.

I:
Wie kamen Sie auf das Feld Instructional Design? Haben Sie sich schon während des Studiums dafür interessiert?

PS:
Während des Studiums hatte ich zunächst den Schwerpunkt Sozialpsychologie gewählt und habe mich erst spät in die Richtung der Pädagogischen Psychologie orientiert. Anlass hat mir ein neuer Professor für Pädagogische Psychologie gegeben, dessen Schwerpunkt auf E-Learning und Erwachsenenbildung lag. Das war sehr anders als das, was ich vorher als Pädagogische Psychologie kennengelernt hatte, die den Schwerpunkt mehr auf Schule und Kinder richtet. Ich habe mich mit den E-Learning-Fragen beschäftigt und nach dem Studienabschluss in einem Forschungsprojekt in diesem Bereich gearbeitet. Das war der Start der Instructional-Design-Karriere.

8.2 · Interview mit Dipl.-Psych. Philipp Starkloff

I:

Was schätzen Sie an Ihrem Beruf?

PS:

Ich schätze am meisten, dass er sehr vielfältig ist. Es ist nicht festgelegt, was man genau zu tun hat. Ich habe viele Optionen. Zentrales Thema von Instructional Design ist der Umgang mit Menschen. Daher muss man viel kommunizieren, und das schätze ich sehr. Natürlich gehört auch viel Arbeit am Computer dazu.

I:

Welche Fähigkeiten, die Sie in Ihrem Studium gelernt haben, nutzen Sie heute in Ihrem Beruf?

PS:

Generell sind es Fähigkeiten der Selbstorganisation. Jeder Studierende lernt, sich zu orientieren, aus einer Informationsflut das auszuwählen, was relevant ist. Spezifische Fähigkeiten sind natürlich meine psychologischen Kenntnisse, die ich in die Arbeit einbringe.

I:

Aus dem Bereich der Pädagogischen Psychologie sind das …

PS:

Pädagogische Psychologie ist ja genau der Inhalt des Instructional Design. Da ist es sehr relevant, was die Pädagogische Psychologie lehrt. Das kann ich auch meistens direkt umsetzen.

I:

Können Sie an einem konkreten Beispiel beschreiben, wie Sie Ihre pädagogisch-psychologische Expertise im Berufsalltag einsetzen?

PS:

Ein Beispiel ist die Frage „Wann lohnt sich welche Art von medialer Aufbereitung?". Das kann eine Entscheidung sein, ob eine Grafik als Animation mit einem Sprechertext besser verständlich ist. Es geht über den Einzelfall hinaus aber auch um die Festlegung von Designstandards, beispielsweise wie viel Anteil an Animationen in E-Learning sinnvoll ist. Hinter diesen Entscheidungen stehen sowohl Kosten-Nutzen-Abwägungen als auch die Frage, was es wirklich für das Lernen bringt. Es kann durchaus sein, dass Animationen bei Lernern besser ankommen. Ob sie damit bessere Lernergebnisse erzielen, ist eine andere Frage.

I:

Welche Fähigkeiten zeichnen Sie als Experten für Instructional Design aus?

PS:

Der Instructional Designer braucht zum einen Designfähigkeiten, denn er gestaltet neue Dinge. Es ist eine nicht rein psychologische Qualifikation. Außerdem ist es Instruktion, also pädagogisches Wissen. Ich brauche zum einen Kenntnisse über Didaktik und zum anderen Kenntnisse darüber, wie man Dinge entwickelt. Wir Psychologen haben den Vorteil, dass wir wissen, wie der Mensch lernt. Praktisch tätige Pädagogen gibt es ja einige. Aber wir Psychologen haben tiefere Kenntnisse über Gedächtnisprozesse, und das ist, was Instructional Designer mit psychologischem Hintergrund auszeichnet. Es gibt auch Instructional Designer, die aus anderen Feldern kommen, vielleicht aus dem Lehramt, und sich dann in diese Richtung bewegen. Meiner Meinung nach ist es ein großer Vorteil, wenn man als Psychologe Instructional Designer wird, weil man ein tieferes Verständnis für die Lernprozesse besitzt.

I:
Welche Berufsgruppen kennen Sie neben Lehrern noch, die Instructional Designer werden?

PS:
Neben Pädagogischen Psychologen und Pädagogen gibt es Quereinsteiger. In den USA ist Instructional Design oft ein Aufbaustudiengang. Das wird zusätzlich angeboten. Im deutschsprachigen Raum ist es erst spät ein Studienthema geworden. Es gab erst so etwa vor 15 bis 20 Jahren die ersten Instructional-Design-Studiengänge mit dem Schwerpunkt auf Psychologie, z. B. an der Universität Freiburg. Aber im deutschsprachigen Raum ist Instructional Design anders positioniert als in den USA, woher das Prinzip kommt. Dort legt man meiner Ansicht nach mehr Wert auf konkrete Umsetzung von Prinzipien. Hier ist es vielleicht etwas theoretischer.

I:
Welche weiteren Fähigkeiten, wie z. B. BWL- oder IT-Kenntnisse, sind bei Ihnen von Bedeutung?

PS:
Wir sind ein IT-Unternehmen, ein Softwareunternehmen, und unsere Software ist betriebswirtschaftliche Software. Von daher brauche ich IT-Kenntnisse, und ich brauche BWL-Kenntnisse. Wenn ich Instructional Designer in einem Medizintechnikunternehmen wäre, dann wäre es hilfreich, wenn ich Kenntnisse von Medizin hätte. Es kommt immer auf das jeweilige spezifische Fachgebiet an, wobei viele Instructional Designer nicht festgelegt sind. Viele sind bei Agenturen beschäftigt, die für verschiedene Kunden arbeiten, und sich stets in neue Felder einarbeiten müssen – vergleichbar vielleicht mit Journalisten, die sich auch schnell in verschiedene Themen einarbeiten müssen. Man muss nicht Fachdidaktiker sein, aber es hilft, in diesen Bereichen einen Hintergrund zu besitzen.

I:
Haben Sie diese Kenntnisse, während Sie bei SAP eingearbeitet wurden, erworben, oder haben Sie sich vorher schon in IT und BWL weitergebildet, um bei der SAP einsteigen zu können?

PS:
In meinem Fall hatte ich nach dem Studium ein Unternehmen gegründet und war dort als Geschäftsführer tätig. Auf diesem Wege habe ich betriebswirtschaftliche Kenntnisse erlangt. Während des Studiums hatte ich mich teilweise auch damit beschäftigt. Ehrlicherweise hätte ich das vielleicht mehr machen sollen. Ich kann nur empfehlen, BWL als Nebenfach zu studieren. Was IT-Kenntnisse betrifft: Ich kann selber nicht programmieren. Ich bin kein Fachmann in dem Gebiet. Aber ich habe mir im Laufe der Zeit, auch vor der SAP-Zeit, Kenntnisse angeeignet, weil ich in dem Umfeld auch ständig tätig war.

I:
Wie häufig ist der Beruf des Instructional Designers in Deutschland oder global gesehen? Wo finden Instructional Designer die meisten Stellen?

PS:
Instructional Design ist ein Nischenberuf und ein sehr spezialisiertes Feld. Instructional Design ist geprägt von den USA, also dem angloamerikanischen Raum, woher diese Bewegung kommt.

Das lag an dem Interesse des Militärs, effektiv auszubilden, sowie an der Privatisierung der Bildungseinrichtungen. Ausbildung wurde ein kommerziell interessantes Geschäftsfeld. Hier bei uns ist es kein wirklich definiertes Berufsbild. Es gibt, glaube ich, eher wenige, die wirklich als Instructional Designer eingestellt werden und diesen Titel tragen. Die meisten Instructional Designer sind in großen Unternehmen in der Personalabteilung zu finden. Sie sind in der Weiterbildung und auch in der Personalentwicklung tätig. Es gibt viele Instructional Designer, die bei unabhängigen Beratungsorganisationen oder auch bei Agenturen arbeiten, die beispielsweise E-Learning-Programme erstellen, und dort diese Inhalte zu erstellen. Zahlen kann ich leider keine nennen. In den USA ist das Berufsbild populärer als in Deutschland. Ich würde sagen, in Deutschland ist auch der Begriff nicht so geläufig. Es gibt bei uns auch den Begriff des Learning Professionals, ebenfalls ein englischsprachiger Begriff. Da es noch andere Bezeichnungen gibt, die aber inhaltlich dem ähnlich sind, was ein Instructional Designer macht, lässt sich statistisch schwer erfassen, wie viele Stellen es gibt.

I:
Zu Ihren Aufgaben gehört unter anderem die Evaluation. Was genau evaluieren Sie, und welche Methoden verwenden Sie dafür?

PS:
Evaluation ist ein zentraler Bestandteil und wichtig für Instructional Design. Naheliegend ist natürlich, den Lernerfolg zu messen, zum Beispiel die Lernerfolgskontrolle; darüber hinaus etwa auch die Zertifizierung. Wir haben Zertifizierungsprogramme, bei denen man psychometrische Verfahren einsetzt, um nachzuweisen, ob jemand qualifiziert ist, einen bestimmten Beruf auszuüben, Geräte oder Software zu bedienen. Das ist der Teil der Evaluation, der sich direkt mit dem Lernen beschäftigt. Aber darüber hinaus ist für uns sehr relevant die Return-of-Investment-Messung, also die betriebswirtschaftliche Evaluation. Bringt Lernen etwas? Was ist der Mehrwert von Lerninvestitionen? Lernen ist eine Investition in Mitarbeiter, und wir müssen als Instructional Designer nachweisen, dass unser Einsatz und die Kosten etwas bringen, aber auch, dass die Lernprogramme, die wir entwickeln, besser sind als die, die ohne Instructional Designer oder die von der Konkurrenz gemacht werden. Deswegen ist man bestrebt, den Return on Investment nachzuweisen. Da gibt es verschiedene Verfahren und Modelle. Aber es ist natürlich sehr schwierig, harte Kennzahlen zu liefern für eher softe Themen wie Lernen.

Neben betriebswirtschaftlichen Kennzahlen wollen wir erfassen, wie die Programme insgesamt ankommen und wie diese im Rahmen einer Optimierung weiterentwickelt werden können. Es gibt Evaluationsverfahren, die die sogenannte User Experience messen, um im Detail nachzuweisen, wie Nutzer mit Software umgehen. Können unsere Lerner mit der Lernsoftware umgehen? Können unsere Kunden mit der SAP-Software umgehen? Das wird ständig evaluiert und optimiert. Evaluation ist ein sehr zentrales Thema.

I:
Welche konkreten Verfahren gibt es zur Evaluation?

PS:
Um Massendaten zu bekommen, verwenden wir sehr viele Fragebögen. Meistens sind das elektronische Fragebögen. Papier wird nicht mehr verwendet. Aber Fragebögen geben nur einen begrenzten Einblick. Wenn qualitative Erkenntnisse gefragt sind, werden Beobachtungsverfahren eingesetzt, bei denen Teilnehmer am Rechner sitzen und bestimmte Aufgaben erhalten. Das wird dann mit Videokamera aufgezeichnet. Zum Teil sind das auch sehr elaborierte Verfahren, bei denen Augenbewegungskameras eingesetzt werden. Dort sind Beobachter im Raum, die Protokolle führen.

Entweder wird nach vorher festgelegten Verfahren kodiert, oder es wird explorativ geschaut: Wie ist der Umgang, was passiert hier? Im Prinzip werden im Nachgang die Kriterien identifiziert, die relevant sind, beispielsweise, ob jemand erfolgreich Software bedienen oder auch erfolgreich lernen kann. Das sind natürlich sehr aufwendige Verfahren, das heißt, es bietet sich eine Kombination an. Massendaten werden über Fragebögen erhoben und dann über tiefer gehende Verfahren, wie Interviews oder Verfahren im Labor, um zu sehen, wie die Teilnehmer agieren und wo die Probleme sind. Wir haben hier bei SAP Labore, wo wir Softwareinteraktionen studieren.

I:
Was können Sie Studierenden raten, die sich für dieses Berufsfeld interessieren?

PS:
Wichtig bei Instructional Design ist, offen zu sein, weil es kein klar definierter Bereich ist. Es ist ein sehr dynamisches Feld. Es gibt heute generell wenige stabile Berufsfelder. Berufe sterben schnell aus, und der Beruf des Instructional Designers ist kaum entwickelt. Dann droht er vielleicht schon auszusterben. Wer sich zu schnell festlegt, läuft Gefahr, dass er in einem Bereich arbeitet, der zu speziell und dann vielleicht nicht mehr gefragt ist. Offenheit und Neugierde sind sehr zentral, sodass man sich gegebenenfalls auch umorientieren kann.

I:
Was sind die besten Studieninhalte, an denen man sich orientieren kann?

PS:
Zentral ist natürlich die Pädagogische Psychologie für Studierende im Grundstudium, die sich vielleicht schon für Instructional Design interessieren. Die Allgemeine Psychologie ist ebenfalls sehr relevant. Dort werden auch die Lehr-Lern-Prinzipien geschult. Wie lernen wir? Weiterhin die Differentielle Psychologie, um Diagnostikverfahren und deren Anwendung zu verstehen. Auch sehr relevant, in meinem Fall, war der Schwerpunkt Sozialpsychologie. Es ist schwer eine Empfehlung zu geben. Aber natürlich ist Pädagogische Psychologie das zentrale Thema.

I:
Kommen wir nun zum zweiten Block: das Unternehmen. Sie sind bei SAP angestellt. Was ist SAP für ein Unternehmen?

PS:
SAP ist Europas größtes Softwarehaus. Wir sind Marktführer im Bereich betriebswirtschaftlicher Software. Wir streben die Marktführerschaft im Bereich Cloud Computing an. Die Technologien verändern sich ständig, und SAP ist bestrebt, den Markt anzuführen. In Bezug auf Lernen ist SAP eines der größten IT-Ausbildungshäuser. Unsere Schulungsabteilung ist global aufgestellt. Im Hinblick sowohl auf die Anzahl der Trainings als auch die Anzahl der Teilnehmer hat SAP einen sehr hohen Stand weltweit. Wir haben sehr viele Programme, die sich mit Wissensaustausch beschäftigen. International gibt es beispielsweise Kooperationen mit Universitäten über unsere SAP University Alliance. SAP stellt zum Beispiel kostenlose Schulungsprogramme wie openSAP bereit, mit denen wir Hunderttausende von Studenten und professionellen Beratern erreichen. Insgesamt kann man sagen, dass SAP eines der führenden Softwareunternehmen ist. SAP ist auch führend im Bereich des Online-Lernens.

I:
Was ist Ihre Aufgabe in diesem Unternehmen?

8.2 · Interview mit Dipl.-Psych. Philipp Starkloff

PS:
Als ich 2004 hier angefangen habe, war meine Aufgabe, E-Learning zum Erfolg zu bringen. Wir hatten damals nur Ansätze von E-Learning-Programmen. Ich habe ein Instructional-Design-Team aufgebaut und über acht Jahre lang global geführt. Am Schluss waren es etwa zwölf Mitarbeiter, und wir haben ein sehr umfangreiches Programm an E-Learning-Inhalten entwickelt. Das war mein erster Schwerpunkt in der Firma. Derzeit besteht er darin, Lernprogramme in die Softwareapplikationen zu integrieren. Kunden können beim Bedienen der Software gleichzeitig integriert lernen.

I:
Können Sie uns sagen, wie viele Psychologen in etwa bei SAP arbeiten und in welchen Arbeitsfeldern?

PS:
Es gibt sehr wenige Mitarbeiter, die als Betriebspsychologen mit therapeutischem Hintergrund hier arbeiten. Es gibt auch Mitarbeiter, die Coaching-Tätigkeiten anbieten, zum Beispiel therapeutische Beratungstätigkeiten. Das sind aber meistens keine Vollzeitbeschäftigungen, sondern zusätzlich zu der Haupttätigkeit. Das wird nicht nur von Psychologen angeboten, sondern auch von anderen Berufsfeldern. Daneben arbeiten vermutlich die meisten Psychologen im Bereich der Personalentwicklung oder im Bereich Human Resources, sprich der Personalabteilung. Man findet Psychologen auch im Bereich der Softwareentwicklung. Ich kenne außerdem Kollegen, die programmieren, obwohl sie Psychologie studiert haben.

I:
Sind das dann Psychologen, die die Absicht haben, die Programme so zu gestalten, dass die Programme entweder einfach einzusetzen oder leicht zu verstehen sind?

PS:
Nein, das sind Mitarbeiter, die einen psychologischen Hintergrund haben. Sie haben Psychologie studiert, einen Abschluss in Psychologie. Aber man kann sagen, dass sie eigentlich nicht mehr als Psychologen arbeiten, sondern beispielsweise Software programmieren und ihre Kenntnisse dort einbringen. Aber sie sind nicht als Psychologen eingestellt, sondern arbeiten beispielsweise als Programmierer.

I:
In welcher Abteilung arbeiten Sie, und mit welchen anderen Professionen arbeiten Sie zusammen?

PS:
Ich arbeite in einer Abteilung, die sich „Knowledge Transfer and Education" nennt. Wir beschäftigen uns damit, Wissen sowohl ins Unternehmen zu bringen, also Mitarbeiterausbildungsprogramme zu gestalten, als auch Kunden und Partner auszubilden. Die Abteilung hat in etwa 400 Mitarbeiter, natürlich nicht nur Instructional Designer. Ich bin in einem Design-Team mit etwa zehn bis 15 Mitarbeitern. Wir arbeiten neben Lehr- und Lernprogrammen auch an Themen wie Wissensmanagement und neueren Verfahren, beispielsweise Gamification, also wie man Mitarbeiter motivieren kann zu lernen.

I:
Und die Mitarbeiter in Ihrem Team, sind das dann auch Instructional Designer, also im engeren Team direkt?

PS:

Wir sind ein Design-Team, wobei sich vom Selbstverständnis her nicht alle Mitarbeiter als Instructional Designer bezeichnen würden. Man kann generell sagen, dass es wahrscheinlich nicht sehr viele Mitarbeiter gibt, die Vollzeit Instructional Design machen. Aber es gibt doch einen Anteil von Mitarbeitern, die sich mit dem Thema Instructional Design in ihrem Beruf befassen. Wir nennen diese Berufsgruppe Learning Professionals. Das sind Mitarbeiter, die sich mit Lernen beschäftigen, und ein Teil der Arbeit ist Instructional Design. Wie groß dieser Bereich ist, ist schwer zu sagen. Wir haben Communities mit etwa 200 Mitarbeitern. Das gibt vielleicht in etwa einen Anhaltspunkt für die Größenordnung.

I:

SAP ist ja ein großes Unternehmen mit vielen Mitarbeitern. Sie haben eben schon angerissen, dass Sie auch mit anderen Berufsgruppen zu tun haben. Mit welchen arbeiten Sie konkret noch zusammen?

PS:

Generell arbeiten wir als Instructional Designer sehr viel mit sogenannten Subject Matter Experts. Das sind Fachexperten, die sich jeweils mit bestimmten Inhalten auskennen und diese Inhalte schreiben. Instructional Designer sorgen dafür, dass das Wissen, das diese Mitarbeiter haben, verständlich an andere Mitarbeiter, Kunden oder Partner weitergegeben werden kann. Insofern arbeiten wir mit Mitarbeitern zusammen, deren Hintergrund eher Informatik ist. Häufig sind es auch Naturwissenschaftler oder Ingenieure. SAP ist im Prinzip eine Ingenieursfirma, eine Software-Ingenieursfirma. Wir haben natürlich auch sehr viele Wirtschaftswissenschaftler, beispielsweise im Bereich des Vertriebs. Je nach Schwerpunkt, was ein Instructional Designer inhaltlich macht, hat er mit ganz unterschiedlichen Berufsfeldern zu tun. Und das macht den Job interessant.

I:

Kommen wir nun zum dritten Block: Entwicklung des Berufsfeldes. Welche Prozesse haben sich über die Jahre innerhalb des Instructional Designs verändert?

PS:

Instructional Design ist eine relativ junge Disziplin. Ich würde sagen, es hat sich in der Mitte des letzten Jahrhunderts entwickelt, zumindest als Begriff rauskristallisiert. Aus meiner eigenen Erfahrung kann ich sagen, dass der Schwerpunkt in der Vergangenheit sehr stark auf Schulungen lag, z. B. Klassenraumschulungen, sowie auf Inhalten, wie z. B. das Entwickeln von Lehr- und Lernmaterialien. Dazu gehören Trainingshandbücher und auch E-Learning. Der Fokus lag dort stark auf der inhaltlichen Ebene. Nach meiner Einschätzung wird heute der Schwerpunkt auf die gesamte Erfahrung, die Lernerfahrung, gelegt. Dazu gehören natürlich auch die Inhalte. Aber man sieht, dass heute ganzheitlicher gearbeitet wird. Es fängt im Prinzip schon an mit dem ersten Kontakt zu Lernen – und der Analyse, in welchen Umständen, also in welchem Kontext, Lernen stattfindet. Dementsprechend müssen die Lernformen angepasst werden. Es wird immer vielfältiger. Was früher sehr beschränkt war auf ein Medium, wird heute multimedial aufbereitet, sowohl textlich als auch grafisch oder audiovisuell mit Video. Es gibt weiterhin den Trend, dass Inhalte immer kleiner werden. Das nennt man Microlearning. Das liegt einfach daran, dass Lernen im Arbeitskontext stattfindet. Die Mitarbeiter gehen heute nicht mehr fünf Tage auf Schulung, sondern haben fünf Minuten Zeit zwischen anderen Tätigkeiten. Deswegen müssen sich die Lern- und Lehrformen einfach dem Arbeitsalltag anpassen.

In Bezug auf die Arbeitsweise des Instructional Design, gibt es ebenfalls Veränderungen. Früher war es ein eher linearer Prozess. Die Erstellung von Lernmaterialien folgte dem sogenannten ADDIE-Prinzip (ADDIE = Analysis, Design, Development, Implementation, Evaluation), das heißt, man tätigt eine Analyse, führt dann ein Design vom Material durch und entwickelt anschließend. Danach wird das Lernprogramm implementiert und später evaluiert. Dieses Modell wurde eigentlich weitgehend abgelöst durch dynamischere, agilere Modelle. Diese Entwicklungen finden auch in anderen Bereichen statt, wie der Automobilindustrie. Von dort stammen Lean- und SCRUM-Modelle, agile Entwicklungsmethoden. Aber auch in der Softwareentwicklung gibt es heute iterative Entwicklungsmodelle, die diese sogenannten Wasserfall-Projektmanagement-Methoden weitgehend abgelöst haben.

I:
Wie sehen Sie die Veränderung in Bezug auf Technik und Medien?

PS:
Die Veränderungen sind revolutionär. Das Internet hat sich extrem verändert. Es hat innerhalb von kürzester Zeit unsere ganzen Lebensgewohnheiten verändert. Was früher lokal gebunden war, ist heute durch mobile Geräte überall möglich. Den Ausspruch „anytime, anywhere" gibt es schon lange. Seit ich mich mit dem Thema beschäftige, hat er eine ganz andere Dimension gewonnen. „Anytime, anywhere" bedeutet eben heute nicht mehr, dass man den Laptop irgendwo mit hinnimmt und am Flughafen arbeitet. Sondern es ist wirklich „anywhere": Wir haben unsere Mobilgeräte ständig um uns herum. Es gibt kaum noch Orte, wo wir nicht vernetzt sind. Der Anspruch des Lernens ist dementsprechend ein anderer. Das heißt, Lernen findet nicht mehr am Block statt, sondern in kleinen Häppchen. Auch was die Mediennutzung angeht, ist es heute nicht nur Konsum, sondern es ist auch Erstellen. Es gibt den Begriff des User-Generated Content, und Internet bedeutet nicht nur, Dokumente zu laden, sondern auch, sich mit anderen zu vernetzen. Das ist eigentlich der Zweck des Netzes gewesen, und das findet immer mehr statt. Communities dienen dazu, Netzwerke zu pflegen, zu bilden, und in diesen Netzwerken lernt man auch. Man lernt nicht nur von Dokumenten oder von Medien. Man lernt auch vom Austausch mit anderen, sowohl offline als auch online.

I:
Ist es dann auch so, dass Sie sich stetig weiterbilden müssen? Welche neuen Möglichkeiten und welche neuen Medien gibt es?

PS:
Genau. Wir müssen uns natürlich weiterbilden. Wobei unser Anspruch nicht ist, dass wir nur mitbekommen, was sich verändert, sondern wir wollen ja diese Veränderungen antreiben. Wir sitzen in unserem Unternehmen an der Quelle. Wir entwickeln diese Veränderungen. Deswegen ist es wichtig, dass wir als Instructional Designer innovativ sind und dass wir diese neuen Methoden ausprobieren, dass wir sie weiterentwickeln, dass wir sie auf andere Felder anwenden. Entwickelt wird aktuell im betriebswirtschaftlichen Bereich das Internet of Things: Überall gibt es Sensoren. Es gibt Datenbrillen, Augmented Reality. Es gibt viele neue Technologien und auch analytische Verfahren. Stichwörter sind: Big Data oder Predictive Analytics. Also viele Buzzwords, viele Schlagwörter, die heute populär sind und erst einmal nichts mit Lernen zu tun haben. Wir versuchen natürlich, das für das Lernen zu nutzen. Wir können Sensoren nutzen, weil wir dann mehr Kontextinformationen haben und Lernen entsprechend in das Arbeitsumfeld bringen können. Anstatt im Klassenraum zu lernen, wird eben direkt in der Produktionsstraße, in Gebäuden, in der realen Umgebung gelernt. Die Lernenden müssen sich nicht mehr an einen PC setzen, sondern bekommen über Kopfhörer oder über Datenbrillen direkt das Wissen in der Situation. Das sind die Entwicklungen, die im Moment in den Anfängen sind und die wir als

Instructional Designer vorantreiben müssen, weil das insgesamt die Lebenswelt ist. Es ist nicht so, dass wir hier exotische Lernverfahren betreiben, sondern die Technik beeinflusst die Gesellschaft und den Lebensalltag von uns allen.

I:
Wo sehen Sie sich und Ihren Beruf in 20 Jahren?

PS:
In 20 Jahren kann ich, glaube ich, hoffentlich über die Rente nachdenken. Wo man den Beruf in 20 Jahren sieht, ist, offen gesagt, heute nicht seriös vorhersagbar. Berufe können innerhalb von einem Zeitraum von fünf Jahren zum Teil komplett verschwinden. 20 Jahre würden reichen, dass man sich an Instructional Design nicht mehr erinnern kann. Allerdings habe ich die Hoffnung, dass das nicht der Fall ist, weil Wissen einen immer größeren Stellenwert erreicht in unserer Gesellschaft. Es ist nicht mehr die Produktion, es ist nicht mehr die manuelle Arbeitsleistung, die sozusagen den Wert darstellt, sondern es ist vorrangig das Wissen. Und nur mit Wissen kann ich auch diese ganzen neuen Technologietrends verstehen und beherrschen und einen Mehrwert einbringen. Insofern werden Lernen und Lehren meiner Ansicht nach in 20 Jahren einen höheren Stellenwert haben als heute. Von daher bin ich guter Hoffnung, dass es sich lohnt, sich auch heute für Instructional Design zu entscheiden.

Video des Interviews:

► https://tinyurl.com/Instruc-Philipp-Starkloff

Literatur

Gagné, R. M. & Driscoll, M. P. (1988). *Essentials of learning for instruction.* Englewood Cliffs, NJ: Prentice-Hall.
Gagné, R. M., Wager, W. W., Golas, K. & Keller, J. M. (2004). *Principles of Instructional Design* (5th Aufl.). New York: Holt, Rinehart and Winston.
Reigeluth, C. M. (Ed.) (1993). *Instructional-design theories and models* (1st Aufl.). New York: Routledge.

Bildungsadministration

Jessica Phillipp

9.1 Einleitung – 94

9.2 Interview mit Dr. Jessica Phillipp – 94

Literatur – 104

Die Online-Version für das Kapitel (https://doi.org/10.1007/978-3-662-554411-1_9) enthält Zusatzmaterial, welches berechtigten Benutzern zur Verfügung steht. Laden Sie sich zum Streamen der Videos die „Springer Multimedia App" aus dem iOS- oder Android-App-Store und scannen Sie die Abbildung, die den „play button" enthält.

© Springer-Verlag GmbH Deutschland 2018
O. Dickhäuser, B. Spinath (Hrsg.), *Berufsfelder der Pädagogischen Psychologie*,
Meet the Expert: Wissen aus erster Hand, https://doi.org/10.1007/978-3-662-55411-1_9

9.1 Einleitung

Birgit Spinath

Mit Bildungsadministration sind diejenigen übergeordneten Instanzen gemeint, die für die Steuerung des Bildungswesens zuständig sind. Auf der obersten Ebene sind dies politische Instanzen wie das Bundesministerium für Bildung und Forschung (BMBF) oder die jeweiligen Kultusministerien in den Bundesländern. Da Bildung Ländersache ist, sind die Landesministerien für die Steuerung der Bildung sehr wichtig. Da Bildung jedoch auch über Ländergrenzen hinweg gewisse Vereinheitlichungen und Abstimmungen benötigt, sind die 16 zuständigen Kultusminister in der Kultusministerkonferenz (KMK) zusammengeschlossen. In den Ländern sind verschiedene Einrichtungen für die Umsetzung der politischen Vorgaben zur Steuerung des Bildungssystems zuständig. Dies sind zum einen die Kultusministerien und zum anderen die darunter liegenden Ebenen der Schulaufsicht. Flächenstaaten sind typischerweise in Bezirke unterteilt, denen jeweils mittlere Behörden (Bezirksregierungen, Regierungspräsidien etc.) vorstehen. Diese sind direkte Ansprechpartner von Schulen und anderen Bildungseinrichtungen. Eng mit der Bildungsadministration zusammen arbeiten auch Institute für Qualitätsentwicklung und Bildungsmonitoring (▶ Kap. 11), die in vielen Bundesländern und durch die KMK infolge der internationalen Bildungsstudien eingerichtet wurden (z. B. Institut für die Qualitätsentwicklung im Bildungswesen, Institut für Schulqualität der Länder Berlin und Brandenburg; KMK 2015). Die Aufgabe dieser Institute besteht darin, Daten als Grundlage für Entscheidungen der Bildungsadministration zur Verfügung zu stellen (z. B. Schaal und Huber 2010).

Im Folgenden wird das Berufsfeld Bildungsadministration durch Dr. Jessica Phillipp vorgestellt. Sie arbeitet als Referentin und Psychologische Schulberaterin und ist die stellvertretende Leiterin des Referats 77 (Qualitätssicherung und -entwicklung, Schulpsychologische Dienste) im Regierungspräsidium Karlsruhe.

9.2 Interview mit Dr. Jessica Phillipp

Das Interview führten Wiebke Krieger und Isabelle Gebler im Mai 2016.

Interviewerin:

Schönen guten Tag, Frau Dr. Phillipp. Vielen Dank, dass Sie sich heute für uns Zeit genommen haben. Wir würden gleich mit der ersten Frage anfangen: Was bedeutet eigentlich der Titel „Psychologiedirektorin"?

Dr. Jessica Phillipp:

Das ist eine Amtsbezeichnung einer Beamtin, vergleichbar zum akademischen Direktor einer Universität.

I:

Und was für ein Studium haben Sie dafür absolviert?

JP:

Ich habe an der Universität Heidelberg Psychologie auf Diplom studiert und im Nebenfach Betriebswirtschaftslehre.

9.2 · Interview mit Dr. Jessica Phillipp

I:
Auf welchem Weg sind Sie zu Ihrem jetzigen Berufsfeld gekommen?

JP:
Ich hatte im Studium die Schwerpunkte Arbeits- und Organisationspsychologie und Pädagogische Psychologie. Als studentische Hilfskraft konnte ich in verschiedenen anwendungsbezogenen Projekten arbeiten. Nach dem Studium habe ich zunächst angefangen, in einer Unternehmensberatung zu arbeiten. Ich habe für mich allerdings relativ schnell festgestellt, dass mich das nicht bis zum Rentenalter tragen wird. Ich bin dann nochmals an die Universität nach Freiburg zurückgegangen, habe im Bereich „Lernen mit neuen Medien" promoviert und war auch an der Pädagogischen Hochschule in der Lehrerausbildung tätig. Als ich mit der Promotion fertig war, habe ich mich auf eine Stellenausschreibung am Regierungspräsidium Stuttgart beworben, in der eine Psychologin gesucht wurde, die Kenntnisse aus der Arbeitspsychologie, der Pädagogischen Psychologie, der Lehr- und Lernpsychologie sowie der Kognitiven Psychologie mitbringt.

I:
Und über das Regierungspräsidium Stuttgart sind Sie dann nach Karlsruhe gekommen?

JP:
Ja, allerdings nicht auf direktem Weg. Zwischen den beiden Stationen war ich am Staatlichen Schulamt Rastatt tätig und habe dort die Schulpsychologische Beratungsstelle aufgebaut. Diese wurde 2008 neu eingerichtet.

I:
Haben Sie sich am Anfang Ihrer Tätigkeit schnell in Ihre Aufgaben eingefunden?

JP:
Als ich an den Start gegangen bin, war die Stelle, für die ich vorgesehen war, längere Zeit unbesetzt. Ich musste daher ins kalte Wasser springen und mir selbst einen Überblick über die Aufgabenbereiche verschaffen. Ich hatte damals drei sehr erfahrene Kollegen, die mich in der Einarbeitungsphase sehr unterstützt haben. Ich konnte sie immer um Rat fragen, aber ich musste auch schnell selbst schwimmen lernen. Einer meiner erfahrenen Kollegen sagte damals zu mir, dass man eigentlich fünf bis zehn Jahre brauche, bis man in alle Feinheiten eingearbeitet ist. Am Anfang konnte ich nicht wirklich verstehen, was er meint, und mittlerweile bin ich jetzt selbst mehr als zehn Jahre dabei und kann nachvollziehen, was er meinte. Bis man beispielsweise die rechtlichen Hintergründe kennt, die für verschiedene Fragestellungen im Kontext Schule eine Rolle spielen, einen Einblick oder verschiedene Fallkonstellationen erlebt hat, das dauert eine Weile. Auch inhaltlich sind die Fragestellungen, die beispielsweise an den Schulpsychologischen Beratungsstellen anlanden, sehr breit gestreut: Lern- und Leistungsprobleme, motivationale Probleme, Fragen im Anschluss an Diagnosen wie LRS oder ADHS, Konflikte, Krisensituationen etc.

I:
Können Sie uns etwas über die Organisation, in der Sie jetzt arbeiten, sagen? Welche Aufgaben übernimmt das Regierungspräsidium, und wie ist Ihr Aufgabenfeld darin eingebettet?

JP:
Die Schulverwaltung ist dreigliedrig aufgebaut. Oberste Kultusbehörde ist das Kultusministerium. Dann gibt es in Baden-Württemberg vier Regierungspräsidien als staatliche Mittelbehörde, die

sogenannte obere Schulaufsicht, in der unter einem Dach die verschiedenen Zuständigkeiten, die auf Ministerialebene noch auf die verschiedenen Fachressorts aufgeteilt sind, zusammenkommen und gebündelt sind. Die Abteilung 7 im Regierungspräsidium heißt Abteilung „Schule und Bildung" und ist zuständig für die Schulverwaltung und Schulaufsicht. In der Abteilung 7 ist Referat 77 – das ist das Referat, in dem ich arbeite –, ein klassisches Querschnittsreferat. Bei uns sind die schulartübergreifenden Unterstützungsmaßnahmen wie Beratung und Lehrkräftefortbildung für Schulen verortet. Hier sind u. a. die Steuerung und Koordination der Beratungslehrkräfte, der Präventionsbeauftragen und der Fachberater Schulentwicklung angesiedelt. Weiterhin liegt im Referat 77 die fachliche Zuständigkeit für die Schulpsychologischen Beratungsstellen an den Staatlichen Schulämtern, den sogenannten unteren Schulaufsichtsbehörden. Außerdem steuert und koordiniert Referat 77 die schulartübergreifende regionale Lehrkräftefortbildung für den Regierungsbezirk.

I:
Beteiligen Sie sich zudem auch an der Konzeption neuer Bildungsrichtlinien?

JP:
Die Konzeption neuer Bildungsrichtlinien ist auf der Ebene des Ministeriums angesiedelt. Es kann vorkommen, dass ein Schulpsychologe in eine Konzeptionsgruppe zu neuen bildungspolitischen Entwicklungen eingebunden wird, aber grundsätzlich ist es nicht die Aufgabe unseres Referats, diese zu erarbeiten.

I:
Aus welchen Mitarbeitern setzt sich Ihr Referat noch zusammen?

JP:
Wir sind ein interdisziplinär arbeitendes Referat. Hier arbeiten fünf Psychologinnen, mehrere Pädagoginnen und Pädagogen, die u. a. zuständig sind für die Lehrkräftefortbildung oder auch die Bildungsregionen, die in Referat 77 koordiniert werden.

I:
Sie bieten sowohl präventive als auch intervenierende Maßnahmen an. Welche überwiegen nach Ihrer Erfahrung?

JP:
Ich finde, das lässt sich nicht immer leicht trennen. Es gibt beides. Die Präventionsbeauftragten, die von Referat 77 gesteuert und koordiniert werden, unterstützen die Schulen primär bei der präventiven Arbeit im Bereich Suchtprävention, Gewaltprävention und Gesundheitsförderung. Schulpsychologen und Beratungslehrkräfte wirken durch ihr Tun durchaus auch präventiv, aber intervenieren natürlich auch auf Wunsch von Eltern, Schülern oder Lehrkräften, z. B. bei Lern- und Leistungsproblemen, bei motivationalen Problemen und bei Verhaltensproblemen. Wird beispielsweise bei einem Mobbingfall eine Klassenintervention durchgeführt, kann diese auch präventiv wirken, indem sie einer langfristigen psychischen Belastung des Mobbingopfers vorbeugen kann.

I:
Zu den Aufgaben des Referats gehören unter anderem auch die Unterstützung der Qualitätssicherung und Qualitätsentwicklung an Schulen. Auf welche Weise unterstützen Sie Schulen bei diesen Prozessen?

JP:

Im Referat 77 ist auch die Beratergruppe der Fachberater Schulentwicklung angesiedelt. Das sind Pädagogen, die sehr umfänglich in Themen wie Organisationsentwicklung, Schulentwicklung und Qualitätsentwicklung weitergebildet wurden. Schulen können diese Kollegen für Beratung oder die Begleitung von Veränderungsprozessen anfragen. Außerdem bieten sie Fortbildungen für Schulen und Lehrkräfte rund um das Themenfeld Gestaltung von Veränderungsprozessen und Qualitätsentwicklung an.

I:

Als besonderen Service Ihres Referats nennen Sie die psychologische Schulberatung. Was genau wird darunter verstanden?

JP:

Die Psychologinnen hier im Referat haben zwei sehr unterschiedliche Aufgabenbereiche. Der erste Aufgabenbereich ist die Referententätigkeit, das heißt, wir sind wie bereits beschrieben zuständig für die Steuerung und Koordinierung der verschiedenen Beratergruppen. Daneben beraten wir auch selbst. Wir bieten pädagogischen Führungskräften Beratung an und übernehmen Konfliktmoderationen im schulischen Kontext.

I:

Wie helfen Sie Lehrkräften bei der Weiterentwicklung ihres Unterrichts?

JP:

Die regionale Lehrkräftefortbildung bietet Lehrkräften hierzu vielfältige Angebote. Diese werden durch eine pädagogische Kollegin in Zusammenarbeit mit den Staatlichen Schulämtern gesteuert und koordiniert.

I:

Ihr Referat bietet zusätzlich Maßnahmen zur Förderung der Lehrergesundheit an. Könnten Sie bitte beschreiben, wie man dabei vorgeht, um Verbesserungen zu bewirken?

JP:

Ich denke, dass relativ viele unserer Unterstützungsleistungen mittelbar auch der Gesundheit zuträglich sind. Zum Beispiel kann Qualitätsentwicklung an Schulen auch für Entlastungsmomente bei Lehrkräften sorgen. Es gibt außerdem im Bereich der Lehrkräftefortbildung verschiedene Angebote, die explizit auf die Gesundheit zielen und diese unterstützen sollen, z. B. indem sich Lehrkräfte gegenseitig im Unterricht besuchen und Rückmeldung dazu geben. Dies wird im Rahmen einer Fortbildungsmaßnahme angeleitet und begleitet. Zudem bieten Schulpsychologen Fortbildungen zu diesem Themenbereich an, führen pädagogische Tage an Schulen durch und stehen Lehrkräften natürlich zur Verfügung, wenn diese sich eine individuelle Beratung wünschen.

I:

Das heißt, das sind durchaus auch längerfristige Projekte?

JP:

Es gibt auf jeden Fall längerfristige Angebote und Maßnahmen, die nicht nur punktuell stattfinden.

I:
Sie übernehmen außerdem die Ausbildung und Supervision von Beratungslehrkräften. Welche Tätigkeiten übernehmen diese besonderen Lehrkräfte?

JP:
Beratungslehrkräfte sind Stammlehrkräfte einer Schule, die an der Schule angesiedelt sind und die Anrechnungsstunden bekommen, um Schüler, Eltern und auch Lehrkräfte zu beraten. Dabei geht es insbesondere um Schullaufbahnberatung sowie Beratung und Unterstützung bei Lern- und Leistungsproblemen.

I:
Übernehmen Sie eine Zwischenfunktion zwischen den Beratungen, die die Agentur für Arbeit anbietet, und zwischen den Schülern selbst?

JP:
Es ist eine deutlich schulnähere Beratung, würde ich sagen. Dabei geht es um Leistungsprobleme, die konkret an der Schule auftreten und folglich möglichst niederschwellig beraten und gelöst werden sollen. Schullaufbahnberatung bezieht sich darauf, Anschlussmöglichkeiten aufzuzeigen. Wenn ein Schulabschluss erreicht wurde – welcher schulische Anschluss ist beispielsweise darauf aufbauend möglich? Oder welche schulischen Wege führen zu einem bestimmten Abschluss?

I:
Wie lange gibt es dieses Konzept der Beratungslehrer bereits, und hat es sich bewährt?

JP:
Genau kann ich es nicht beantworten, aber ich würde sagen, dass die Wurzel in den 1970er Jahren liegt. Das Konzept gibt es schon eine ganze Weile, und aus unserer Sicht hat es sich sehr bewährt. Ich weiß, dass viele Schulen sehr froh sind, dass sie die Beratungslehrkräfte haben. Es sind sehr kompetente und für uns sehr wertvolle Kollegen an den Schulen vor Ort, mit denen wir viel zusammenarbeiten.

I:
Mit welchen Maßnahmen unterstützen Sie die Aufgaben Schülermitverantwortung und Elternarbeit?

JP:
Die SMV ist organisatorisch ebenfalls im Referat 77 angesiedelt. Der zuständige Kollege ist zum Beispiel auch für die SMV-Beauftragten zuständig. Aber die Psychologen hier im Referat haben im engeren Sinne keine Zuständigkeit dafür.

I:
Wie groß ist denn der juristische Teil Ihrer Arbeit?

JP:
Juristische Fragestellungen spielen beispielsweise in Schülerfällen immer wieder eine Rolle, zum Beispiel, wenn es um das Bestehen einer Klassenstufe oder um die Erbringung von Leistungsnachweisen geht. Auch wenn Schüler mit Teilleistungsstörungen an Beratungsstellen in Beratung kommen, um zu sehen, ob ein Nachteilsausgleich gewährt werden kann, gibt es dazu eine

I:

Die Weiterentwicklung der Lehrkräftefortbildung auf strategischer Ebene gehört ebenfalls zu Ihren Aufgabenbereichen im Referat. Welche Strategien gibt es momentan?

JP:

Grundsätzlich gilt für die Lehrkräftefortbildung, dass die Hauptzuständigkeit für die strategische Ebene sicherlich auf Ministeriumsebene angesiedelt ist und von dort aus koordiniert wird. Die zuständigen Kolleginnen und Kollegen hier im Referat arbeiten Hand in Hand sowohl mit dem Ministerium als auch mit dem nachgeordneten Bereich der Staatlichen Schulämter.

I:

Können Sie noch einmal etwas zu den Zuständigkeitsbereichen der Psychologen im Referat sagen?

JP:

Das sind die vorhin angesprochenen Referententätigkeiten. Wir sind fachlich zuständig für die Schulpsychologie. Hier im Regierungsbezirk gibt es circa 50 Schulpsychologen verteilt auf sechs Beratungsstellen an insgesamt vier Staatlichen Schulämtern. Für diese sind wir Ansprechpersonen und in fachlicher Hinsicht koordinierend zuständig. Die Psychologen haben hier im Referat außerdem die Zuständigkeit für die Beratungslehrkräfte, sowohl für die Aus- und Fortbildung als auch für den administrativen Teil ihrer Tätigkeit. Wir sind weiterhin zuständig für die Präventionsbeauftragten und Fachberater Schulentwicklung sowie für verschiedene kleinere Themenbereiche wie LRS, ADHS, Angebote für Lehrergesundheit und das Thema Hochbegabung.

I:

Welche unter diesen Angeboten haben die höchste Nachfrage?

JP:

Das ist sehr schwer zu sagen. Das ändert sich im Zeitverlauf und hängt davon ab, welche bildungspolitischen Themen und Fragen die Schulen gerade beschäftigen. Im Moment befinden sich sehr viele Schulen in Veränderungsprozessen, zum Beispiel in der Entwicklung hin zur Ganztagsschule oder zur Gemeinschaftsschule. Eine hohe Relevanz haben dabei für die Schulen Angebote rund um das Themenfeld Organisationsentwicklung, beispielsweise die beratende Begleitung und Unterstützung ihrer Prozesse.

I:

Erläutern Sie uns bitte die zeitaufwendigsten Beschäftigungen Ihrer Arbeit.

JP:

Vorn mit dabei ist, ganz banal, die Bearbeitung von E-Mails. Wir haben sehr viele Kooperationspartner – Menschen in anderen Behörden, an Schulen, mit denen wir interagieren –, und dabei beansprucht die Bearbeitung von E-Mails einfach viel Zeit. Ich verbringe auch relativ viel Zeit in Besprechungen zu verschiedenen Themen mit verschiedenen Kooperationspartnern. Rund um unsere Steuerungsaufgaben gibt es immer vieles zu besprechen, das heißt, wir laden Kollegen, die andernorts arbeiten, hierher ein, oder wir werden vom Kultusministerium zu landesweiten Besprechungen eingeladen.

I:
Wie sieht Ihr Arbeitstag beispielsweise morgen aus?

JP:
Morgen fahre ich nach Tübingen. Dort findet der Fachtag für Schulpsychologie statt, der einmal im Jahr vom Kompetenzzentrum für Schulpsychologie, das in Tübingen an der Universität angesiedelt ist, aber auch zum Kultusministerium gehört, organisiert wird. Auf der Tagesordnung stehen verschiedene Vorträge und Workshops. Darauf freue ich mich schon. Das ist aber nicht unbedingt ein repräsentativer Arbeitstag. Ich würde sagen, dass die Arbeitstage der Psychologen hier im Referat sehr unterschiedlich sind. Morgen fahre ich nach Tübingen, nächste Woche habe ich eine Konfliktmoderation. Dann besuche ich zusammen mit einer Kollegin drei schulpsychologische Beratungsstellen, und zusätzlich haben wir noch mehrere Besprechungen hier im Referat. Wir haben stark heterogene Arbeitstage, und häufig weiß ich morgens auch noch nicht, wie er sich gestalten wird, welche Anforderungen oder Fragestellungen sich im Laufe des Tages noch ergeben.

I:
Das heißt, Sie haben recht wenig „Alltag" in Ihrem Arbeitsfeld?

JP:
Ja, wir haben sehr unterschiedliche Aufgaben und müssen oft spontan reagieren. Eine weitere Zuständigkeit, über die wir noch nicht gesprochen haben, ist die Krisenintervention an Schulen. Operativ übernehmen das im Schwerpunkt die schulpsychologischen Kollegen an den Beratungsstellen, aber hier in der Mittelbehörde liegt die Koordination des Aufgabenbereichs. Und so kann es sein, dass wir am Schreibtisch sitzen und eigentlich eine bestimmte Agenda abzuarbeiten haben, und dann ruft eine Schule an und meldet einen Krisenfall. Das kann zum Beispiel ein Schulwegunfall eines Schülers sein, der daraufhin verstorben ist, und die Schule ruft hier an und bittet um Unterstützung. Dann sprechen wir mit den Kollegen vor Ort an der schulpsychologischen Beratungsstelle und besprechen, wer die Schule unterstützen kann.

I:
Können Sie den Unterschied zwischen dem Konfliktmanagement und der Krisenintervention erläutern?

JP:
Konfliktmoderationen bieten wir für Schulen an, an denen es zum Beispiel einen Konflikt zwischen Schulleitung und Kollegium gibt. Die Schulen können, wenn sie möchten, uns Psychologen hier im Referat anfragen, und dann moderieren wir den Verständigungsprozess. Die Krisenintervention ist eine andere Art von Tätigkeit. Diese wird im Wesentlichen durch unsere Kollegen an den schulpsychologischen Beratungsstellen übernommen und von uns hier unterstützt, weil die Kollegen manchmal im Falle größerer Krisen auch überregional zusammenarbeiten.

Was ist eine Krise, oder was definieren wir als Krise? Das wären Fälle von schwerer Gewalt an Schulen, Suizidversuche von Schülern oder schwere Unfälle und Todesfälle auf dem Schulweg, die zum Beispiel von Mitschülern beobachtet werden. Auch wenn ein Schüler einer Klasse verstirbt, löst dies im Klassengefüge oft viel Betroffenheit aus. Dafür können Schulen die Unterstützung der Schulpsychologen anfordern, die die Vorfälle mit den Schülern und Lehrkräften dann aufarbeiten bzw. diesen für Gespräche zur Verfügung stehen.

I:
Und beim Konfliktmanagement – was gibt es da für Beispiele?

JP:
Ich würde sagen, überall dort, wo Menschen miteinander arbeiten, gibt es Reibungen und Dissens, und zuweilen entwickeln sich daraus Konflikte, die die Beteiligten belasten. Nicht immer gelingt es, diese aus eigener Kraft zu lösen. Wir unterstützen dann den Klärungs- und Verständigungsprozess als Moderatoren. Wir sind also eine Art „Katalysator für Kommunikation" und helfen dabei, diese wieder in Gang zu bringen, oder wir vermitteln, wie Kommunikation gelingen kann.

I:
Sie haben schon erwähnt, dass Sie viel mit den schulpsychologischen Kollegen zusammenarbeiten. Gibt es noch andere Arbeitsfelder, mit denen Sie in Kontakt kommen?

JP:
Die Beratungslehrkräfte sind eine weitere wichtige Personengruppe, mit der wir zusammenarbeiten. Die Präventionsbeauftragten, die Fachberater Schulentwicklung und auch die Schulreferenten hier im Hause, die schulaufsichtsbezogene Aufgaben erfüllen, sind wichtige Kooperationspartner, außerdem die Kollegen an den Staatlichen Schulämtern, das heißt, sowohl die Pädagogen als auch die Psychologen, genauso wie die Kollegen auf Ministeriumsebene. Die Schulverwaltung ist dreigliedrig: Ministerium, Regierungspräsidium, Staatliche Schulämter. Dabei sind die Kooperation und Zusammenarbeit in alle Richtungen sehr wichtig.

I:
Könnte beispielsweise ein Pädagoge in die Schulpsychologie einsteigen? Wäre ein Quereinstieg möglich?

JP:
Vorausgesetzt er absolviert ein Psychologiestudium mit Hauptfach Psychologie. Eine Einstellungsvoraussetzung für die Stelle als Schulpsychologe ist das Diplom oder der Master in Psychologie. Lehrkräfte könnten aber für sich prüfen, ob sie Lust haben, die Ausbildung zur Beratungslehrkraft zu absolvieren, die sehr umfänglich ist und über ein ganzes Schuljahr läuft. Diese wird durch die Schulpsychologen gestaltet und umfasst viele beratungsrelevante Themenbereiche: von der Diagnostik, also der Lern- und Leistungsdiagnostik bis hin zur Gesprächsführung, Beratungen von Schülern und Eltern, Kollegen und zur konkreten Fallbearbeitung. Diese Beratungslehrkräfte bekommen dafür Anrechnungsstunden, das heißt, sie arbeiten mit einem Teil ihres Deputats beratend an den Schulen.

I:
Können Sie anhand einer konkreten Aufgabe beschreiben, wie Sie Ihre psychologische Expertise in Ihren Berufsalltag integrieren?

JP:
Wir haben gerade über die Konfliktmoderation gesprochen, und dabei ist vor allem Moderationskompetenz gefragt. Ich würde sagen, dass das auch psychologische Expertise bzw. Beratungsexpertise ist. Fast alle Kollegen hier im Referat haben zusätzliche Beratungsaus- und weiterbildungen. Ein weiterer Bereich ist die Krisenintervention. Wir sind sicherlich keine Traumatologen, aber wir versuchen, durch die Krisenintervention einer Traumatisierung der Schüler oder auch der Lehrkräfte vorzubeugen. Auch da kommt psychologische Expertise ins Spiel. Ich würde sagen, die gilt für alle Arten von Beratungen in unserem Arbeitsfeld, beispielsweise auch, wenn es um Schüler mit Lern- oder Leistungsproblemen sowie konfliktreiche Konstellationen rund

um Schülerangelegenheiten geht. Ist eine Lese-Rechtschreib-Schwäche anzuerkennen und ein entsprechender Nachteilsausgleich zu gewähren? Auch da ist psychologische Expertise gefragt – es gibt vielfältige Situationen, in die wir diese einbringen können.

I:
Sie haben eingangs erwähnt, dass Sie in Ihrem Studium den Schwerpunkt auf die Arbeits- und Organisationspsychologie und auch auf die Pädagogische Psychologie gelegt haben. Gibt es etwas, von dem Sie aus dieser Zeit im Schwerpunkt profitieren – vor allem, weil Sie so viel im kommunikativen Bereich arbeiten?

JP:
Tatsächlich profitiere ich von sehr vielem, das ich im Studium gelernt habe – in Arbeits- und Organisationspsychologie, Lehr- und Lernpsychologie, Sozialpsychologie und im klinischen Bereich. Wir beschäftigen uns viel mit Lehr- und Lernprozessen. Leistungsdiagnostik spielt eine Rolle, gerade im Bereich der Schulpsychologie. Was die Qualitätsentwicklung bzw. unsere Angebote zur Lehrergesundheit betrifft, baue ich auf Kenntnisse aus der Arbeits- und Organisationspsychologie auf. Insofern profitiere ich von sehr vielem, das ich damals im Studium gelernt habe.

I:
Würden Sie Studenten der Psychologie auch raten, ihre Schwerpunkte entsprechend in der Arbeits- und Organisations- sowie Pädagogischen Psychologie zu wählen, oder gäbe es noch andere nützliche Wissensbereiche für Ihre Tätigkeit?

JP:
Insgesamt haben wir im Kollegium der Schulpsychologen wirklich eine sehr große Bandbreite an Kompetenzprofilen. Wir haben Kollegen mit einer therapeutischen Ausbildung, wie zum Beispiel in der Verhaltenstherapie. Wir haben Kollegen, die aus der Arbeitspsychologie kommen, in Unternehmen gearbeitet und in ihrem beruflichen Vorleben vielleicht einen Schwerpunkt in Weiterbildung gesetzt haben. Wir haben Kollegen, die im Bereich der Pädagogischen Psychologie gearbeitet haben und von anderen Beratungsstellen gekommen sind oder zuvor mit schwierigen Jugendlichen gearbeitet haben. Genau diese Mischung macht die Schulpsychologie aus. Da die Anfragen an die Kollegen an den Beratungsstellen sehr unterschiedlich und vielfältig sind, ist es hilfreich, diesen großen Wissensfundus aus verschiedenen Tätigkeits- oder Wissensbereichen zu haben.

I:
Reisen Sie berufsbedingt viel?

JP:
Ja, ich bin sehr viel unterwegs. Das hat auch damit zu tun, dass ich in der Mittelbehörde arbeite und zum einen häufig nach Stuttgart fahre, wenn landesweite Besprechungen am Ministerium angesetzt sind, wo Kollegen aus allen Landesteilen, das heißt, von allen vier Regierungspräsidien, erscheinen. Zum anderen bin ich manchmal auch bei den Kollegen an den Staatlichen Schulämtern, also an den Beratungsstellen, oder eben auch an Schulen, wenn Beratungsanfragen kommen.

I:
Was reizt Sie am meisten an Ihrer Tätigkeit? Was erfüllt Sie mit Freude?

9.2 · Interview mit Dr. Jessica Phillipp

JP:

Ich arbeite jetzt seit über zehn Jahren in diesem System, und was mir von Anfang an sehr gut gefallen hat, war die Vielfältigkeit der Tätigkeit. Sie ist sehr abwechslungsreich, wir haben sehr viele Themengebiete, die hier integriert sind. Mir gefällt diese Kombination aus Referentenaufgaben, also Steuerungs- und Koordinierungsaufgaben, und klassischer Beratungstätigkeit. Ich mag es, mit vielen Menschen in Kontakt zu sein, auch wenn Beziehungsarbeit manchmal anstrengend ist. Das sind die Dinge, die mir an meiner Tätigkeit sehr gut gefallen und auch immer gefallen haben.

I:

Gab es ein Projekt, an das Sie besonders gerne zurückdenken?

JP:

Es fällt mir schwer, ein spezielles zu benennen. Das kann eine Fortbildungsveranstaltung sein, in die wir viel Herzblut gesteckt haben, und wenn diese dann gelingt, macht das große Freude. Das kann auch ein gelungener Beratungsauftrag sein. Das kann aber auch eine vollendete Konzeptionsaufgabe in Zusammenarbeit mit Kollegen sein.

I:

Mit welchen Schwierigkeiten und Herausforderungen müssen Sie sich in Ihrer Tätigkeit auseinandersetzen?

JP:

Das ist schwierig zu sagen. Ich denke immer, wenn man mit Menschen arbeitet, ist es zuweilen auch herausfordernd. Ich glaube, das ist in allen Arbeitskontexten so.

I:

Wie schätzen Sie den zukünftigen Bedarf an Arbeitskräften in Ihrem Beruf ein?

JP:

Als ich in Heidelberg studiert habe, war die einhellige Meinung, dass es quasi unmöglich sei, im Bereich der Schulpsychologie und gerade an den Beratungsstellen unterzukommen. Es gab sehr selten ausgeschriebene Stellen, auch deshalb, weil es Beamtenstellen sind, die oft längerfristig besetzt sind. Es gab dann im Nachgang von Winnenden, und auch schon davor, die Schaffung neuer Stellen – dies war eine Zeit, in der wir viele junge Kollegen einstellen konnten, die zum Teil direkt von der Uni kamen. Im Moment sind diese festen, unbefristeten Stellen weitgehend besetzt. Was wir derzeit häufig ausschreiben, sind befristete Stellen, das heißt zum Beispiel Elternzeit-Vertretungsstellen. Aber wie sich der Bedarf konkret entwickeln wird, ist schwer vorherzusagen.

I:

Wenn Sie Ihr Arbeitsfeld in der Zukunft sehen – gibt es da gewisse Tendenzen oder Richtungen, in denen es sich weiterentwickelt?

JP:

Das lässt sich ebenfalls schwer vorhersagen. In der Mittelbehörde setzen wir die Vorgaben des Kultusministeriums um, und je nachdem welche bildungspolitischen Themen jeweils aktuell sind, verändert sich damit auch unser Tätigkeitsfeld.

Video des Interviews:

▶ https://tinyurl.com/Bildung-Jessica-Phillipp

Literatur

KMK (2015). *Gesamtstrategie der Kultusministerkonferenz zum Bildungsmonitoring.* http://www.kmk.org/fileadmin/veroeffentlichungen_beschluesse/2015/2015_06_11-Gesamtstrategie-Bildungsmonitoring.pdf. Zugegriffen: 28. März. 2017.

Schaal, B. & Huber, F. (2010). *Qualitätssicherung im Bildungswesen. Auftrag und Anspruch der bayerischen Qualitätsagentur. Eine Publikation des Staatsinstituts für Schulqualität und Bildungsforschung (ISB).* Münster: Waxmann.

Steuerung von Bildungsprozessen

Birgit Pikowsky

10.1 Einleitung – 106

10.2 Interview mit Frau Dr. Birgit Pikowsky – 106

Literatur – 114

Die Online-Version für das Kapitel (https://doi.org/10.1007/978-3-662-554411-1_10) enthält Zusatzmaterial, welches berechtigten Benutzern zur Verfügung steht. Laden Sie sich zum Streamen der Videos die „Springer Multimedia App" aus dem iOS- oder Android-App-Store und scannen Sie die Abbildung, die den „play button" enthält.

© Springer-Verlag GmbH Deutschland 2018
O. Dickhäuser, B. Spinath (Hrsg.), *Berufsfelder der Pädagogischen Psychologie*,
Meet the Expert: Wissen aus erster Hand, https://doi.org/10.1007/978-3-662-55411-1_10

10.1 Einleitung

Oliver Dickhäuser

In den verschiedenen Bundesländern Deutschlands gibt es verschiedene Institutionen, deren Aufgabe primär darin besteht, (schulische) Bildungsprozesse in dem jeweiligen Bundesland dadurch zu verbessern, dass pädagogisches Personal fort- und weitergebildet wird. Diese Einrichtungen leisten wichtige Strukturierungsaufgaben bei der Steuerung von Bildungsprozessen insbesondere mit Blick auf die sogenannte dritte Phase der Lehrerausbildung, also diejenige Phase, die sich an die Ausbildung an der Universität (erste Phase) und am Studienseminar (zweite Phase) anschließt.

Bildungsprozesse bedürfen einer guten Planung und Steuerung (Schöni 2009). Bei der Gestaltung eines bedarfsgerechten Bildungsangebots für die dritte Phase der Lehrerbildung ist es einerseits wichtig, konkreten Fortbildungsbedarf bottom-up, also aus Sicht der Bildungsakteure, zu ermitteln, aber Themen auch top-down, etwa in Abhängigkeit von bildungspolitischen Entscheidungen, zu setzen.

Das Pädagogische Landesinstitut Rheinland-Pfalz ist eine Bildungseinrichtung, in deren Aufgabenbereich auch die Fort- und Weiterbildung des pädagogischen Personals fällt. Es hält – im Sinne eines breiten und modernen Bildungsverständnisses – auch mediale Bildungsangebote vor bzw. wirkt an deren Gestaltung mit. Hinzu kommt, dass auch Beratungs- und Unterstützungsleistungen für Bildungsakteure unter dem Dach des Landesinstituts realisiert werden.

Das Pädagogische Landesinstitut Rheinland-Pfalz ist zum Zeitpunkt des Erscheinens dieses Buches das einzige Landesinstitut in Deutschland, das von einer Psychologin geleitet wird. Die Leiterin Dr. Birgit Pikowsky gibt uns in dem Interview einen Einblick in ihre Tätigkeit und illustriert, wie ihr Berufsweg sie an diese Stelle geführt hat.

Das Interview macht deutlich, auf welche Besonderheiten Pädagogische Psychologinnen und Psychologen Wert legen, wenn sie an der Steuerung von Bildungsprozessen zusammen mit anderen Akteursgruppen mitwirken. Das Gespräch illustriert auch, welche Schwerpunkte die Arbeit einer Pädagogischen Psychologin in Leitungsfunktion kennzeichnen können.

10.2 Interview mit Frau Dr. Birgit Pikowsky

Das Interview führten Lisa Grefe und Lisa Wolf im September 2016.

Interviewerin:
Könnten Sie uns kurz die Einrichtung vorstellen, in der Sie arbeiten?

Dr. Birgit Pikowsky:
Das Pädagogische Landesinstitut ist in Rheinland-Pfalz ein zentraler Anbieter von Dienstleistungen für Schulen. Der Sitz des Instituts ist in Speyer, wir sind jedoch landesweit an 18 Standorten erreichbar. In unserem Angebot haben wir verschiedene Dienstleistungen für Schulen. Dazu zählen Fort- und Weiterbildungen, aber auch schulpsychologische und pädagogische Beratungen, Materialen und Medien sowie IT-Dienstleistungen für Schulen. Mit unserem Ansatz in Rheinland-Pfalz versuchen wir, alle diese Angebote für Schulen aus einem Guss heraus anzubieten. Dazu vernetzen wir unsere Angebote fach- und abteilungsübergreifend und stimmen sie aufeinander ab. Dies erfolgt über verschiedene Plattformen, erfordert häufig Projektstrukturen und immer gute Abstimmungsprozesse.

10.2 · Interview mit Frau Dr. Birgit Pikowsky

I:
Wie ist Ihre Organisation aufgebaut, und welche berufliche Rolle nehmen Sie ein?

BP:
Wir sind eine dem Bildungsministerium in Rheinland-Pfalz direkt nachgeordnete Behörde. Ich selbst bin Direktorin des Pädagogischen Landesinstituts. Wir sind in vier Abteilungen gegliedert mit über 200 Mitarbeiterinnen und Mitarbeitern: Abteilung 1 umfasst die Fort- und Weiterbildung, Abteilung 2 Schul- und Unterrichtsentwicklung, Material und Medien, Abteilung 3 schulpsychologische Beratung und Abteilung 4 IT-Dienste und zentrale Dienste. Neben diesen Abteilungen haben wir zwei Stabsstellen: die Stabsstelle Steuerung mit Controlling, Evaluation und Öffentlichkeitsarbeit und das Zentrum für Schulleitung und Personalführung.

I:
Könnten Sie uns kurz Ihre berufliche Laufbahn mit den wichtigsten Etappen beschreiben?

BP:
Ich habe Psychologie an den Universitäten Trier und Mannheim studiert und mit dem Diplom 1987 abgeschlossen. Danach habe ich direkt angefangen, am Lehrstuhl für Erziehungswissenschaft II an der Universität Mannheim in dem Sonderforschungsbereich „Sprache und Kognition" zu arbeiten. Promoviert habe ich in dem Projekt „Partnerbezogenes Argumentieren". Nach der Promotion 1992 bin ich direkt in die Schulpsychologie gewechselt. Ich war bis 2005 Schulpsychologin in Kirchheimbolanden in Rheinland-Pfalz. Danach habe ich zunächst als stellvertretende Abteilungsleiterin der Schulpsychologie gearbeitet und dann auch als Abteilungsleiterin. Seit Dezember 2010 bin ich Direktorin des Pädagogischen Landesinstituts in Rheinland-Pfalz.

I:
Welche Qualifikationen sind für Ihre Laufbahn wichtig gewesen und sind es auch heute noch?

BP:
Wenn ich auf das Studium zurückblicke, würde ich sagen, dass mir die Wissenschaftsorientierung am meisten weitergeholfen hat. Es waren tatsächlich Veranstaltungen wie Wissenschaftstheorie, Geschichte der Psychologie, aber auch Statistik und Methodenlehre – ein Schwerpunkt in Mannheim –, die auch für meine jetzige Tätigkeit sehr wichtig sind. Es ist nicht so, dass ich, wenn ich heute auf einen Kongress gehe, jede wissenschaftliche Arbeit und Methode bis ins Detail verstehe. Aber ich kann Dinge einordnen und die Qualität von Forschungsarbeiten bewerten. Auf der Inhaltsebene ist es natürlich die Pädagogische Psychologie – die Psychologie des Lehrens und Lernens –, aber auch die pädagogische Interaktion, die mir wichtig sind.

I:
Welche Rolle spielen Fortbildungen in Ihrem Bereich?

BP:
Häufig werden von jungen Kolleginnen und Kollegen Fortbildungen zum Thema Gesprächsführung besucht, aber auch relativ viele klinische Ausbildungen, die sehr teuer und aufwendig sind. Wir versuchen dem als Institut entgegenzukommen, indem wir möglichst viele interne Schulungen für neue Kolleginnen und Kollegen anbieten. Sie kennen beispielsweise den Fall von erweiterter Schülergewalt in Winnenden. Zu diesem Zeitpunkt war ich Abteilungsleiterin der Schulpsychologie. Die Meldung aus Winnenden kam, und ich musste sehr schnell entscheiden, ob wir

als Rheinland-Pfalz die Kollegen und Kolleginnen in Baden-Württemberg unterstützen können und, wenn ja, wie viele Schulpsychologen mit welcher Qualifikation gebraucht werden und an welcher Stelle diese eingesetzt werden können. Das ist ein Beispiel von Handeln unter Unsicherheit in meinem Beruf. Ich hatte mich dann in Abstimmung mit unserem Bildungsministerium für den Einsatz entschieden, die Kolleginnen und Kollegen waren auch mehrere Tage vor Ort und haben die Kolleginnen und Kollegen in Baden-Württemberg unterstützt. Als Dankeschön für unsere Arbeit und die Gelder, die dadurch eingespart wurden, dass die Schüler/-innen und Lehrkräfte so schnell unterstützt wurden und keine aufwendige therapeutische Betreuung im Nachhinein brauchten, hat die Unfallkasse Rheinland-Pfalz uns eine Fortbildung mit traumapädagogischen Modulen finanziert. So konnte dann mein Nachfolger für die Kolleginnen und Kollegen Fortbildungen organisieren, die sie vom Dienstherren gestellt bekamen und die andererseits sehr teuer gewesen wären. Ohne gute und strukturierte Fortbildung und Personalentwicklung ist ein professionelles Arbeiten auf Dauer als Institut nicht möglich.

I:
Würden Sie uns zu Beginn einen typischen Arbeitstag mit Inhalten und Aufgaben beschreiben?

BP:
Früher gab es einmal eine Sendung, da ging es immer um eine typische Handbewegung im Beruf. Bei mir ist es das Schreiben am Computer, an dem ich tatsächlich viel Zeit verbringe. Ich komme morgens ins Büro, überprüfe dann die Maileingänge und welche Anfragen eingegangen sind. Ich muss dann entscheiden, was sofort zu erledigen ist, was ich delegieren kann und was bei mir im Eingang bleibt. Daneben verbringe ich viel Zeit in Besprechungen, halte Rücksprachen und stimme mich ab. Zum einen geschieht dies innerhalb des Instituts, aber auch mit Partnereinrichtungen, Schulen und dem Bildungsministerium.

I:
Können Sie uns eine konkrete Aufgabe oder einen aktuellen Arbeitsschwerpunkt schildern?

BP:
Ich würde gerne anfangen, indem ich analysiere, wie wir zu unseren Schwerpunkten kommen. Wenn wir die aktuellen gesellschaftlichen Trends betrachten, dann sehe ich derzeit drei Megatrends. Das sind die demografische Veränderung unserer Gesellschaft, die Globalisierung, aber auch die Digitalisierung. Die erste Frage, die sich mir stellt, ist: Was bedeutet das für Schule und Unterricht? Sprich, wie verändern diese Entwicklungen das Lernen von Schülern? Wie verändern sich die Anforderungen an Lehrkräfte, aber auch im nächsten Schritt, was bedeutet das für unsere Arbeit im Pädagogischen Landesinstitut? Wie müssen Angebote gestaltet sein, die diese Entwicklungen und Themen aufgreifen und den Lehrern und Lehrerinnen das bieten, was sie brauchen? Welche Schwerpunktthemen bearbeiten wir in den nächsten Jahren? Aus diesen Megatrends haben wir mehrere Kernthemen abgeleitet. Diese fließen ein in die Zielvereinbarungen mit dem Bildungsministerium. Beispielsweise sind Hauptpunkte im Moment die Sprachförderung und Integration von Kindern mit Fluchterfahrungen, aber auch Themen wie Bildung in einer digitalen Welt, Kompetenzorientierung, Diagnostik, soziales Lernen und der Umgang mit Vielfalt.

I:
Wo sind Sie dort als Pädagogische Psychologin gefragt?

10.2 · Interview mit Frau Dr. Birgit Pikowsky

BP:

Ich glaube, das ist besonders das Strukturieren der Prozesse, die Art, wie ich an solch ein Thema herangehe, eine sehr breite Bestandsaufnahme, aber auch das Ableiten von Zielen, das Ausprobieren sowie das Planen und Bewerten von Interventionen und Maßnahmen.

I:

Was können Psychologinnen und Psychologen besonders gut, und was unterscheidet sie von Kolleginnen und Kollegen mit anderen Qualifikationen in einer beratenden Funktion?

BP:

Ich glaube, es ist vor allem die Fähigkeit, sich auch ein Stück weit zurücknehmen zu können. Wir als Psychologen haben sehr viel Zeit damit verbracht – auch in der Ausbildung –, Prozesse zu analysieren und zu reflektieren: Was tue ich, in welcher Rolle, und welchen Hut habe ich dabei auf? Das wird Psychologen auch relativ häufig gespiegelt. Die erste Phase der Problemklärung dauert bei uns relativ lange, aber von daher ist sie auch relativ klar und strukturiert. Ich erlebe das als sehr hilfreich im Beratungsprozess. Aber auch die Fähigkeit, sich zurückzunehmen und darauf zu schauen, wer für welchen Arbeitsschritt welchen Hut auf hat, wer die Verantwortung trägt, was Aufgabe des Ratsuchenden ist und was Aufgabe des Beraters. Ich glaube, dass das auch eine professionelle pädagogische Beratung prägt.

I:

Was können Psychologinnen und Psychologen besonders gut, und was unterscheidet sie von Kolleginnen und Kollegen mit anderen Qualifikationen bei der Konzeption von Lehrveranstaltungen und Lehrerfortbildungen?

BP:

Ich kann das vielleicht mit dem Begriff „Brückenbauen" etwas beschreiben. Psychologen und Psychologinnen kommen nicht per se aus der Schule, wir sind keine Lehrkräfte. Wir haben entweder die Möglichkeit uns sehr stark auf psychologische Themen in der Fortbildung oder Instruktion zu beschränken oder im Team zu arbeiten. Gerade diese Teamarbeit von Pädagogen und Pädagoginnen, Psychologen und Psychologinnen erlebe ich als Bereicherung für das Feld Schule. Aber Psychologen und Psychologinnen bauen auch Brücken zwischen der Schule und dem Elternhaus, beraten sowohl Lehrkräfte als auch Eltern und können diese Expertise in die Gestaltung von Veranstaltungen und Lehrerfortbildungen mit einbringen. An einem typischen Beispiel kann ich dies gerne einmal deutlich machen: In Rheinland-Pfalz wurden vor einigen Jahren die ehemaligen Haupt- und Realschulen zu der Realschule plus zusammengefasst. Daraus ergeben sich für Psychologen und Psychologinnen verschiedene Fragestellungen: Wie kann das funktionieren? Wie können aus zwei Kollegien mit zwei so ganz unterschiedlichen Kulturen, Qualifikationen und auch Schülerschaften ein einheitliches Kollegium geformt werden? Was bedeutet das für die Schulentwicklung, für die Kommunikationsprozesse? Genau diese Fragen in Fortbildungsveranstaltungen zu bearbeiten, waren Nachfragen, die insbesondere bei unseren Schulpsychologen ankamen.

I:

Was können Psychologinnen und Psychologen besonders gut, und was unterscheidet sie von Kolleginnen und Kollegen mit anderen Qualifikationen bei der Führung von Mitarbeiterinnen und Mitarbeitern?

BP:

Ich hatte vorhin gesagt, eine Stärke der Psychologen und Psychologinnen ist, sich zurückzunehmen, Prozesse zu beobachten, zu reflektieren und zu moderieren. Von daher liegt auch nahe, dass dieser Schritt hin zur Führung von Mitarbeitern für mich persönlich der schwierigste Schritt war. Und ich glaube, das ist auch etwas, wo man sehr genau hinschauen muss. Die Führung von Mitarbeitern und Mitarbeiterinnen erfordert noch einmal ganz andere Kompetenzen und Fähigkeiten, die auch ich persönlich als Psychologin zunächst so nicht mitgebracht habe. Diese muss man dann zusätzlich erwerben. Zudem muss man lernen, in diesem Bereich Verantwortung zu übernehmen. In der Beratung hat die Hauptverantwortung für den Entscheidungsprozess immer noch der Ratsuchende. In der Leitung eines Instituts oder auch in der Führung von Mitarbeitern muss man viel mehr Orientierung geben. So müssen Entscheidungen begründet, abgeleitet und dargelegt, aber auch transparent gemacht werden. Auch hier ist es wieder der Zugang, der sich bei Psychologen unterscheidet, aber als Qualifikation ist dies etwas, das noch erworben werden muss.

I:

Was können Psychologinnen und Psychologen besonders gut, und was unterscheidet sie von Kolleginnen und Kollegen mit anderen Qualifikationen bei der Zusammenarbeit mit Ministerien und anderen Instituten?

BP:

Ich glaube, dass da die fragende psychologische Haltung sehr hilfreich ist und auch der Blick von außen. Uns unterscheidet, dass wir als Psychologen und Psychologinnen von außerhalb in den Bildungsbereich kamen, nicht von der Schule selbst. Und von daher ist es selbstverständlich, dass wir die Expertise der Pädagogen wertschätzen und die psychologische Expertise dieser an die Seite stellen.

I:

Das Pädagogische Landesinstitut Rheinland-Pfalz ist bundesweit das einzige Institut, das von einer Psychologin geleitet wird. Was unterscheidet Sie von anderen Institutsleiterinnen und Institutsleitern aus anderen Bundesländern? Sind Sie mit Vorurteilen konfrontiert?

BP:

Vorurteile würde ich sagen: nein. Es war zunächst sehr viel Überraschung spürbar, dass eine Psychologin ein Pädagogisches Landesinstitut leitet – vielleicht ist dies ja doch ein Vorurteil. Psychologie wird immer noch sehr stark mit der Klinischen Psychologie identifiziert, und man hatte eher eine klinische Psychologin erwartet und war dann über meinen Wissensstand und meine Art zu arbeiten doch etwas überrascht. Ich halte es für einen Vorteil, dass ich Psychologin bin, auch in der Position, in der ich bin. Das hängt aber auch damit zusammen, dass wir in Rheinland-Pfalz in einem Institut Pädagogen, Pädagoginnen, und Psychologen und Psychologinnen unter einem Dach vereinigen. Das ist eine sehr günstige und glückliche Konstellation, weil es die beiden Professionen bereichert, und das würde ich mir an vielen Stellen noch viel mehr wünschen, sodass gerade im Feld der Schule stärkere Multiprofessionalität entsteht und von daher auch andere Wissensstände gewürdigt werden und etwas zur Problemlösung in Schulen beitragen.

I:

Sie haben in Ihrem Berufsleben sowohl pädagogisch-psychologische Forschung als auch pädagogisch-psychologische Praxis kennengelernt. Inwieweit unterscheiden sich diese Tätigkeitsfelder, und an welchen Stellen kann der eine von dem anderen Bereich noch lernen?

BP:
Das ist für mich ein ganz wichtiges Kernthema. Bildungsforschung hat in den letzten Jahren und Jahrzehnten so viele Erkenntnisse entwickelt, und viele dieser Erkenntnisse kommen nicht in der Schule an. Das ist die eine Seite. Die andere Seite ist, dass ich merke, dass die Sprache nach wie vor eine sehr andere ist, wenn man Bildungspraxis und die Forschung und Theorie vergleicht. Ich sehe wenige Gelegenheiten, wo auch hier Brücken gebaut werden: Wo sind Orte der Begegnung? Ich glaube, dass es zu wenige Kongresse gibt, die von Theoretikern und Praktikern, von Wissenschaftlern und Bildungspolitikern besucht werden. Um so Wege und Orte der Begegnung zu schaffen, sind noch viele Schritte zu tun – also auch, in der Forschung Anreize zu schaffen, dass Praxis auch lohnenswert ist und nicht als Arbeit „zweiter Klasse" angesehen wird. Studien, die eher in der Praxis durchgeführt werden, sind oft langwierig durchzuführen und man erzielt nicht die „tollen" Effekte wie unter kontrollierten Bedingungen, daher ist natürlich auch ein längerer Atem erforderlich. Ich halte dies trotzdem im Ergebnis für lohnenswert.

Umgekehrt gibt es in der Praxis immer noch die Haltung, dass das, was man in der Universität lernt, reine Theorie ist und so in der Praxis nicht angewandt wird – deswegen und oft auch wegen des alltäglichen Zeitdrucks lesen Praktiker und Praktikerinnen nicht viel wissenschaftliche Literatur. Hier sind die Landesinstitute sehr hilfreich, die Übersetzungsleistung leisten können, um Ergebnisse der Forschung klar und verständlich in Fragen und Themen der Schulen zu übersetzen. Auf der anderen Seite würde ich mir eine Forschung wünschen, die nicht nur so etwas wie eine „Implementationsrhetorik" hat: Man macht ein großes Projekt, und ganz am Ende kommt ein Jahr, in dem die Erkenntnisse in die Praxis übertragen werden. Das klappt so nicht. Weiterhin gibt es auch gute Praxis, die nicht aus der Wissenschaft abgeleitet ist. Auch an der Stelle brauchen wir viel mehr Forscher, die sich vertieft mit Praxis auseinandersetzen oder auch selbst Praxiserfahrung haben.

I:
Welche der Themen, zu denen Sie geforscht haben, halten Sie für besonders wichtig für die Praxis?

BP:
In meiner Diplomarbeit untersuchte ich die Thematik Lob und Tadel, was nach wie vor in Schulen unwahrscheinlich wichtig ist. Wie gestalten wir Feedbackprozesse so, dass sie lernwirksam werden, und wie sind sie gestaltet, wenn sie diesen Anspruch nicht erfüllen? Dies sind meiner Meinung nach auch heute noch lohnenswerte Ansätze.

„Partnerbezogenes Argumentieren", Thema meiner Promotion, wiederum berührt eigentlich einen Großteil meiner Tätigkeit, um vor allem Menschen mit dem, was wir tun, zu überzeugen und mitzunehmen, aber auch zuzuhören und Bedürfnisse sowie Erwartungen an uns aufzunehmen.

I:
Stellen Sie sich vor, dass Sie mit einer Gruppe Bachelorstudierenden sprechen, die sich noch unklar über ihren zukünftigen Studien- und damit späteren Berufsschwerpunkt sind. Welche Gründe sprechen Ihrer Meinung nach für die Pädagogische Psychologie als Vertiefungsfach?

BP:
Vor allem, weil es interessant ist, weil es sinnvoll ist und weil es Spaß macht. Das Vertiefungsfach sollte jemand wählen, den es wirklich interessiert und dem es Spaß macht – nicht nur, weil man denkt, dass es eine tolle Berufsperspektive bietet. Wenn Ersteres der Fall ist, dann sollte man etwas wie Pädagogische Psychologie studieren. In diesem Fachbereich verfügt man über viele Anschlussmöglichkeiten, muss sich nicht zu früh festlegen, sondern kann später in ganze vielen Bereichen arbeiten.

I:
Welchen Bereich sehen Sie als besonders relevant in der Pädagogischen Psychologie?

BP:
Den Bereich Lernen und Lehren, weil ich glaube, dass viele gesellschaftliche Bereiche davon geprägt sind und dort auch viele Schwerpunkte liegen, die man vertiefen kann.

I:
Welche typischen Einstiegsmöglichkeiten gibt es für Psychologinnen und Psychologen in Ihrem Berufsfeld?

BP:
Bei uns im Institut bietet sich ganz klar die Schulpsychologie als Einstiegsmöglichkeit an, welche im Übrigen in Rheinland-Pfalz und auch in anderen Bundesländern zurzeit ausgebaut wird. Aber auch in anderen Bereichen ist viel möglich; ich hatte vorhin schon potenzielle Schwerpunktthemen genannt: Im Bereich Digitalisierung und Medien können Psychologen und Psychologinnen eingestellt werden, aber auch im Bereich Berufsorientierung gibt es Vertiefungsmöglichkeiten oder in den Bereichen Heterogenität und Inklusion.

I:
Könnten Sie dies an einem Beispiel erläutern?

BP:
In fast allen Bundesländern haben wir Projekte im Bereich Gewaltprävention und Cybermobbing, aber auch Gestaltung von lernwirksamen Medien und Empfehlungen im Bereich Bildung mit Medien. Diese Bereiche werden sehr stark von Psychologen und Psychologinnen mitgeprägt. Im Bereich Inklusion und Heterogenität sind Lehr-Lern-Situationen zu gestalten, die auf der einen Seite Vielfalt, selbstgestaltetes Lernen, soziales Lernen zulassen, aber auch Aspekte der Gestaltung von Lernsituationen, Instruktion und Erklärung nicht außen vorlassen. Beispielsweise sind Psychologen und Psychologinnen hier in unserem Bundesland im Bereich von Förder- und Beratungszentren fest eingebunden.

I:
Wie kann man sich eine typische Karriere vorstellen?

BP:
Sie dürfen nicht davon ausgehen, dass meine berufliche Entwicklung typisch ist für den Bereich Schulpsychologie. Sie war von sehr vielen Zufällen geprägt, die dazu beitrugen, dass ich jetzt Direktorin des Pädagogischen Landesinstituts bin. Eine Einschränkung ist, dass es wenige Aufstiegsmöglichkeiten gibt. Schulpsychologen fangen im öffentlichen Dienst vergleichbar mit Gymnasiallehrern an mit TVL 13, mal mit mal ohne Beamtenstatus, nach einer Beförderung wird dies zu 14, maximal 15, wenn eine Leitungsstelle zu besetzen ist. Und das ist etwas, das ich bei einigen Kollegen merke: Man muss auch intrinsisch motiviert sein. Wenn man nur an beruflichem Aufstieg interessiert ist, dann ist dies nicht förderlich bei einer Arbeit im öffentlichen Dienst. Man muss natürlich interessiert sowie von der Sache begeistert sein, sich stets weiterbilden und selbstständig Anregungen holen. In vielen Arbeitsfeldern haben wir einen großen Gestaltungsspielraum, das heißt aber auch, man ist da schon auf viel Eigeninitiative angewiesen.

10.2 · Interview mit Frau Dr. Birgit Pikowsky

I:
Welche Art von Flexibilität ist notwendig, wenn man sich in Ihrem Berufsfeld etablieren möchte?

BP:
Ich glaube, es ist vor allem die Flexibilität gefordert, von der Tiefe der Inhalte in die Breite gehen zu können. Das ist etwas, das man erst mal vermisst, denn an der Universität kann man in ein Thema tief eintauchen, kann es durchdringen, kann viel lesen und, bevor man eine Aussage macht, viel Tiefenverständnis entwickeln. Wir müssen häufig unter Unsicherheit agieren. Uns liegen keine gesicherten Erkenntnisse vor, und wir können auch nicht warten, bis das der Fall ist. Vielmehr müssen wir schnell Handlungsempfehlungen für Lehrkräfte geben, und von daher ist die Bereitschaft, sich schnell in neue Themen einzuarbeiten, aber auch die Flexibilität, sich auf unterschiedliche Handlungslogiken einzulassen, sehr wichtig. Wenn ich mit einem Ministerium arbeite, gelten andere Handlungslogiken, als wenn ich mit Lehrkräften oder mit Wissenschaftlern und Wissenschaftlerinnen arbeite.

I:
Ist auch eine räumliche Mobilität nötig?

BP:
Weniger als in anderen Bereichen. Es ist mir früh aufgefallen, dass viele Lehrer wie auch Schulpsychologen sehr stark verwurzelt sind in der Region. Das hat Vor- und Nachteile. Ein Vorteil ist, dass man sehr tiefe Beziehungen zu Schulen aufbaut. Da Schulpsychologen für bis zu 40 Schulen zuständig sind, dauert es natürlich sehr lange, bis man die einzelnen Schulen kennt und so akzeptiert wird, dass man gute Angebote längerfristig entwickeln und anbieten kann.

I:
Welche Faktoren beeinflussen Ihre Arbeit über das Jahr hinweg?

BP:
Taktgeber bei uns ist die Schule, also zum Beispiel der Schultag: Lehrkräfte können nur vor oder nach der Schule anrufen, Beratungen von Eltern finden eher am Nachmittag oder frühen Abend statt. Fortbildungsveranstaltungen für Lehrkräfte – dies ist ein heikles Thema – sollten vermehrt in den Ferien oder in der unterrichtsfreien Zeit stattfinden, fallen aber dann oft aus, weil sie nicht nachgefragt werden. In Phasen, in denen Abitur geschrieben wird, finden weniger Veranstaltungen statt. Jetzt gerade im September ist ein sehr geschäftiger Monat, denn momentan können viele Lehrkräfte auch eine Veranstaltung besuchen. Es verteilt sich einfach über das Jahr. Wenn man konzeptionelle Arbeiten plant, ist das eher in den Ferien möglich.

I:
Wie teilt sich Ihre Arbeitszeit über die Arbeitstage und -woche auf?

BP:
Ich bin häufig etwa 10 Prozent meiner Arbeitszeit auf der Straße. In der Regel bin ich ein bis zwei Tage pro Woche hier in Speyer im Büro. Die restliche Zeit bin ich an anderen Standorten des Landesinstituts und häufig einen Tag pro Woche im Ministerium oder anderen Instituten zu Besprechungen.

I:
Gibt es in Ihrem Bereich Unsicherheiten, wie beispielsweise befristete Arbeitsverträge, mit denen man zunächst lernen muss umzugehen?

BP:
Die gibt es, aber weniger als bei anderen Jobs, beispielsweise an der Universität. Junge Kolleginnen und Kollegen steigen zwar häufig vor allem im Bereich Elternzeitvertretung ein, aber per se haben wir nur unbefristete Planstellen. Das ist im öffentlichen Dienst etwas anderes. Zusätzlich haben wir wenige befristete Projektstellen.

I:
Zum Schluss noch eine letzte zusammenfassende Frage: Würden Sie sich für diese Laufbahn wieder entscheiden?

BP:
Auf alle Fälle würde ich mich wieder dafür entscheiden, weil ich an der Stelle, an der ich jetzt bin, ausgesprochen viel bewirken kann für Lehrer und Schüler.

Es war für mich ein großer Schritt, die Universität zu verlassen. Ich hätte mich auch in der Forschung wohlgefühlt: Das Eintauchen und Durchdringen von Themen hat mir sehr gut gefallen. Aber jetzt ist es so, dass ich das Gefühl habe, sofern man einen langen Atem hat, kann man auch ein Stück weit Schule gestalten. Das ist etwas, das große Freude macht, aber auch sehr anstrengend sein kann.

Video des Interviews:

▶ https://tinyurl.com/Bildungspro-Birgit-Pikowsky

Literatur

Schöni, W. (2009). *Handbuch Bildungscontrolling*. Zürich: Rüegger Verlag.

Qualitätssicherung und Qualitätsentwicklung im Bildungswesen

Ulrike Rangel

11.1 Einleitung – 116

11.2 Interview mit Dr. Ulrike Rangel – 116

Literatur – 126

Die Online-Version für das Kapitel (https://doi.org/10.1007/978-3-662-554411-1_11) enthält Zusatzmaterial, welches berechtigten Benutzern zur Verfügung steht. Laden Sie sich zum Streamen der Videos die „Springer Multimedia App" aus dem iOS- oder Android-App-Store und scannen Sie die Abbildung, die den „play button" enthält.

© Springer-Verlag GmbH Deutschland 2018
O. Dickhäuser, B. Spinath (Hrsg.), *Berufsfelder der Pädagogischen Psychologie*,
Meet the Expert: Wissen aus erster Hand, https://doi.org/10.1007/978-3-662-55411-1_11

11.1 Einleitung

Oliver Dickhäuser

Bildungsarbeit findet (nicht nur, aber auch) in verschiedenen Institutionen statt, etwa in Einrichtungen des Elementarbereichs, in allgemeinbildenden oder beruflichen Schulen, in Hochschulen (▶ Kap. 12) oder in Betrieben. Diese unterschiedlichen Institutionen bedingen jeweils spezifische Möglichkeiten und Herausforderungen, wenn es gilt, die Frage zu beantworten, wie gut die jeweilige Bildungsarbeit ist und wie dieser Erfolg noch erhöht werden kann (Klieme und Tippelt 2008). Um die Qualität insbesondere institutionalisierter schulischer Bildung besser erfassen, sichern und entwickeln zu können, unterhalten mittlerweile nahezu alle Bundesländer entsprechende Einrichtungen (zumeist als Landesinstitute bezeichnet), deren Aufgabe – bei je nach Bundesland unterschiedlichen Nuancierungen – primär darin besteht, die Ergebnisse schulischer Bildung zu erfassen und Schulen in ihrem Bemühen um gute Bildungsarbeit zu unterstützen.

Mit ihrer inhaltlichen Kompetenz mit Blick auf Unterrichtsqualität, Instruktionsprozesse und deren Optimierung bringen Pädagogische Psychologinnen und Psychologen wichtige Kompetenzen mit, um die Arbeit in diesen Einrichtungen erfolgreich zu machen. Hinzu kommt, dass Pädagogische Psychologinnen und Psychologen über spezifische methodische Expertise verfügen (etwa hinsichtlich der Erfassung von Kompetenz oder bei der Konzeption formativer und summativer Evaluationen). Eine Tätigkeit im Bereich der Qualitätssicherung und -entwicklung ist – auch vor dem Hintergrund der nicht unbeträchtlichen Größe der jeweiligen Landeseinrichtungen – ausgesprochen interessant für Personen, die sich für eine forschende Tätigkeit im Bereich der empirischen Bildungsforschung außerhalb von Universitäten (▶ Kap. 14) interessieren. Wegen der engen Zusammenarbeit mit wichtigen anderen Akteuren im Bildungssystem müssen Pädagogische Psychologinnen und Psychologen, die in diesem Bereich der Qualitätssicherung und -entwicklung arbeiten, auch sehr gut in der Lage sein, mit anderen Berufsgruppen sinnvoll kommunizieren zu können. Das betrifft nicht nur die Fähigkeit, Ergebnisse von wissenschaftlichen Studien adressatengerecht aufbereiten zu können, sondern auch die Bereitschaft, Bedürfnisse und Wünsche anderer Akteure aufzugreifen und in sinnvoller Art und Weise in die weiteren Qualitätsentwicklungsprozesse einfließen zu lassen.

Dieses spannende Berufsfeld wird uns von Dr. Ulrike Rangel vorgestellt, die als Mitarbeiterin im Landesinstitut für Schulentwicklung in Baden-Württemberg beschäftigt ist und sich dort derzeit vor allem mit Fragen der Selbst- und Fremdevaluation von Schulen beschäftigt.

11.2 Interview mit Dr. Ulrike Rangel

Das Interview führten Vanessa Renner und Marcel Aschmann im September 2016.

Interviewer/in:
Sie haben Psychologie studiert und anschließend im Bereich der Sozialpsychologie promoviert. Jetzt sind Sie am Landesinstitut für Schulentwicklung in Baden-Württemberg tätig. Womit befasst sich das Landesinstitut im Allgemeinen, und wie kam es dazu, dass Sie sich für die Arbeit in der Schulentwicklung entschieden haben?

Dr. Ulrike Rangel:
Das Landesinstitut ist eine Landeseinrichtung und zugleich eigenständige Institution, das heißt, es ist eine sogenannte rechtsfähige Anstalt des öffentlichen Rechts und zuständig für Aufgaben

im Kultusbereich in Baden-Württemberg. Das bedeutet unter anderem, dass wir keine externe Dienstaufsicht haben, wie z. B. Staatliche Schulämter. Von unserer Struktur her haben wir rund 70 feste Mitarbeiterinnen und Mitarbeiter und über 200 Personen, die aus der Schule kommen und entweder zeitweise voll oder teilweise hier arbeiten und teilweise an einer Schule. Das heißt, die meisten Beschäftigten am Landesinstitut sind Lehrkräfte und haben dadurch den Anknüpfungspunkt an die tatsächliche Schul- und Unterrichtspraxis. Ansonsten haben die Mitarbeiterinnen und Mitarbeiter einen Hintergrund in der Sozialwissenschaft, Sozialpädagogik, Erziehungswissenschaft oder Psychologie. Von unseren Aufgaben her verstehen wir uns im baden-württembergischen Bildungssystem als Dienstleister auf der einen Seite, das heißt, wir erstellen konkrete Unterstützungsmaterialien für Lehrkräfte, die ihnen im Unterricht helfen sollen. Auf der anderen Seite verstehen wir uns aber auch als Impulsgeber für z. B. die Schulentwicklung von Schulen und als Impulsgeber für das Bildungssystem insgesamt. Dadurch haben wir beispielsweise Aufgaben im Bereich der Bildungsberichterstattung, das heißt Statistiken und Analysen im Bereich Bildung, der Qualitätsentwicklung und Evaluation, im Bereich Schulentwicklung und empirische Bildungsforschung, und auch die Bildungspläne, die neu in Baden-Württemberg sind, sind hier im Haus zusammen mit Umsetzungshilfen erstellt worden.

Was meinen Werdegang betrifft: Im Prinzip habe ich mich ganz konkret auf Basis einer für mich sehr spannenden Stellenausschreibung hier im Haus beworben. Ich habe nach der Promotion nach einem Bereich gesucht, wo man das, was ich aus der Wissenschaft kannte, ein Stück weit in die Praxis transferieren kann, also wo es wirklich einen konkreten Anwendungsbereich gibt. Ich habe mich damals auf ein Projekt hier im Landesinstitut beworben, wo es um einen Schulversuch ging. Es wurde eine erweiterte Kooperation zwischen Haupt- und Realschulen im Land untersucht, die es ermöglichen sollte, dass leistungsstarke Schülerinnen und Schüler der Hauptschule am Unterricht der Realschule teilnehmen. Dafür hat man einen Psychologen gesucht, der eine Begleituntersuchung, eine Evaluation, dazu macht, also beispielsweise beobachtet, wie sich die Hauptschüler-/innen bezüglich ihrer Leistung in der Realschule entwickeln, was das mit den Realschülern macht, wenn Hauptschüler im Unterricht dabei sind, und auch die Entwicklung der Motivation und des Selbstbilds der Hauptschüler erfasst. Ich fand das unheimlich spannend, und es hat genau diesen Anwendungsbezug gehabt, den ich gesucht habe. Das macht diese Arbeit hier insgesamt auch so spannend, weil sie eben diese Schnittstelle zwischen Wissenschaft und Praxis darstellt.

I:
Können Sie anhand einer konkreten Aufgabe aus Ihrem Arbeitsalltag schildern, wie Ihre Expertise als Psychologin bei der Qualitätssicherung und Qualitätsentwicklung im Bildungswesen gefordert ist?

UR:
Ich glaube, dass man sich generell bei den Projekten und Maßnahmen, die hier geplant werden, vornimmt, fundiert und wissenschaftlich orientiert zu arbeiten und vorzugehen. Ein konkretes Projekt, an dem man das gut sehen kann, ist z. B. die Bildungsplanreform, die ich grade angesprochen habe. Es gibt Kommissionen, die bei uns arbeiten und diesen Bildungsplan entwickeln. Im Rahmen der Entwicklung hat man nach einer Möglichkeit gesucht, wie man Rückmeldungen von unterschiedlichen Experten, Expertinnen und Praktikern und Praktikerinnen so erfassen kann, dass sie direkt im Verlauf der Entwicklung einbezogen werden können. Man hat dabei einen Weg gesucht, wie das in einer strukturierten Art und Weise machbar ist, und ist auf mich zugekommen. Ich habe eine Studie dazu entworfen, durchgeführt und ausgewertet. Das war im Prinzip eine Delphi-Studie, eine Kombination aus qualitativen Rückmeldungen, die wir beispielsweise

von Lehrkräften, von Leuten aus der Lehrerausbildung und von Wissenschaftlern bzw. Wissenschaftlerinnen eingeholt haben. Wir haben diese Personen eingeladen, die wichtigsten Rückmeldungen zusammen mit ihnen ausgesucht und das wiederum in einer quantitativen Onlinebefragung ins Land gespielt. Dabei war die Idee, dass die zentralen Rückmeldungen herauskommen. An diesem Prozess waren insgesamt strukturiert über 900 Leute beteiligt. Die Ergebnisse wurden dann an die Bildungsplankommissionen zurückgegeben, die die Ergebnisse eingearbeitet haben. Diese Unterstützungsleistung, also in dem Fall diese Studie durchzuführen, ist das, was wir hier als Psychologen tun.

I:

Im Rahmen Ihrer Arbeit am Landesinstitut für Schulentwicklung haben Sie verschiedene Bereiche kennengelernt. Dabei waren Sie auch im Fachbereich Schulentwicklung und empirische Bildungsforschung tätig. Bitte skizzieren Sie die allgemeinen Aufgaben dieses Fachbereichs und Ihre spezifische Tätigkeit.

UR:

Dieser Fachbereich ist unheimlich divers und breit aufgestellt. Das fängt an bei ganz konkreten Unterrichtsmaterialien, die z. B. für den Bereich individuelle Förderung und Kompetenzorientierung Lehrkräften zur Verfügung gestellt werden. Es gibt z. B. die sogenannten Kompetenzraster, die dazu dienen, den individuellen Lernfortschritt von Schülerinnen und Schülern für die Schülerinnen und Schüler selbst und für die Lehrkräfte sichtbar zu machen. Dann geht es weiter mit innovativen Modellvorhaben, wie z. B. dieser Schulversuch, den ich vorher genannt habe. Es gibt bestimmte Drittmittelprojekte, die in dem Bereich laufen, beispielsweise ein großes Sprachförderprogramm namens „Sag mal was" mit der Baden-Württemberg-Stiftung und ein Programm, das der Vernetzung und Förderung der Bildungsforschung in Baden-Württemberg dient. Dann gibt es den Bereich der Lernstandserhebungen, in dem ich tätig war. Dort habe ich an der Entwicklung, der Auswertung und der Evaluation der Lernstandserhebungen mitgearbeitet.

I:

Wie Sie grade schon angedeutet haben, haben Sie an der Entwicklung von Lernstand 5, einer Lernstandserhebung in weiterführenden Schulen, mitgearbeitet. Was genau ist das Ziel dieser Lernstandserhebung und was war Ihre Aufgabe dabei?

UR:

Lernstand 5 ist relativ neu, relativ frisch. Mitte September 2016 begann der zweite Durchgang mit dem Start des Schuljahrs. Das zentrale Ziel von Lernstand 5 ist, den Schülerinnen und Schülern zu Beginn der Orientierungsstufe einen guten Start in das Lernen in der Sekundarstufe zu ermöglichen. Das heißt, wir erfassen bei Lernstand 5 bestimmte eng umrissene, zentrale Basiskompetenzen in Deutsch und Mathematik. Von diesen Basiskompetenzen weiß man aus der Wissenschaft, dass sie zentral sind für das Weiterlernen in der Sekundarstufe. Gleichzeitig soll es ein Instrument für die Lehrkräfte sein. Sie sollen relativ schnell, gleich zu Beginn der Sekundarstufe, einen Einblick haben, wie die Lerngruppe, die sie vor sich haben, aufgestellt ist, also welche Heterogenität eigentlich darin vertreten ist. Bei Lernstand 5 war außerdem unser Ansatz, dass wir gleich mitliefern wollen, was nach dieser Lernstandsanalyse passieren soll. Das heißt, wir haben ein förderdiagnostisch orientiertes Instrument entwickelt, bei dem wir den Lehrkräften bestimmte Fördermaterialien in Deutsch und Mathematik zur Verfügung stellen. Diese Fördermaterialien können im Anschluss an die Lernstandsanalyse passgenau für die Schülerinnen und Schülern gemacht werden, um sie in dem entsprechenden Bereich zu fördern.

I:

Bei der Entwicklung der Testmaterialien haben Sie auch mit Lehrkräften zusammen gearbeitet. Welche Herausforderungen ergaben sich allgemein aus dieser Zusammenarbeit und worin waren Sie persönlich gefordert?

UR:

Also bei Lernstand 5 war meine ganz konkrete Aufgabe die Entwicklung des Tests im Fach Mathematik. Dabei haben wir auf der einen Seite mit Wissenschaftlern und Wissenschaftlerinnen zusammengearbeitet und auf der anderen Seite mit Lehrkräften unterschiedlicher Schularten. Eigentlich ist diese Zusammenarbeit auch nichts Spezielles, da hier im Landesinstitut sehr viele Lehrkräfte tätig sind. Egal in welchem Bereich man ist, man arbeitet immer mit Lehrkräften zusammen. Das ist eigentlich auch keine Herausforderung, sondern eine große Bereicherung. Es ermöglicht einen spannenden Austausch zwischen dem eher theoretischen und methodischen Hintergrund, den wir als Psychologen haben (z. B. mit Blick auf Testentwicklung, Teststatistik), und der Praxis. Man kann sich das, glaube ich, ganz gut vorstellen, wenn es um die Entwicklung von konkreten Testaufgaben geht. Wenn wir jetzt einen psychologischen Test entwickeln, einen Intelligenztest oder was auch immer, dann ist die teststatistische Sauberkeit des Tests und der enthaltenen Items für uns als Psychologen das Wichtigste. Das ist das, was stimmen muss. Das ist auch so, wenn man Lernstandserhebungen entwickelt. Es muss natürlich eine trennscharfe Aufgabe sein, sie muss das messen, was sie messen soll, aber sie muss eben auch beispielsweise aus Sicht der Lehrkräfte Sinn machen, sie muss spannend sein für die Schülerinnen und Schüler, sie muss in den Bildungsplan passen, sie muss aus Sicht der Lehrkräfte eine relevante Kompetenz abbilden. Das ist dann manchmal schon ein spannender Diskurs zwischen dem Teststatistischen und dem Praktischen.

I:

Heute sind Sie im Fachbereich Qualitätsentwicklung und Evaluation tätig, der sich mit der Selbst- und Fremdevaluation von Schulen beschäftigt. Was genau ist Ihre Aufgabe in diesem Fachbereich?

UR:

Um das beantworten zu können, muss ich zuerst etwas über die Fremdevaluation sagen. Das ist ein riesengroßer, komplexer und umfassender Prozess. Es ist etwas, das alle öffentlichen Schulen in Baden-Württemberg machen müssen. Sie müssen diesen Blick von außen zulassen, werden regelmäßig von uns extern evaluiert. Und deshalb haben wir ca. 80 Lehrkräfte, die speziell ausgebildet sind, sogenannte Evaluatoren. Sie haben die Aufgabe, in Baden-Württemberg Schulen zu untersuchen. Und das sind tatsächlich auch mehrere Hundert Schulen pro Schuljahr, die wir uns anschauen. Das ist ein sehr großer Prozess, der vor Ort unterschiedliche Instrumente beinhaltet, wie z. B. Interviews führen, im Vorfeld die Onlinebefragung von Schülerinnen und Schülern, Lehrkräften und Eltern, Unterrichtsbeobachtung und Dokumente sichten. Hier ist ein wesentlicher Aspekt, dass das, was rauskommt, von der Qualität her stimmt. Es werden schließlich viele Ressourcen investiert. Zum anderen ist ein wichtiger Aspekt, dass die Ergebnisse vergleichbar sind. Es muss im Prinzip egal sein, welche Evaluatoren zu welcher Schule gehen. Die Schulqualität entscheidet und nicht der subjektive Blick der Evaluatoren. Genau diese Qualitätssicherung des Verfahrens ist unsere Aufgabe in meinem Referat. Das heißt, auf der einen Seite sind wir verantwortlich für die Auswahl der Evaluatoren, für deren Ausbildung und deren kontinuierliche Weiterbildung. Darüber hinaus kontrollieren wir die Ergebnisqualität und versuchen, diese weiterzuentwickeln. Zum Beispiel müssen wir die Ergebnisberichte, die den Schulen zur Verfügung gestellt werden, sichten und prüfen, sodass die Schulen im Endeffekt auch tatsächlich etwas damit anfangen können, da ihnen das Ganze möglichst überzeugend vermittelt wird. Wir sind wiederum für die Evaluation der Fremdevaluation zuständig, das heißt, wir befragen die Schulen, die wir evaluiert haben, wie es angekommen ist, ob das Verfahren in Ordnung war, und untersuchen die Akzeptanz. Wir versuchen auch, die Instrumente, die wir einsetzen, kontinuierlich weiterzuentwickeln, beispielsweise zu überprüfen, ob wir mit den Onlinefragen, die wir stellen, das messen, was wir messen wollen.

I:
Teilweise wird Kritik an Lernstandserhebungen als outputorientierte Instrumente der Steuerung, Qualitätssicherung und -entwicklung an Schulen laut. Dabei wird bemängelt, dass die alleinige Erfassung der Schülerleistung nicht direkt, kausal oder automatisch zu Verbesserungen von Lernprozessen führen muss, da zum Beispiel unklar bleibt, welche Prozesse für die Optimierungen notwendig wären. Warum ist aus Ihrer Sicht die outputorientierte Lernstandserhebung, also die Lernstandsdiagnostik – im Gegensatz zur Lernprozessdiagnostik –, dennoch sinnvoll?

UR:
Das ist natürlich eine Rückmeldung, die wir durchaus manchmal hören und die auch bei uns ankommt. Wenn man es polemisierend ausdrückt, ist das dieser Spruch „Allein vom Wiegen wird die Sau nicht fett". Wenn man aber ein bisschen differenzierter hinschaut, sieht das Ganze schon ein wenig anders aus. Wir bekommen sehr unterschiedliche Rückmeldungen, je nachdem wen wir fragen. Schulleitungen haben in der Regel ein etwas positiveres Bild, was die Lernstandserhebungen angeht, als die Lehrkräfte selbst, was total spannend ist. Die Rückmeldung unterscheidet sich auch in Bezug darauf, nach welcher Lernstandserhebung wir fragen. Dadurch, dass wir bei Lernstand 5 im Prinzip direkt etwas mitliefern, mit dem man hinterher die Lernstandserhebung sinnvoll und auch formativ wieder für die Förderung nutzen kann, bekommen wir hier im Moment sehr positive Rückmeldungen von den Lehrkräften. Auch was die Vergleichsarbeiten VERA angeht, die bundesweit durchgeführt werden, muss man ein bisschen differenzieren. VERA an sich ist nicht allein als Instrument gedacht, das der Diagnose des Lernstands des Schülers dient, sondern soll eigentlich vielmehr ein Instrument zur Unterrichts- und Schulentwicklung sein. Das heißt, wir erhoffen uns, dass dieser objektive Blick von außen gewisse Impulse für Lehrkräfte bietet, wodurch man sich noch mal mit seinem eigenen Unterricht beschäftigen kann, auch mit Parallelkollegen/-kolleginnen des gleichen Fachs ins Gespräch kommt und Kooperationen angestoßen werden. Es kann außerdem für die Schule insgesamt ein Impuls sein, um beispielsweise zu überlegen, wo es noch gewisse Förderinstrumente braucht. Wenn es jetzt aber wirklich um die Lernstandsdiagnostik, die wir ja trotz allem mit diesen Instrumenten machen, geht, dann muss man einfach sagen, dass wir nicht davon ausgehen, dass eine Lernstandserhebung das allumfassende und alleinige Instrument sein kann. Es ist für einen gewissen Abschnitt ein objektiver Blick von außen als Rückmeldung für die Schule und für die Lehrkräfte. Und als solches ist es eben auch zu sehen. Man kann und muss es hinterher richtig nutzen. Zum Beispiel gibt es bei VERA umfangreiche didaktische Materialien für die einzelnen bei VERA gestellten Aufgaben, die wiederum im Unterricht genutzt werden und gewisse Kompetenzen fördern können.

Gleichzeitig ist eine Begleitung von Schülerinnen und Schülern durch Lehrkräfte möglich, indem man unterschiedliche Instrumente miteinander kombiniert, also auch prozessdiagnostische, eher nicht ganz formelle Instrumente, wie z. B. die Vergleichsarbeiten, sondern semiformelle Formate, wie Kompetenzraster, die für genau diese Funktion – den Prozess zu überwachen – da sind. Dann gibt es die Lernstandserhebung nach einem bestimmten Abschnitt, die sozusagen den Stand feststellt, und danach geht es weiter. So macht das insgesamt Sinn.

11.2 · Interview mit Dr. Ulrike Rangel

I:
Welche weiteren Akteure oder Maßnahmen braucht es, um Qualitätssicherung und Qualitätsentwicklung in der Bildung zu gewährleisten?

UR:
Das ist eine sehr umfassende Frage, und so kann die Antwort auch nur ganz umfassend sein. Eigentlich braucht es alle, die mit Bildung oder Schule zu tun haben, also zunächst einfach die Lehrkräfte und die Schulleitung, die für die Qualitätsentwicklung in ihrer Schule bestimmte Instrumente brauchen, beispielsweise für die Selbstevaluation, die wir wiederum den Schulen teilweise zur Verfügung stellen und sie bei der Umsetzung unterstützen.

Ein anderer wichtiger Partner für die Schulen ist die Schulverwaltung. Dazu gehören Schulämter und die Regierungspräsidien, die z. B. auf Basis der Ergebnisse von Fremdevaluationen mit den Schulen regelmäßig Zielvereinbarungen treffen, also vereinbaren, wo es in der Schulentwicklung für die einzelnen Schulen hingehen soll. Gleichzeitig gibt es in der Schulverwaltung sogenannte Fachberater Schulentwicklung, die dann wiederum die einzelnen Schulen ganz konkret begleiten und bei ihrer Qualitätsentwicklung und bei den Fragestellungen, die sie haben, unterstützen.

Die Lehreraus- und -weiterbildung muss bestimmte Kompetenzen mitgeben. Sie muss nicht nur das Fachlich-Inhaltliche transportieren, sondern auch die Idee, dass Qualitätsentwicklung zur Arbeit einer Lehrkraft dazugehört.

Was ganz konkrete Maßnahmen neben den Vergleichsarbeiten und der Fremdevaluation angeht, ist ein Instrument auf Bundesebene der sogenannte Ländervergleich. Hier wird regelmäßig anhand repräsentativer Stichproben in den Bundesländern untersucht, wo die Schülerinnen und Schüler in bestimmten Fächern in einem bestimmten Bildungsabschnitt stehen. Im Prinzip ist das ein kleines PISA für Deutschland. Dieses Bildungsmonitoring ist auf höchster Ebene ein Steuerungsinstrument, aus dem man wiederum bestimmte bildungspolitische Zielsetzungen und Steuerungsbedarfe ableiten kann.

I:
Welche Kompetenzen brauchen diese Akteure, und wie muss deren Zusammenarbeit gestaltet werden, damit diese Ziele erreicht werden können?

UR:
Auch da ist die Kompetenz je Akteur ein bisschen unterschiedlich. Bei Lehrkräften und Schulleitungen ist es, glaube ich, wichtig, dass es selbstverständlich ist, auch in seinem schulischen Alltag ein Stück weit evidenzbasiert vorzugehen, sozusagen sein eigenes Handeln kontinuierlich zu reflektieren und zu überprüfen – und das zum Teil auch mit Daten. Das bedeutet z. B., dass man sich strukturiert Rückmeldungen von den Schülerinnen und Schülern einholt und davor keine Scheu hat. Auf der zweiten Ebene sollte man auch wissen, was man mit solchen Daten anfängt, wie man sie verarbeitet und welche Maßnahmen man ableitet.

Ich glaube, auf unserer Seite, also auf der Seite derjenigen, die Daten zur Nutzung anbieten, ist es wichtig, über die nötige Vermittlungskompetenz in dem Bereich zu verfügen. Das beinhaltet, dass wir eine Ahnung davon haben, wie die Situation an Schulen aussieht, und Ergebnisse so an die Lehrkräfte und an die Schulleitung bringen, dass sie diese annehmen können und als Unterstützung wahrnehmen. Ansonsten ist, was die Zusammenarbeit angeht, das Wichtigste, dass ein ständiger Informationsaustausch und Austausch über die wechselseitigen Systeme und Zielsetzungen stattfindet. Man muss einfach voneinander wissen, man muss Bescheid wissen, was den jeweils anderen bewegt, was die Schulen vor Ort bewegt, und man muss im Austausch bleiben. Das ist zentral.

I:

Welche psychologischen Kompetenzen sind hilfreich, um diese Zusammenarbeit zu gestalten?

UR:

Das habe ich grade schon ein Stück weit angesprochen. Was wir z. B. in der Ausbildung den Evaluatoren versuchen mitzugeben, ist genau diese Vermittlungskompetenz, was im Prinzip eine hohe kommunikative Kompetenz bedeutet. Wie präsentiere ich überzeugend? Wie führe ich Gespräche konstruktiv, auch wenn vielleicht zunächst eine etwas schwierige Atmosphäre vorherrscht? Wie gehe ich gerade mit Widerständen um, wenn ich Schulen Ergebnisse zurückmelden muss, die vielleicht nicht so positiv ausgefallen sind? Oder wie gehe ich mit den Ängsten der Schule um, wenn jemand von außen kommt und meine Arbeit, meine Schule anschaut? Das ist, glaube ich, wenn es um die psychologischen Schlüsselkompetenzen geht, etwas Zentrales, das z. B. Evaluatoren haben müssen.

Was mich persönlich betrifft: Ich glaube, wenn man mit vielen unterschiedlichen Zielgruppen zu tun hat, dann ist es schon ein Vorteil, wenn man aus einem psychologischen Kontext kommt, z. B. aus der Sozialpsychologie, und dieses Gespür für unterschiedliche Systeme hat. Es ist gut zu wissen, wie wichtig diese sozialen Systeme sind und was für eine Logik sie beinhalten. Dadurch kann man sich darauf einstellen und empathisch sein – wobei ich nicht sagen würde, dass man das zwangsläufig ausschließlich im Psychologiestudium lernt. Es gibt bestimmt viele Menschen, die das genauso machen. Auf der anderen Seite glaube ich auch, dass wir Psychologen ganz gut darin sind, immer nach dem Warum zu fragen. Dinge kritisch zu hinterfragen und zu reflektieren, ist zentral, wenn man in der Qualitätsentwicklung arbeitet, und auch dafür, dass wir selbst hier gute Arbeit leisten.

I:

Mit welchen externen Stellen arbeiten Sie zusammen, und welche Herausforderungen sind damit verbunden?

UR:

Wir arbeiten mit den unterschiedlichsten Partnern. Wer sicher ein ganz enger Kooperationspartner für uns ist, ist das Kultusministerium mit seinen unterschiedlichen Abteilungen, einfach aus dem Grund, weil wir die meisten Aufträge von dieser Seite bekommen. Auf der anderen Seite arbeiten wir mit unterschiedlichen Stellen in der Schulverwaltung wie den Regierungspräsidien und den Staatlichen Schulämtern. Wir kooperieren mit den Seminaren, die die Lehrerausbildung machen, wo wir zum Teil auch Vorträge bei Fortbildungen und Lehrerweiterbildungen halten. Wissenschaft ist im weitesten Sinne ein Partner; so ist z. B. die Kooperation mit unterschiedlichen Hochschulen ein Thema, auch die Zusammenarbeit mit anderen Instituten. Es gibt in den meisten Bundesländern ein Institut wie unseres und in den meisten Ländern auch die Fremdevaluation in der einen oder anderen Form. Hier ist ein Austausch einfach sehr wichtig.

Was Herausforderungen angeht, ist, wie bereits angesprochen, einfach das Wissen wichtig, dass jedes System seine eigene Logik hat. Wenn ich irgendetwas aufbereite, das z. B. ans Kultusministerium geht, muss ich anders kommunizieren, als wenn ich vor einer Gruppe von Lehrkräften stehe, die ich für die Fremdevaluation begeistern möchte, oder wenn ich Ergebnisse der Entwicklung von Lernstand 5 beispielsweise bei einer Tagung mit anderen Wissenschaftlern vorstelle. Da ist ein gewisses „switchen" zwischen den Kontexten gefordert.

Ich erkläre es an einem ganz konkreten Beispiel: Ich hatte bereits gesagt, dass wir bei Lernstand 5 im Fach Mathematik mit Wissenschaftlern zusammengearbeitet haben, nämlich mit einem Kooperationspartner an der PH Freiburg. In der Forschung geht es darum, Dinge mit

Neuheitswert zu erforschen, zu publizieren und in den wissenschaftlichen Diskurs einzubinden. Wir dagegen nutzen zwar dieselben Methoden und greifen auf dieselben wissenschaftlichen Ergebnisse zurück, aber unsere Zielsetzung bei Lernstand 5 war es, ein tragfähiges Produkt zu erstellen, das hinterher landesweit implementiert wird. Dieses Produkt muss an Lehrkräfte vermittelbar sein, und das bedeutet z. B. in aller Regel einen sehr viel längeren Abstimmungs- und Beteiligungsprozess als in der Wissenschaft. Dass bei den Kooperationspartnern unterschiedliche Zielsetzungen bestehen und unterschiedliche Logiken vorherrschen, erfordert von beiden Seiten Verständnis. Trotzdem macht es sehr viel Spaß zusammenzuarbeiten und man kann viel voneinander lernen.

I:
Wie kann man sich einen typischen Arbeitsalltag von Ihnen vorstellen?

UR:
Den typischen Tag gibt es, glaube ich, nicht. Ganz allgemein ist es so, dass wir durch unser Arbeitsgebiet natürlich an den Schuljahresrhythmus gekoppelt sind. Das heißt, es gibt stressigere Zeiten – das sind die Schulzeiten – und etwas ruhigere Zeiten in den Ferien. Dadurch, dass ich jetzt stellvertretende Referatsleitung bin, sind etwas mehr administrative Aufgaben dazugekommen. Zusätzlich bin ich auch noch Qualitätsmanagementbeauftragte am Landesinstitut. Wir haben selbst ein Qualitätsmanagementsystem, das zertifiziert ist, einfach schon aus dem Grund, dass wir nicht rausgehen und Schulen evaluieren können und uns selbst nicht anschauen. Das heißt, ein Teil meiner Arbeit besteht neben den Referatsaufgaben beispielsweise auch aus internen Evaluationen. Meistens verbringe ich meinen Arbeitstag entweder hinter meinem Bildschirm oder in Besprechungen. Manchmal bin ich auch bei externen Terminen, z. B. wenn ich bei einer Fortbildung oder Tagung dabei bin.

Wenn Sie mich jetzt zu meinem gestrigen Tag fragen, da habe ich den Evaluationsbericht für die Fremdevaluation vom letzten Jahr fertig geschrieben. Das war eine Onlinebefragung von Schulleitung, Lehrkräften, Schülerinnen und Schülern. Diese habe ich ausgewertet und den fertigen Bericht an meine Chefin weitergegeben. Ich habe in einer Besprechung mit Personen aus unterschiedlichen Bereichen hier aus dem Haus gesessen, wo wir zusammen mit unserem Direktor überlegt haben, in welchen inhaltlichen Bereichen wir uns zukünftig noch besser aufstellen wollen, wo wir unsere Arbeit insgesamt noch weiter verbessern können. Ich habe einen Baustein für die Ausbildung unserer neuen Evaluatoren vorbereitet. Wir organisieren Mitte Oktober einen Tag, an dem sie in die sozialwissenschaftlichen Methoden eingeführt werden. Sie lernen dabei Grundlagen, die sie nachher für ihre Evaluationstätigkeit brauchen. Dann habe ich noch eine kleine Onlinebefragung zu einem Weiterbildungstermin gemacht. Wir haben sogenannte Dienstbesprechungen, bei denen alle Evaluatoren ins Haus kommen und wir zu bestimmten Themen Informationen und Schulungen anbieten. In der Umfrage ging es darum, was wir bei der nächsten Dienstbesprechung besser machen können. Also es war eine bunte Mischung an Aufgaben und so ist es meistens.

I:
Welche fachlichen Kompetenzen, die Sie im Psychologiestudium erworben haben, helfen Ihnen noch heute bei der Bewältigung Ihrer beruflichen Aufgaben?

UR:
Also der engste Bezug besteht zu den Methoden, die wir im Studium lernen. Bei den Lernstandserhebungen sind es Kenntnisse der Testentwicklung, Testtheorie und der probabilistischen

Testmodelle, die notwendig sind. Im Bereich der Fremdevaluation ist es zum großen Teil die Fragebogenentwicklung, also zu wissen, wie man Fragebögen erstellt und mit Statistikprogrammen wie SPSS oder R auswertet. Wir Psychologen sind die Personen, die die Praktiker und Praktikerinnen in diesem Bereich unterstützen. Zu wissen, wie man wissenschaftliche Artikel liest, wie man die enthaltenen Ergebnisse interpretiert und bewertet, um dann sagen zu können, welche Punkte beachtet und eingebracht werden müssen, ist auch zentral. Das sind die methodischen Kompetenzen, die nach wie vor das Handwerkszeug sind.

Von den inhaltlichen Kompetenzen, die man gelernt hat, gehören im Bereich Fremdevaluation vor allen Dingen Kenntnisse aus der Schul- und Unterrichtsforschung dazu, wobei sich das natürlich kontinuierlich weiterentwickelt und man da am Ball bleiben muss. Das sind die beiden wichtigsten Bereiche, würde ich sagen.

I:

Wie selbstständig sind Sie in Ihrer Arbeit bezüglich der Auswahl oder Zuweisung von Projekten?

UR:

Es ist so, dass wir als Landesinstitut gegründet wurden, um bestimmte Aufgaben, die es im Bildungsbereich gibt, zu erfüllen. Das heißt, bestimmte Dinge sind einfach gesetzlich vorgegeben, wie z. B. die Lernstandserhebungen oder die Fremdevaluation. Da steht es nicht zur Diskussion, ob wir das machen, sondern es ist einfach unsere gesetzlich festgelegte Aufgabe. Das heißt aber auf der anderen Seite nicht, dass wir keinen Gestaltungsspielraum auf der inhaltlichen Ebene haben. Bei der Evaluation zur Fremdevaluation z. B. setzen wir uns im Fachbereich zusammen und überlegen uns, was uns weiterbringt, was wir von den Schulen wissen wollen und wozu wir Rückmeldung haben wollen, und dann fragen wir das. Insgesamt ist es natürlich so, dass die Dinge, die wir tun, in der Regel einen engen Abstimmungsbedarf haben. Wenn uns das Kultusministerium einen bestimmten Auftrag gibt, dann beteiligen und informieren wir das Kultusministerium. Inhaltliche Grundsatzdinge werden dann dort freigegeben. Aber das ist auch okay, denn wenn sich hinterher alle Schulen im Land damit beschäftigen, ist es auch ganz gut, wenn jemand von extern draufschaut. Auf der anderen Seite können wir auch selbst Impulse geben, indem wir dem Kultusministerium zurückmelden, dass man in einem Bereich etwas unternehmen müsste, und um einen Auftrag bitten.

I:

Bitte schildern Sie, wie sich Ihre beruflichen Kompetenzen während Ihrer Tätigkeit entwickelt haben und welche Maßnahmen hierbei besonders förderlich waren.

UR:

Ich habe in der Sozialpsychologie promoviert und kam nach der Promotion relativ systemfremd ans Landesinstitut, im Gegensatz zu einer Lehrkraft, die mit dem System der Schulverwaltung ein Stück weit vertraut ist. Ich habe beispielsweise ein paar Tage gebraucht, um überhaupt zu verstehen, dass KM die Abkürzung für Kultusministerium ist. Ich hatte zu diesem Schulsystem einfach keinen größeren Bezug, als selbst einmal Schülerin gewesen zu sein. Aber in diesem Bereich bin ich natürlich mittlerweile schon sehr viel mehr drin. Das ist einfach eine Erweiterung der Perspektive. Man lernt, was es alles gibt, welche Akteure beteiligt sind, was ein Ministerium macht, wie es aufgestellt ist und was in einem Bildungsplan festgehalten wird. Diese Dinge lernt man, was jetzt nicht heißt, dass das ganz gezielte Maßnahmen waren. Dafür gibt es auch keine direkte Fortbildung, sondern das ist im Prinzip „learning by doing" Einfach dadurch, dass ich hier in unterschiedlichen Bereichen gearbeitet habe und in dieses System reingekommen bin, weiß ich diese Dinge. Dafür braucht man Zeit, aber das ist nichts, was man dezidiert lernen kann. Durch die Expertenbefragung beispielsweise weiß ich jetzt, was den neuen Bildungsplan inhaltlich ausmacht und warum er das enthält, was er enthält. So kriegt man das mit. Gezielte Maßnahmen könnte ich nicht benennen.

I:

Welche persönlichen Fähigkeiten sollte man darüber hinaus Ihrer Ansicht nach mitbringen, um erfolgreich im Bereich der Qualitätssicherung und Qualitätsentwicklung im Bildungswesen arbeiten zu können?

UR:

Ich glaube, das Wichtigste ist ein langer Atem. Das Thema Qualitätsentwicklung, aber auch insgesamt diese Schnittstelle zwischen Bildungspolitik, Bildungspraxis und Bildungsforschung ist ein dickes Brett. Das ist ein System, das in langen Abschnitten denkt, und Veränderungen brauchen einfach lange Zeit. Auch dieser Wandel im Denken, dass beispielsweise Qualitätsentwicklung hilft und dass es letzten Endes dazu dient, dass die Schülerinnen und Schüler besser lernen, braucht Zeit. Das heißt, man muss eine Person sein, die ein gewisses Durchhaltevermögen mitbringt und die auch wirklich diese längerfristige Perspektive mag und nicht nur nach ganz schnellen Erfolgen sucht. Gleichzeitig ist es wichtig, dass man Spaß daran hat, kleine Dinge zu verändern. Das beinhaltet z. B., eine Gruppe von Lehrkräften von der Fremdevaluation oder den Vergleichsarbeiten zu überzeugen, dass sie wissen, wie sie diese nutzen können, und sie sinnvoll finden. Diese Veränderung auf kleinen Wegen mit anzustoßen, ist ein wichtiger Aspekt. Auf der anderen Seite ist die Fähigkeit, in den unterschiedlichen Kontexten zu arbeiten, eine zentrale Kompetenz. Man muss in der Lage sein, Inhalte, die in der eigenen wissenschaftlichen Perspektive begründet sind, so zu übersetzen und präsentieren, dass sie die jeweilige Adressatengruppe erreichen und für diese passend sind.

I:

Welche formalen Qualifikationen sollte ein Bewerber oder eine Bewerberin mitbringen, um in der Qualitätssicherung und Qualitätsentwicklung im Bildungswesen tätig werden zu können?

UR:

Ich kann es, glaube ich, nicht für den gesamten Bewerberkreis und für das gesamte System der Qualitätsentwicklung sagen. Aber ich kann sagen, was Psychologen mitbringen, die bei uns arbeiten. Das sind in der Regel Personen, die einen Master und eine gewisse Affinität zum Bildungssektor haben. Manche haben auch direkt den Master mit dem Schwerpunkt „Empirische Bildungsforschung" oder ein Praktikum in diesem Bereich gemacht. In der Regel sind auch Leute, die zumindest teilweise in der akademischen Forschung mitgearbeitet haben oder ein Teil wissenschaftlicher Projekte waren. Es gibt aber auch manche, die direkt nach dem Studium bei uns anfangen. Das kommt dann wieder ein bisschen auf die Aufgabe an. Eine gewisse Affinität zu Methoden und Methodenkenntnisse sind aber in jedem Fall von Bedeutung.

I:

Zum Ende unseres Gesprächs haben wir noch eine abschließende Frage: Was würden Sie Studierenden, die sich für den beruflichen Schwerpunkt „Schulentwicklung, Qualitätssicherung und Qualitätsentwicklung" interessieren, raten?

UR:

Ich finde diesen Beruf gut. Wenn man sich für das Thema interessiert, sollte man das auf alle Fälle verfolgen. Wie gesagt, es gibt eigentlich in fast jedem Bundesland entweder ein eigenes Institut oder einen Bereich im Kultusministerium, der unsere Aufgaben übernimmt. In der Regel gibt es immer ein paar Stellen, die von Psychologen ausgefüllt werden. Ich würde vorschlagen, sich hier zu orientieren und zu informieren. Manche Dinge kann man nicht aus Büchern oder direkt an der Uni lernen, deshalb ist es, denke ich, sinnvoll, das Institut anzuschreiben und nach einem Praktikum zu fragen. Also bei uns ist es auf alle Fälle möglich, ein paar Wochen hier zu sein und sich die Arbeit anzugucken. Ich glaube, das würde ich jedem raten, der das gerne machen möchte.

Video des Interviews:

▶ https://tinyurl.com/Qualitaetssich-Ulrike-Rangel

Literatur

Klieme, E. & Tippelt, R. (Hrsg.) (2008). Qualitätssicherung im Bildungswesen (Beiheft). *Zeitschrift für Pädagogik, 53*.

Qualitätsmanagement für Studium und Lehre

Sophie Butz

12.1   Einleitung – 128

12.2   Interview mit Sophie Butz, M.Sc. – 128

Literatur – 135

Die Online-Version für das Kapitel (https://doi.org/10.1007/978-3-662-554411-1_12) enthält Zusatzmaterial, welches berechtigten Benutzern zur Verfügung steht. Laden Sie sich zum Streamen der Videos die „Springer Multimedia App" aus dem iOS- oder Android-App-Store und scannen Sie die Abbildung, die den „play button" enthält.

© Springer-Verlag GmbH Deutschland 2018
O. Dickhäuser, B. Spinath (Hrsg.), *Berufsfelder der Pädagogischen Psychologie*,
Meet the Expert: Wissen aus erster Hand, https://doi.org/10.1007/978-3-662-55411-1_12

12.1 Einleitung

Birgit Spinath

Der Bereich Qualitätssicherung für Studium und Lehre hat in den letzten Jahren enorm an Bedeutung gewonnen (z. B. Wissenschaftsrat 2008) und ist daher ein stark wachsendes Arbeitsfeld. Vor allem der Bologna-Prozess mit der Notwendigkeit zur Akkreditierung von Studiengängen und Institutionen hat dazu geführt, dass Prozesse und Strukturen für Qualitätsmanagement entwickelt und implementiert wurden (Benz et al. 2014). Dies hat zur Professionalisierung des Bereichs Studium und Lehre beigetragen. Das Aufgabengebiet von Qualitätsmanagerinnen und -managern rund um Studium und Lehre in der Hochschule reicht von Lehrevaluationen über Studiengang- und Absolventenbefragungen bis hin zu Akkreditierungsverfahren. Typischerweise werden diese Aufgaben von multidisziplinären Teams wahrgenommen, wobei Pädagogische Psychologinnen und Psychologen durch ihre methodischen und inhaltlichen Kompetenzen beste Voraussetzungen für die Aufgaben des Qualitätsmanagements in Hochschulen mitbringen. Zentral sind hierfür Kenntnisse über diagnostische Verfahren, sicherer Umgang mit großen Datenmengen sowie ein solides Wissen über Lehr-Lern-Prozesse in der Hochschule. Darüber hinaus sind soziale Kompetenzen im Umgang mit verschiedenen Personengruppen innerhalb der Universität und in deren Umfeld unerlässlich.

Im Folgenden wird das Arbeitsfeld der Qualitätsbeauftragten für Studium und Lehre an der Universität Heidelberg vorgestellt. Es handelt sich um eine im Rahmen der Systemakkreditierung der Universität neu geschaffene Position, die auf Ebene der Dekanate in jeder Fakultät dauerhaft eingerichtet wurde. Sophie Butz, M.Sc., die Qualitätsmanagementbeauftragte der Fakultät für Verhaltens- und Empirische Kulturwissenschaften, wird uns von ihrer Arbeit berichten.

12.2 Interview mit Sophie Butz, M.Sc.

Das Interview führten Eva Bosch und Jasmin Stein im November 2016.

Interviewerin:
Frau Butz, vielen Dank, dass Sie sich heute die Zeit für uns genommen haben. Sie arbeiten als Qualitätsmanagementbeauftragte für Studium und Lehre der Fakultät für Verhaltens- und Empirische Kulturwissenschaften an der Universität Heidelberg. Wie wir recherchiert haben, handelt es sich hierbei um ein relativ junges Berufsfeld. Können Sie uns sagen, welche Entwicklungen dazu geführt haben, und wie lange es Ihre Stelle schon gibt?

Sophie Butz, M.Sc.:
Qualitätssicherung und Qualitätsentwicklung sind permanente Bestandteile des Wissenschaftsprozesses an der Universität Heidelberg, und die wurden auch nicht erst mit der Bologna-Reform eingeführt oder mit der Verankerung im Landeshochschulgesetz. Die Universität Heidelberg hat ein Qualitätsmanagementsystem implementiert, das alle Leistungsbereiche abdeckt. Dieses Qualitätsmanagementsystem heißt heiQUALITY. Damit möchte die Universität Heidelberg Prozesse systematisieren und ein Mehr an Erkenntnisgewinn ableiten. Es ist das Ziel, daraus Maßnahmen zur Qualitätssicherung und -entwicklung abzuleiten und das für alle Leistungsbereiche, also für Studium und Lehre, für Services und Administration sowie für Forschung und Nachwuchsförderung.

Meine Stelle wurde 2014 eingerichtet. In diesem Jahr wurde die Universität Heidelberg systemakkreditiert, was bedeutet, dass wir die Akkreditierung für unsere Studiengänge selbstständig durchführen können. In meinen Augen ist das ein bedeuter Zugewinn an Autonomie. Eine Empfehlung zur Systemakkreditierung war die Einrichtung von sogenannten Qualitätsmanagementbeauftragten-Stellen, kurz auch QMB genannt. Pro Fakultät sollte eine solche Stelle eingerichtet werden. Ich habe das Glück, diese Stelle an unserer Fakultät bekleiden zu dürfen. Es ist Ziel des Rektorats, eine nachhaltige Qualitätskultur zu etablieren, die sich durch verschiedene Aspekte auszeichnet. Das sind einmal Information und Kommunikation, das heißt, alle Akteure müssen sich darüber einigen, welches Ziel man verfolgt und welche Kriterien man für die Qualitätsentwicklung ansetzt. Das sind unabdingbare Voraussetzungen für die Entwicklung einer Qualitätskultur. Daneben gibt es den Aspekt Partizipation und Verantwortung, das heißt Übernahme von Aufgaben und Verantwortung für deren Durchführung. Ein weiterer Aspekt ist das Lernen von- und miteinander, das heißt, die unterschiedlichen Fächerkulturen sollen sich ergänzen im Sinn einer gemeinsamen Weiterentwicklung. Deshalb ist Qualitätsentwicklung kein statischer, sondern ein dynamischer Prozess. Durch den konstruktiv kritischen Diskurs und die Kontextualisierung gibt die Universität den Fächerkulturen Raum für Erfahrungsaustausch. Qualitätsentwicklung basiert also nicht rein auf Daten, sondern bezieht auch immer den Kontext der verschiedenen Fächerkulturen mit ein. Deren Charakteristika sind wesentlich, um Verbesserungspotenziale zu identifizieren und Strategien entwickeln zu können.

I:

Das hat uns sehr geholfen, Ihre Stelle im Kontext dieses Qualitätsmanagementsystems einzuordnen. Sie haben schon das Qualitätsmanagementsystem heiQUALITY angesprochen und einige Bereiche genannt, in denen es angewandt wird, sowie einige konkretere Ziele. Was sind die erklärten Ziele des heiQUALITY-Systems?

SB:

Erst einmal zu den allgemeinen Qualitätszielen: Die Universität Heidelberg versteht sich als eine forschungsorientierte Volluniversität und ist ausgerichtet auf den wissenschaftlichen Erkenntnisgewinn, aber auch den gesellschaftlichen Nutzen. Sie verfolgt das Ziel, sich zu einer weltweit führenden Institution in der Forschung und auch in forschungsbasierter Lehre weiterzuentwickeln. Dementsprechend braucht man ein Qualitätsmanagementsystem, um dieses Ziel verfolgen zu können. Das QM-System umfasst dabei drei Leistungsbereiche: Da sind einmal Studium und Lehre, Services und Administration sowie die Forschung und die Nachwuchsförderung. Das ist fest im Zukunftskonzept der Universität Heidelberg verankert. In konkreter Ausgestaltung und Weiterführung dieser allgemeinen Qualitätsziele werden noch spezifische Qualitätsziele für diese drei Leistungsbereiche definiert. Das ist ein kontinuierlicher Prozess, und für diese drei Bereiche befindet sich dieser Prozess derzeit in unterschiedlichen Stadien. Ein finales Ende wird es per se nicht geben, da sich diese Bereiche auch immer kontinuierlich weiterentwickeln werden.

Jetzt möchte ich noch auf die Qualitätsziele in Studium und Lehre eingehen, weil das der Bereich ist, für den ich tätig bin. Der Senat der Universität Heidelberg hat im Jahr 2012 die Qualitätsziele verabschiedet. Dabei verfolgt die Universität anknüpfend an ihr Leitbild und an die Grundordnung fachspezifische, fachübergreifende und berufsfeldbezogene Ziele. Daraus kann man ein Kompetenzprofil ableiten, das auch ein Qualifikationsprofil für alle Studierenden bzw. für alle Studiengänge der Universität Heidelberg darstellt. Dieses Qualifikationsprofil wird in den Modulhandbüchern jedes Studiengangs aufgenommen und soll in den Curricula der verschiedenen Studiengänge umgesetzt werden. Dadurch sollen die Studierenden in verschiedenen, definierten Bereichen Kompetenzen entwickeln. Das sind zunächst fachliche

Kompetenzen mit einer ausgeprägten Forschungsorientierung und transdisziplinäre Dialogkompetenz. Sie sollen eine praxisorientierte Problemlösekompetenz und personale Sozialkompetenzen entwickeln. Auf Basis dieser erworbenen Kompetenzen sollen sie gesellschaftliche Verantwortung wahrnehmen. Maßnahme zur Umsetzung dieses Qualifikationsprofils sind einmal eine Verbindung von Forschung und Lehre, und zwar in allen Phasen des Studiums, sowie eine Sensibilisierung der Studierenden für die gesellschaftlichen Dimensionen ihres Fachs. Natürlich spielt die Qualität von Lehrveranstaltungen eine große Rolle. Diese wird stetig weiterentwickelt entsprechend des Feedbacks, das die Studierenden in den Lehrveranstaltungsbefragungen abgeben. Und daran wird dann auch die Lehr- und Lernqualität stetig weiterentwickelt. Zusätzlich sollen die Studienbedingungen immer weiter optimiert werden, auch vor dem Hintergrund einer immer heterogeneren Studierendenschaft. Und die Absolventinnen und Absolventen sollen eine optimale Unterstützung erhalten, vor allem beim Übergang in den Beruf.

I:
Um diese Ziele, die sie gerade genannt haben, in der Realität umzusetzen, bedarf es eines kontinuierlichen Prozesses. Innerhalb von heiQUALITY gibt es das sogenannte Q+Ampel-Verfahren. Können Sie uns erläutern, was das ist und wie das normalerweise abläuft? Vielleicht anhand eines Beispiels?

SB:
Eine zentrale Aufgabe meines Berufs ist die Begleitung des Q+Ampel-Verfahrens – ein langjähriger Prozess. Es ist ein sogenanntes Screening- und Monitoringverfahren für Studiengänge und stellt den Fächern Informationen zur Verfügung, wie sie sich qualitativ weiterentwickeln können. Es überprüft auch, ob die Fächer ihre dezentralen Aufgaben wirklich so wahrnehmen. In diesem Rahmen – also im Rahmen des Q+Ampel-Verfahrens – erfolgt auch die Akkreditierung bzw. die Re-Akkreditierung von Studiengängen. Das Q+Ampel-Verfahren ist auf ca. fünf bis sieben Jahre angelegt und besteht aus vielen Einzelschritten: Zunächst beginnt man damit, Daten zu sammeln und aufzubereiten. Das wird vom QM-Team Studium und Lehre weitestgehend durchgeführt und dem jeweiligen Fach zur Verfügung gestellt. Beispielsweise wird da schon ersichtlich, welche Stärken und welche Schwächen ein Fach hat. Im nächsten Schritt steht die Q+Ampel-Klausur an. Das ist ein konstruktiv-kritisches Gespräch über diese gesammelten Daten, die Stärken und Schwächen des Fachs. Dabei hat man noch mal Raum, sich auszutauschen. An diesem Gespräch nehmen Fachvertreter teil; das sind zum einen Studierende, aber auch Vertreter aus dem Mittelbau und Professoren. Weiterhin nehmen Vertreter vom QM-Team Studium und Lehre teil sowie die Senatsbeauftragten für Qualitätsentwicklung, kurz SBQE genannt, und ich als Qualitätsbeauftragte.

Im Anschluss an diese Klausur haben alle die Möglichkeit, eine Stellungnahme abzugeben. Zunächst geben die SBQE eine Stellungnahme ab, in der sie noch mal auf die Schwächen und Stärken des Faches eingehen. Sie sprechen dabei Empfehlungen oder Auflagen aus, die das Fach erfüllen muss, um sich qualitativ weiterzuentwickeln und um akkreditiert werden zu können. Die Stellungnahme enthält außerdem die sogenannte Ampelschaltung – grün, gelb, rot oder eine Abstufung – für den Studiengang. Diese Ampelschaltung kann als eine zusammenfassende Bewertung des Studienganges gesehen werden. Dazu nimmt dann das Fach Stellung und entwickelt einen Maßnahmenplan, wie es die Empfehlungen oder Auflagen umsetzen möchte. Wenn das Rektorat alles weitgehend als positiv bewertet, spricht es die Akkreditierung des jeweiligen Studienganges aus. Zur Überprüfung, ob die Maßnahmen auch erfolgreich umgesetzt wurden, gibt es Zwischenstands- bzw. Monitoringberichte.

12.2 · Interview mit Sophie Butz, M.Sc.

I:

Sie haben schon verdeutlicht, dass immer ein Diskurs zwischen vielen verschiedenen Akteuren stattfindet. Wie sieht das in Ihrem Arbeitsalltag aus – mit wem arbeiten Sie in diesem Prozess zusammen?

SB:

Da dieser Prozess aus vielen, zeitlich parallelen Einzelschritten besteht, arbeite ich mit vielen Personen zusammen. Unsere Fakultät besteht aus fünf Fächern mit verschiedenen Ansprechpartnern. Es kommt also darauf an, an welchem Punkt im Verfahren sich ein Fach gerade befindet. Dies bestimmt, mit wem ich gerade zusammenarbeite. Meistens habe ich in einem Fach ein bis zwei feste Ansprechpartner, mit denen ich über den gesamten Prozess hinweg zusammenarbeite. Und dann arbeite ich natürlich noch mit den Ansprechpartnern aus dem QM-Team zusammen und z. B. auch mit Ansprechpartnern aus der Rechtsabteilung, wenn es z. B. gerade darum geht, eine Prüfungsordnung oder ein Modulhandbuch zu erstellen oder zu überarbeiten. Wenn es um universitätsübergreifende Themen geht, arbeite ich noch mit den QMB der anderen Fakultäten zusammen. Das heißt, meine Ansprechpartner variieren, abhängig davon, ob es sich um fachspezifische oder universitätsübergreifende Themen handelt.

I:

Sie haben bereits angesprochen, dass im Qualitätssicherungsprozess stetig Daten gesammelt, ausgewertet und evaluiert werden. Welche wissenschaftlichen Methoden und Messinstrumente werden dabei verwendet?

SB:

Eine Menge! Eine zentrale Rolle spielen die Befragungen der Studierenden, und da gibt es z. B. die Studiengangbefragung. Dabei können die Studierenden den gesamten Studiengang bewerten. Dann gibt es die sogenannten Lehrveranstaltungsbefragungen. Die werden meistens in jedem Semester oder jährlich durchgeführt. Hier haben die Studierenden die Möglichkeit, Feedback zu einer bestimmten Lehrveranstaltung zu geben. Weiterhin gibt es noch eine Absolventenbefragung, das heißt, hier werden die Studierenden noch einmal – rückblickend auf ihr Studium – gebeten, Feedback zu geben. Zusätzlich gibt es den sogenannten Lehrkapazitätstrichter, Kennzahlenberichte, ein externes Fachgutachten und eine Fächerabfrage. Und zu diesen Ergebnissen und erhobenen Daten erstellt das QM-Team Studium und Lehre Teilberichte und eine überblicksartige Zusammenfassung in Form von einer Q+Ampel-Tabelle, aus der man ziemlich schnell herauslesen kann, welche Bereiche schon ein sehr hohes Niveau erreicht haben oder wo es vielleicht noch Verbesserungspotenzial gibt.

I:

Wenn am Ende die Q+-Ampel-Tabelle vorliegt und die Ergebnisse diskutiert und ausgewertet werden, wie geht es dann weiter? Was steht am Ende eines Evaluationszyklus, und wie erfolgreich werden Ergebnisse in die Praxis umgesetzt?

SB:

Ein richtiges Ende gibt es nicht, da der Qualitätsregelkreis mit jedem Ende wieder neu beginnt. Das Monitoring gibt jedoch allen Beteiligten die Möglichkeit zu sehen, ob die Maßnahmen auch erfolgreich umgesetzt wurden oder welche Gründe es gab, dass etwas nicht erfolgreich umgesetzt werden konnte. Insgesamt habe ich den Eindruck, dass die geplanten Maßnahmen auch erfolgreich umgesetzt werden. Ich muss natürlich hier und da schon mal nachfragen, wie es aussieht, bzw. die Fächer anstupsen, indem ich noch einmal darauf hinweise, dass wir noch etwas tun müssen. Ich habe aber auch den Eindruck, dass die Fächer dankbar sind, dass ihre Stärken und Verbesserungspotenziale offiziell dokumentiert werden. Sie begrüßen es sehr, dass unter anderem festgehalten wird, warum sie Manches gar nicht leisten können, weil sie die Ressourcen dafür nicht haben. Generell nehmen sie die Optimierungsvorschläge gerne an und sind dazu bereit, sich weiterzuentwickeln.

I:

Sie haben gerade schon gesagt, dass Sie das gesamte System als positiv oder als erfolgreich bewerten. Inwiefern sehen Sie positive Auswirkungen dieses ganzen Prozesses hier an der Fakultät für Verhaltens- und Empirische Kulturwissenschaften?

SB:

Insgesamt beobachte ich hier ein deutlich gesteigertes Bewusstsein für Qualität in Studium und Lehre. Allein die Tatsache, dass ich jetzt hier sitze, gehört schon zu den positiven Auswirkungen und zeigt, dass Qualitätsmanagement wirklich ein Thema ist, das ernst genommen und respektiert wird.

I:

Wir haben viel über den Qualitätsmanagementprozess gesprochen. Jetzt noch einige Fragen, die sich mehr an Sie persönlich und an Ihre Stelle richten. Was sind die typischen Aufgaben in Ihrem Berufsalltag?

SB:

Es gibt natürlich wiederkehrende Aufgaben, die immer wieder von aktuellen Themen unterbrochen werden, was heißt, sich jeden Tag auf etwas Neues einzustellen. Zu den wiederkehrenden Aufgaben zählen zum Beispiel das Erstellen und das Bearbeiten von Modulhandbüchern oder Prüfungsordnungen sowie die Besprechung der Unterlagen mit den Fächern. Gerade wenn das QM-Team Detailberichte vorlegt, bespreche und interpretiere ich diese mit den Fächern. Wir überlegen uns, woran etwas liegen könnte. Dann empfehle ich ihnen Maßnahmen, die sie implementieren können. Danach bin für die Fristenüberwachung und das Monitoring zuständig.

I:

Seit wann haben Sie die Stelle als Qualitätsmanagementbeauftragte, und wie sind Sie an diese Stelle gekommen? Wie ist Ihr persönlicher Werdegang?

SB:

Als ich von der Stellenausschreibung gehört habe, war ich gerade am Ende meines Studiums angelangt und dachte sofort, dass das der geeignete Beruf für mich sein könnte, weil die Stelle die perfekte Kombination von Pädagogischer Psychologie und Arbeits- und Organisationspsychologie versprach, an der Schnittstelle von Forschung und Praxis. Da ich die erste QMB an meiner Fakultät bin, eröffnen sich mir Gestaltungsräume, die ich ausfüllen möchte, und das ist perfekt.

I:

Woran arbeiten Sie denn aktuell? Was ist Ihr Projekt oder Ihre dominante Aufgabe?

SB:

Aktuell befasse ich mich mit dem Modulhandbuch und der Prüfungsordnung für die bildungswissenschaftlichen Anteile im geplanten Master of Education. Der Master of Education soll 2018

12.2 · Interview mit Sophie Butz, M.Sc.

starten, und bis dahin gibt es noch eine Menge Dinge, die abzustimmen sind, zum Beispiel die Zulassungsordnung. Es ist ein langer Prozess, bis sich alle beteiligten Fächer einig sind. Als Mitglied in einer Berufungskommission sichte ich gerade Bewerbungsunterlagen für eine Professur an unserer Fakultät. Ebenfalls ganz aktuell bin ich dabei, einen Monitoringbericht zu überarbeiten, beziehungsweise unterstütze die Fristeinhaltung, die bereits nächste Woche ist. Zudem arbeite ich an einem Konzept für einen Workshop zum Thema kompetenzorientierte Lehre.

I:

Welche Inhalte aus dem Psychologiestudium im Allgemeinen und der Pädagogischen Psychologie im Besonderen sind für Ihren Alltag und für Ihre Aufgaben als Qualitätsmanagementbeauftragte relevant?

SB:

Hilfreich sind Kenntnisse der Individual- und Organisationsdiagnostik, einmal bei der Konstruktion wie auch bei der Auswertung von Befragungsinstrumenten, und dann sind natürlich Statistikkenntnisse sehr hilfreich, gerade wenn es um die Interpretation von Ergebnissen geht, zum Beispiel bei der Studiengangbefragung oder bei Lehrveranstaltungsbefragungen. Mit diesem Wissen kann ich die erhobenen Daten richtig einordnen und die Fächer darin unterstützen, diese Daten richtig zu interpretieren. Darüber hinaus hat mich mein Studium gelehrt, mich rasch in neue Themen einzuarbeiten, mich zu organisieren und im Team zu arbeiten. Ich denke, dass das auch Fähigkeiten sind, die man für viele andere Berufe gut gebrauchen kann.

I:

Können Sie uns noch ein konkreteres Beispiel nennen oder anhand einer konkreten Tätigkeit beschreiben, wie Sie Ihre Expertise als Pädagogische Psychologin in Ihrem Beruf nutzen?

SB:

Wenn es beispielsweise um die Bewertung oder Planung von Lehrveranstaltungen geht, helfen Kenntnisse über Methoden guten Lehrens und Lernens, und mit meinem Wissen über die Formulierung von Lernzielen und die entsprechende Prüfung von erworbenen Kompetenzen in Lehrveranstaltungen kann ich die Fächer unterstützen, diese auch zu implementieren. Das hängt eng mit der Erstellung oder Überarbeitung von Modulhandbüchern zusammen. Hier kann ich auf formale Aspekte achten, aber ich achte zudem natürlich auch auf inhaltliche Aspekte wie zum Beispiel die Studierbarkeit. Hier kann ich bewerten, ob die Studiengänge die Leistungspunkte entsprechend der erwarteten Leistung vergeben, ob die Leistungspunkte über das ganze Studium hinweg optimal vergeben sind oder ob es irgendwo mal einen Peak gibt, das heißt, ob irgendwann zu viel oder zu wenig erwartet wird. Darüber hinaus merke ich auch immer wieder, wie wichtig es ist, den Fächern gutes und richtiges Feedback zu geben. Das ist eine Fähigkeit, die ich im Rahmen meiner Tutorentätigkeit in der Pädagogischen Psychologie entwickeln konnte.

I:

Wenn man sich, genau wie Sie, im Studium schon besonders für Pädagogische Psychologie interessiert und vielleicht auch darüber nachdenkt, eine Stelle wie Ihre als Qualitätsmanagementbeauftragte anzunehmen: Welche Empfehlungen haben Sie an Studierende?

SB:

Die Studierenden sollten ein Interesse daran mitbringen, Dinge weiterzuentwickeln und Prozesse zu verbessern und auch Bestehendes kritisch zu hinterfragen. Dafür bietet das Qualitätsmanagement ein hervorragendes Arbeitsfeld. Zudem ist es hilfreich, wenn man sich in Pädagogischer

Psychologie auskennt, aber auch in Organisationspsychologie. Die Universität ist ja nichts anderes als ein großes Unternehmen und vergleichbar mit einem Wirtschaftsunternehmen, in dem Prozesse ähnlich ablaufen. Deshalb denke ich, ist es definitiv vorteilhaft, wenn man im Rahmen seines Studiums schon einmal ein Praktikum absolviert hat und an Arbeitsprozessen aktiv teilgenommen hat. Dann hilft es natürlich auch, wenn man sich auskennt in Themen wie zum Beispiel Change Management. Gerade als Qualitätsbeauftragte für Studium und Lehre hilft man den Fächern ja, sich weiterzuentwickeln, und das geht immer mit Veränderungen einher. Außerdem sollte man sich für Prozesse interessieren, die das Zusammenwirken von Forschung und Lehre verbessern können. Davon abgesehen ist es, denke ich, immer vorteilhaft, wenn man eine gesunde Portion an Durchsetzungsvermögen, Selbstbewusstsein und Überzeugungskraft mitbringt. Vor allem anfangs kann die Zusammenarbeit kritisch angesehen werden. Meiner Meinung nach ist ein falsches Verständnis von Qualitätsmanagement der Grund, wenn es als reine Überwachung und Kontrolle angesehen wird.

I:
Das klingt alles ziemlich komplex und kompliziert. Ich kann mir gut vorstellen, dass dabei auch Schwierigkeiten aufkommen. Was sind denn die größten Herausforderungen in Ihrem Berufsalltag?

SB:
Die größte Herausforderung ist das Neue. Da ich die erste QMB an meiner Fakultät bin, gibt es noch keine Best-Practice-Beispiele. Das bedeutet, ich kann nicht – oder oft nicht – auf Vorhandenes zurückgreifen und muss mir vieles selbst erarbeiten. Das ist aber auch gleichzeitig eine Herausforderung, die ich gerne annehme, da sich Gestaltungsräume eröffnen, die ich aktiv mitgestalten kann.

I:
Was gefällt Ihnen an Ihrem Beruf? Was macht Ihnen Spaß?

SB:
Ich mag besonders die Vielfalt meines Berufs und auch die Arbeit im Team. Ich arbeite ja auch mit den anderen Qualitätsbeauftragten der anderen Fakultäten zusammen. Das sind ganz andere Fächerkulturen, und es ist spannend, in diese Fächerkulturen einzutauchen und diese kennenzulernen. Das ist immer wieder eine Herausforderung, weil deutlich wird, dass die unterschiedlichen Fächer auf unterschiedlichste Weise an Herausforderungen herangehen. Gleichzeitig ist es schön, dass wir uns da gemeinsam weiterentwickeln und voneinander lernen können. Darüber hinaus schätze ich sehr die Arbeit mit dem QM-Team Studium und Lehre, und natürlich empfinde ich die breite Fächerung unserer Fakultät als außerordentliche Bereicherung. Wir bestehen ja aus fünf verschiedenen Fächern. Das sind die Psychologie, die Ethnologie, die Bildungswissenschaft, die Gerontologie und die Sportwissenschaft. Dadurch, dass ich so viele verschiedene Ansprechpartner habe, gestaltet sich diese Arbeit sehr abwechslungsreich, und da sich jedes Fach an einem anderen Punkt im Q+-Ampel-Verfahren befindet, gestaltet sich die Arbeit immer unterschiedlich.

I:
Wie sehen Sie die Zukunft des Qualitätsmanagements von Studium und Lehre? Und wenn wir noch mehr erfahren wollten, wo könnten wir denn weitere Informationen über dieses Berufsfeld erlangen?

SB:

Ich gehe davon aus, dass sich das Qualitätsmanagement weiterentwickeln und professionalisieren wird, und ich denke, dass viele Prozesse computergestützt abgewickelt werden können. Ich kann mir gut vorstellen, dass die Umsetzung der Maßnahmen dann teils automatisiert überwacht wird. Trotzdem wird der persönliche Austausch über entstehende Probleme und Herausforderungen unabdingbar sein. Ich denke, das ist immer noch der beste Weg der Kommunikation. Andererseits denke ich, auch wenn die Studiengänge einmal alle akkreditiert sind, dass wir uns dann immer mehr in Richtung Monitoring bewegen werden. Hierfür muss aber auch noch ein geeignetes Kommunikationssystem etabliert werden. Alle Interessierten, die mehr über das Qualitätsmanagement der Uni Heidelberg erfahren wollen, können gerne auf die Homepage der Uni Heidelberg klicken und sich dort detaillierte Informationen besorgen.

Video des Interviews:

▶ https://tinyurl.com/Qualitaetsmana-Sophie-Butz

Literatur

Benz, W., Kohler, J. & Landfried, K. (Hrsg.). (2014). *Handbuch Qualität in Studium und Lehre*. Berlin: Raabe.
Wissenschaftsrat. (2008). *Empfehlungen zur Qualitätsverbesserung von Lehre und Studium.* http://www.wissenschaftsrat.de/download/archiv/8639-08.pdf. Zugegriffen: 23. März. 2017.

Wissenschaftsjournalismus

Liesa Klotzbücher

13.1   Einleitung – 138

13.2   Interview mit Dipl.-Psych. Liesa Klotzbücher – 138

   Literatur – 146

Die Online-Version für das Kapitel (https://doi.org/10.1007/978-3-662-554411-1_13) enthält Zusatzmaterial, welches berechtigten Benutzern zur Verfügung steht. Laden Sie sich zum Streamen der Videos die „Springer Multimedia App" aus dem iOS- oder Android-App-Store und scannen Sie die Abbildung, die den „play button" enthält.

© Springer-Verlag GmbH Deutschland 2018
O. Dickhäuser, B. Spinath (Hrsg.), *Berufsfelder der Pädagogischen Psychologie*,
Meet the Expert: Wissen aus erster Hand, https://doi.org/10.1007/978-3-662-55411-1_13

13.1 Einleitung

Oliver Dickhäuser

Zur Tätigkeit von Wissenschaftlerinnen und Wissenschaftlern (▶ Kap. 14) gehört das Veröffentlichen der eigenen Forschungsergebnisse als ein zentraler Bestandteil. Dies geschieht (neben der Vorstellung der Forschungsergebnisse auf Tagungen) vor allem durch die Publikation in wissenschaftlichen Fachzeitschriften. Diese Veröffentlichungen dienen der Kommunikation *innerhalb* der Scientific Community (Campenhausen 2011). Die Zugänglichmachung von Forschungsergebnissen in wissenschaftlichen Fachzeitschriften ist jedoch mit zwei zentralen Beschränkungen verbunden. Erstens sind wissenschaftliche Fachzeitschriften häufig nicht frei zugänglich (abgesehen von Open-Access-Zeitschriften), und zweitens sind die Inhalte fachwissenschaftlicher Veröffentlichungen – selbst wenn sie frei zugänglich sind – für interessierte Laien nicht ohne Weiteres gut verständlich (Bromme und Jucks 2016).

Wenn wissenschaftliche Erkenntnisse der Öffentlichkeit daher besser zugänglich gemacht werden sollen, dann bedarf es auch anderer Kommunikationsformen. Wissenschaftsjournalistinnen und -journalisten leisten hier einen wertvollen Beitrag, denn sie wirken daran mit, wissenschaftliche Erkenntnisse derart für verschiedene Medien aufzubereiten, dass diese mit großer Wahrscheinlichkeit von der Öffentlichkeit rezipiert und nachvollzogen werden können. Für eine wissenschaftsjournalistische Tätigkeit im Bereich der Psychologie ist dabei psychologisches Wissen eine wichtige Grundvoraussetzung, die es der Wissenschaftsjournalistin/dem Wissenschaftsjournalisten erleichtert, die Inhalte psychologischer Forschung besser verstehen und kritisch bewerten zu können. Aber auch spezifische pädagogisch-psychologische Expertise erleichtert eine solche Tätigkeit, etwa die Fähigkeit, Inhalte adressatengerecht und verständlich darstellen zu können.

Das Tätigkeitsfeld einer Wissenschaftsjournalistin wird uns von Liesa Klotzbücher vorgestellt, die als Redakteurin bei *Gehirn&Geist* arbeitet. Hierbei handelt es sich um ein monatlich erscheinendes Wissenschaftsmagazin, das sich schwerpunktmäßig mit Themen der Psychologie, Medizin und Hirnforschung beschäftigt. *Gehirn&Geist* wendet sich an interessierte Laien sowie an Menschen in psychosozialen Berufen und erreicht mit einer Auflage von über 30.000 Exemplaren eine breite Leserschaft.

13.2 Interview mit Dipl.-Psych. Liesa Klotzbücher

Das Interview führten Marcel Aschmann und Larissa Leister im September 2016.

Interviewer/in:
Sie arbeiten als Wissenschaftsjournalistin im Verlag Spektrum der Wissenschaft, einem renommierten deutschen Zeitschriftenverlag im Schnittfeld von Wissenschaft und Öffentlichkeit. Sie sind dort Ressortleiterin des Bereichs Psychologie für die Zeitschrift *Gehirn&Geist*. Wie ist so ein Verlag aufgebaut? Wo stehen Sie in der Struktur des Verlags?

Dipl.-Psych. Liesa Klotzbücher:
Ich bin Redakteurin bei *Gehirn&Geist* und vertrete seit Januar einen Kollegen in Elternzeit, der die Ressortleitung der Psychologie innehat. Für die drei Ressorts unserer Zeitschrift (Psychologie, Medizin und Hirnforschung) gibt es je einen Ressortleiter bzw. eine Ressortleiterin, der/die sein beziehungsweise ihr Fachgebiet besonders im Blick hat, nach neuen Themen sucht und darauf achtet, dass wirklich die wichtigsten Themen im entsprechenden Ressort gebracht werden. Unsere Redaktionsleiterin organisiert die Abläufe in der Redaktion und liest jeden Artikel, bevor

er veröffentlicht wird. Und unser Chefredakteur ist auch Chefredakteur der Zeitschrift *Spektrum der Wissenschaft* und des Wissenschaftsportals Spektrum.de. Er hat die Verantwortung für die Inhalte und die redaktionelle Strategie, liest aber nicht jeden Artikel vor Erscheinen in Gänze.

I:

Wie kann man sich Ihren Arbeitsplatz vorstellen? Sind Sie viel unterwegs, z. B. für Interviews, oder trifft man Sie meist am Schreibtisch an?

LK:

Ich bin tatsächlich häufig am Schreibtisch anzutreffen. Dann arbeite ich an einem Text, um diesen besser und verständlicher zu machen, oder ich suche nach spannenden Themen sowie passenden Autoren und Autorinnen. Aber ich arbeite auch viel mit den anderen Abteilungen wie etwa dem Layout und der Bildredaktion zusammen und bin dann im Haus unterwegs, um zum Beispiel mit einer Kollegin aus dem Layout über eine Grafik zu sprechen oder mit der Schlussredaktion letzte Änderungen durchzugehen, bevor der Artikel in den Druck kann. Manchmal fahre ich auch auf Konferenzen oder zu Interviews.

I:

Wie sind die Arbeitszeiten in Ihrer Stelle geregelt?

LK:

Das ist bei uns relativ flexibel handhabbar. Viele meiner Kollegen haben Familie und arbeiten in Teilzeit. Außerdem gibt es bei uns keine Wochenendschichten: Wir arbeiten unter der Woche, am Wochenende haben wir frei. Das ist im Journalismus – je nach Medium – nicht überall so.

I:

Eine Ihrer Kernaufgaben stellt die redaktionelle Begleitung von Wissenschaftlerinnen und Wissenschaftlern beim Verfassen von Texten dar. Sie sorgen dafür, dass die Texte gut verständlich und für Ihre Leserschaft gut geeignet sind. Können Sie schildern, wie Sie dabei vorgehen?

LK:

Am Anfang steht immer das Thema. Man muss sich überlegen, um was es gehen soll. Auf ein spannendes Thema kann man auf ganz unterschiedliche Weise stoßen, zum Beispiel in neu veröffentlichten Fachpublikationen. Aber oft kommt einem auch dann eine gute Idee, wenn man es nicht erwartet. Wir greifen außerdem gerne aktuelle gesellschaftliche Debatten auf und betrachten die psychologischen Mechanismen dahinter, etwa was einen Jugendlichen in Deutschland dazu bringt, sich dem IS anzuschließen, oder ob Amokläufer wirklich psychisch krank sind.

Bin ich dann von einem Thema überzeugt, spreche ich mit einem Kollegen oder einer Kollegin darüber. Wenn diese auch meiner Meinung sind, dann wird es in die wöchentliche Redaktionskonferenz getragen. Dort versuche ich, die Kolleginnen und Kollegen für mein Thema zu gewinnen. Finden sie meinen Vorschlag gut, mache ich mich auf die Suche nach passenden Experten. Manche Themen eignen sich nicht für eine Autorenschaft durch die Wissenschafter/-innen selbst etwa wenn es wichtig ist, verschiedene kontroverse Meinungen von Fachleuten aufzuzeigen oder ein Thema kritisch zu beleuchten. Dann beauftrage ich einen Journalisten/eine Journalistin.

Ist das Manuskript dann da (◘ Abb. 13.1), beginnt die eigentliche Arbeit. Zuerst muss ich den Text natürlich selbst verstehen, um ihn auch für andere verständlich machen zu können. An dieser Stelle frage ich bei Unklarheiten beim Autor/bei der Autorin nach. Und ich überlege: Ist der Aufbau sinnvoll, gibt es einen roten Faden? Gibt es Abschnitte, die sich wiederholen oder die an anderer Stelle besser aufgehoben wären? Steigt der Artikel spannend ein? Schließlich muss der

Verschiedene Umgebungen machen es unterschiedlich leicht, eine kognitive Karte zu bilden. In Manhattan fällt es leicht. Die Häuserblocks sind dort angeordnet wie auf einem Schachbrett, alle Straßen sind rechtwinklig zueinander. Die Namen der Straßen kodieren ihre räumliche Lage (in Manhattan z.B. "West 57th Street"). London hingegen ist schwierig. Die Straßen sind sehr verwinkelt, die räumliche Konfiguration ist schwer zu durchschauen. Die Ausbildung Londoner Taxifahrer ist legendär und dauert mehrere Jahre. Bei Londoner Taxifahrern beobachtete man, dass der Hippocampus - eine für das Lernen wichtige Gehirnstruktur, die für den Erwerb und den Gebrauch einer kognitiven Karte eine besondere Rolle spielt - vergrößert ist (s. Kasten). Von Taxifahrern in Manhattan hat man dergleichen nicht gehört.

Aber was steckt hinter diesem "Orientierungssinn"? Ist es tatsächlich eine generelle und umfassende Fähigkeit? Oder sind es verschiedene mentale Repräsentationen und unterschiedliche Strategien, wie im vorangegangenen Abschnitt eingeführt? Am oft behaupteten Unterschied zwischen Männern und Frauen soll dies illustriert werden. Betrachtet man nämlich die Orientierungsleistungen etwas genauer, dann findet man, dass diese Unterschiede von der Art der Aufgabe abhängen. Es gibt keine Unterschiede zwischen Frauen und Männern, wenn es um das Routenwissen geht. Frauen können genau so gut aus Karten lernen und ebenso gute Kartenskizzen zeichnen. Männer sind Frauen dann regelmäßig überlegen, wenn es um Richtungsschätzaufgaben nach Navigation in einer zuvor unbekannten Umgebung geht. Dafür können sich Frauen besser als Männer merken, wo genau bestimmte Objekte in der Umgebung zu finden sind. Wenn Frauen Wegbeschreibungen geben, verwenden sie vermehrt Angaben zu auffälligen Landmarken; Männer nutzen auch Himmelsrichtungen und Entfernungen. Männer und Frauen präferieren möglicherweise unterschiedliche Strategien. Eine zusammenhängende, generelle Überlegenheit der Männer ist aber nicht zu erkennen.

Diese differenzierten Beobachtungen legt nahe, dass hinter erfolgreichem Orientieren ein Bündel unterschiedlicher Lernvorgänge und Strategien steckt, die man bewusst erwerben und ausführen kann. Dass Männer sich selbst einen höheren Orientierungssinn zuschreiben als Frauen dies für sich tun (dies ist tatsächlich der Fall), kann mit einem Selbstkonzept zu tun haben, das mit dem Geschlechterstereotyp assoziiert ist. Es ist möglich, dass sich Männer in ihren Angaben überschätzen, während sich Frauen unterschätzen - ähnlich wie Jungen und Mädchen in Mathematik.

Bevor es Navigationssysteme gab, verwendete man Karten. Es kognitiv aufwändig, die allozentrische Perspektive der Karte und die egozentrische Perspektive in der Umgebung aufeinander zu beziehen. Da man jedoch gezwungen war, sich mit der Karte auseinanderzusetzen, profitierte man, weil man Überblickswissen durch das Kartenstudium erwarb. Während der Navigation integrierte man räumliche Information aus der aktuellen Umgebung mit der Information aus der Karte. Dies alles förderte die Bildung der kognitiven Karte.

◨ **Abb. 13.1** Auszüge eines Manuskripts (Autor: Stefan Münzer) in der ursprünglichen Fassung. Die farbigen Markierungen am Rand verweisen auf die korrespondierenden Absätze in der endgültig in der Zeitschrift erschienenen Fassung (◨ Abb. 13.2)

Anfang den Leser fesseln, sonst liest dieser gar nicht weiter. Dann versuche ich, den Text verständlicher zu machen, indem ich zum Beispiel den in der deutschen Sprache beliebten Passivkonstruktionen und Substantivierungen den Kampf ansage, Schachtelsätze entwirre, Fremdwörter erkläre oder auf sie verzichte und Beispiele ergänze. Dadurch wird der Text oft kürzer, konkreter und anschaulicher (◨ Abb. 13.1 und 13.2).

13.2 · Interview mit Dipl.-Psych. Liesa Klotzbücher

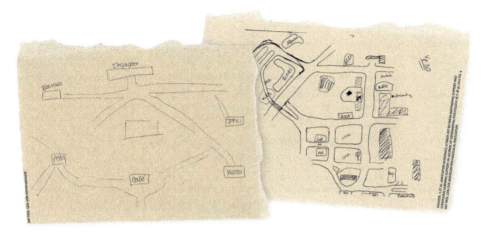

Alles nach Plan
Bittet man Personen, aus dem Gedächtnis einen Plan der Umgebung zu zeichnen, durch die ein Navigationssystem sie geführt hat, gelingt ihnen das unterschiedlich detailliert.

KURZ ERKLÄRT
Das **GESIS Panel** bietet Sozialwissenschaftlern die Möglichkeit, kostenfrei eine große und repräsentative Bevölkerungsgruppe zu befragen. Es ist ein so genanntes Omnibus Access Panel und wird vom Bundesministerium für Bildung und Forschung gefördert.
www.gesis.org/unser-angebot/daten-erheben/gesis-panel/general-overview/

gegen, in denen wir uns nicht oft aufhalten, eher schemenhaft. Darüber hinaus vereinfachen wir die Umgebung: Flussläufe durch die Stadt stellen wir uns begradigt vor, schräge Winkel an Kreuzungen rechtwinklig.

Wie einfach Menschen eine kognitive Karte bilden, hängt außerdem von der Umgebung ab. Im New Yorker Stadtteil Manhattan fällt es leicht. Die Straßen dort sind rechtwinklig angeordnet, wie auf einem Schachbrett, und anhand des Straßennamens (zum Beispiel West 57th Street) kann man erschließen, wo man sich befindet. In London dagegen ist es deutlich schwieriger. Die Straßen sind verwinkelt, ihre Lage zueinander schwer zu durchschauen. Die Ausbildung Londoner Taxifahrer dauert daher mehrere Jahre und ist legendär. Und das besondere Orientierungstraining scheint sich auch in ihrem Gehirn niederzuschlagen (siehe »Der Kompass im Kopf«, rechts). Von Taxifahrern in Manhattan hat man nichts dergleichen gehört.

Dass der Orientierungssinn kein generelles und umfassendes Talent ist, sondern nur eine von verschiedenen Fähigkeiten und Strategien, um sich zurechtzufinden, verdeutlichen die Unterschiede zwischen den Geschlechtern: Frauen zeigen in Studien einen schlechteren Orientierungssinn als Männer, das heißt, sie schneiden weniger gut ab, wenn sie die Richtung einschätzen sollen, in der eine Landmarke, etwa eine Kirche, von ihnen aus liegt. Dafür können sie sich besser als Männer merken, wo genau in der Nähe der Kirche noch andere Orte zu finden sind, beispielsweise ein Bäcker. Das Routenwissen ist bei beiden Geschlechtern im Schnitt gleich gut. Frauen sind nicht weniger in der Lage als Männer, sich anhand einer Straßenkarte zurechtzufinden, und sie fertigen aus dem Gedächtnis vergleichbar gelungene Skizzen der Umgebung an. Fragt man Personen nach dem Weg, beschreiben Frauen diesen jedoch vor allem anhand von Landmarken, während das starke Geschlecht ebenso Himmelsrichtungen und Entfernungsangaben heranzieht.

Männer halten sich für besser

Frauen und Männer bevorzugen offenbar unterschiedliche Taktiken, um sich zu orientieren. Eine generelle Überlegenheit der Männer ist zwar nicht zu erkennen, dennoch halten sie ihr Orientierungsvermögen tendenziell für besser als Frauen. Das könnte daran liegen, dass sie von ihrer guten Leistung in Richtungsschätzaufgaben auf andere Fähigkeiten schließen.

Bevor es Navigationssysteme gab, war man gezwungen, sich anhand von Straßenkarten zurechtzufinden. Diese bilden die Umgebung allozentrisch ab, stellen also räumliche Informationen unabhängig vom Standort des Benutzers dar (siehe »Kurz erklärt« S. 24). Er muss die nach Norden ausgerichtete Karte zunächst mit der eigenen Position und Blickrichtung vergleichen, um

◘ **Abb. 13.2** Auszüge eines Artikels in der finalen Fassung (Copyright: Gehirn&Geist, Skizze in der Abbildung links: Stefan Münzer, rechts: American Psychological Association). Die farbigen Markierungen am Rand verweisen auf die korrespondierenden Absätze in der ursprünglichen Fassung des Manuskripts in ◘ Abb. 13.1. Der vollständige Artikel von Stefan Münzer ist verfügbar unter www.spektrum.de/s/navigation

I:

Sie verfassen auch selbst Texte zu verschiedenen psychologischen Themen. Wie kann man sich diese Art von Arbeit vorstellen? Welche Kompetenzen werden Ihnen dabei abverlangt?

LK:

Das Vorgehen ist ähnlich wie bei einem Artikel, den ich in Auftrag gebe und später redigiere. Ich überlege mir ein Thema, das ich spannend oder überraschend finde. Habe ich dann meine

Kollegen und Kolleginnen in der Redaktionskonferenz überzeugt und ist der Artikel für eines der nächsten Hefte eingeplant, beginne ich, mich tiefer einzuarbeiten. Dabei stoße ich meist schon auf verschiedene Experten/Expertinnen, die zu dem Thema forschen und mit denen ich sprechen kann. Mir macht es besonders viel Spaß, mich tief einzuarbeiten, also zu einer Art Expertin zu werden. Dafür muss ich in relativ kurzer Zeit aus einer Flut an Informationen die wichtigen herausgreifen und auf den Punkt bringen.

I:
Welche seltener vorkommenden Aufgaben haben Sie darüber hinaus?

LK:
Ich bin außerdem für die Rezensionen im Heft zuständig. Dafür verfolge ich laufend, welche Bücher bald im Bereich Psychologie, Medizin und Hirnforschung erscheinen werden, wähle aus, was sich spannend anhört, und suche nach geeigneten Rezensenten. Im Oktober gehe ich daher auf die Buchmesse in Frankfurt. Manchmal schreibe ich auch selbst Rezensionen. Außerdem bin ich zusammen mit einem Kollegen für den Facebook-Auftritt von *Gehirn&Geist* zuständig. Und etwa einmal im Jahr erstelle ich ein monothematisches Sonderheft. In diesem Jahr hieß es „Macht der Gesellschaft" und befasste sich mit psychologischen Mechanismen hinter aktuellen gesellschaftlichen und politischen Themen, zum Beispiel wie Umfrageergebnisse das Wahlverhalten beeinflussen oder weshalb sich rechter Hass im Netz so leicht verbreitet.

I:
Welche im Studium erworbenen Qualifikationen und Fähigkeiten sind in Ihrer Tätigkeit noch heute wichtig?

LK:
Auf jeden Fall das psychologische Fachwissen, das ich erworben habe. Ich weiß, wie psychologische Forschung funktioniert und was ihre Probleme sind, zum Beispiel Störfaktoren, die man nur schwer kontrollieren kann. Auch die methodischen Kenntnisse, die man im Studium erwirbt, sind wichtig, um eine Veröffentlichung nicht nur zu verstehen und darüber zu berichten, sondern auch beurteilen zu können, zum Beispiel ob eine Studie mit 20 Probanden zwischen 20 und 30 Jahren total gut ist, um ein Phänomen zu beurteilen oder nicht. Außerdem lernt man, aus einer Masse an Informationen das Wichtigste herauszufiltern und es den anderen (zum Beispiel in Vorträgen) mitzuteilen. Ich mache bei meiner täglichen Arbeit etwas ganz Ähnliches. Darüber hinaus habe ich im Studium gelernt, kritisch zu denken, Zusammenhänge zu erkennen oder zu hinterfragen. Diese Fähigkeiten brauche ich auch jetzt noch.

I:
Wie wird bei der Findung bzw. Festlegung von Themen oder Schwerpunkten für die Hefte vorgegangen? Wie frei sind Sie in der Auswahl der Themen? Und wie finden Sie passende Autoren?

LK:
Dabei bin ich völlig frei. Ich kann jedes Thema, das ich passend und spannend finde und auf das ich gestoßen bin, in der Redaktionskonferenz vorstellen. Ein gutes Thema zu finden ist allerdings nicht so einfach, wie man glaubt. Der Artikel muss eine bestimmte Stoßrichtung und einen Anlass haben, etwa eine neue Erkenntnis zum Thema, die Vorheriges infrage stellt. Außerdem sollte klar sein: Was gewinnt der Leser/die Leserin, wenn er/sie den Artikel gelesen hat? Und was reizt ihn/sie daran, ihn zu lesen? Auf passende Autoren/Autorinnen stoße ich oft schon zufällig bei der Recherche, wenn ich etwa entdecke, dass ein deutschsprachiger Wissenschaftler beziehungsweise

eine deutsche Wissenschaftlerin ein bekanntes oder neues Paper oder eine Metaanalyse zum Thema veröffentlicht hat.

I:

Wie gehen Sie vor, wenn Sie Inhalte zu einem bestimmten Thema recherchieren? Können Sie dabei auch auf im Studium erworbenes Wissen oder Materialien zurückgreifen?

LK:

Auf eigene Mitschriften aus dem Studium greife ich eigentlich nie zurück, die sind im Schrank in Vergessenheit geraten. Aber in manche Lehrbücher und in die beiden Diagnosesysteme ICD-10 und DSM-5 zur Klassifikation von psychischen Störungen schaue ich durchaus. Sonst lese ich wissenschaftliche Veröffentlichungen, andere Texte zum Thema oder spreche mit Wissenschaftlern und Wissenschaftlerinnen.

I:

Welche inhaltlichen Schwerpunkte haben Sie zurzeit?

LK:

Ich bin vor allem auf der Suche nach möglichen Themen und Autorinnen und Autoren im Bereich Psychologie, da es ja auch meine Aufgabe ist zu beachten, dass wir immer viele spannende psychologische Texte vorliegen haben. Natürlich hat jeder in der Redaktion Themenbereiche, für die er sich besonders interessiert. Ich finde zum Beispiel Gedächtnisphänomene spannend, interessiere mich für Neues aus der Klinischen Psychologie und der Neuropsychologie sowie für die wissenschaftlichen Erklärungen von Alltagsphänomenen, beispielsweise warum wir unter Stress mehr Lust auf Süßes haben.

I:

Die Vermittlung von Expertenwissen aus der aktuellen psychologischen Forschung an Laien ist eine Kernaufgabe in Ihrem Beruf. Welche psychologischen Kompetenzen sind Ihrer Einschätzung nach besonders wichtig, damit diese Aufgabe gelingt?

LK:

Ich glaube, dass es wichtig ist, das journalistische Handwerkszeug zu erlernen, um die Texte verständlich machen zu können. Außerdem halte ich es für wichtig, dem Gegenüber gut zuzuhören, ihn zu verstehen und die richtigen Fragen zu stellen, zum Beispiel wenn ich ein Interview führe oder mit einem Autor/einer Autorin telefoniere. Außerdem denke ich, man sollte gut mit Stress umgehen können, weil wir häufig unter Zeitdruck arbeiten. Dabei gibt es natürlich stressigere und weniger stressige Phasen, aber man muss grundlegend damit klarkommen. Ebenso verhält es sich mit Kritik. Denn wenn ich einen Text bearbeitet habe, dann gebe ich ihn weiter an einen Kollegen/eine Kollegin, der/die ihn gegenliest und noch Dinge entdeckt, die ich übersehen habe. Sicherlich ist das konstruktive Kritik, aber man muss damit umzugehen wissen und sie als Chance sehen, um sich stetig zu verbessern.

I:

Wie haben Sie diese Kompetenzen erworben?

LK:

Hauptsächlich ist das Übung, aber Talent braucht man sicherlich auch. Außerdem sollte man sich immer wieder selbst kritisch hinterfragen und echtes Interesse an den Themen mitbringen. Aber auch manches, was auf den ersten Blick nicht so spannend erscheint, kann begeistern, wenn man sich begeistern lässt.

I:

Mitunter wird von Wissenschaftlerinnen und Wissenschaftlern gefordert, dass sie die Ergebnisse aktueller Forschung selbst in die Öffentlichkeit tragen.[1] Wo sehen Sie gegenüber solchen Bemühungen von Wissenschaftlerinnen und Wissenschaftlern selbst den spezifischen Wert einer Mitwirkung von Wissenschaftsjournalisten und -journalistinnen bei der Vermittlung von wissenschaftlichen Inhalten?

LK:

Ich finde, es ist eine gute Entwicklung, dass Wissenschaftler/-innen immer mehr dazu aufgefordert werden, ihre eigene Forschung auch für Laien verständlich zu kommunizieren. Schließlich ist ein Großteil der Forschung in Deutschland öffentlich gefördert, und die Gesellschaft hat durchaus ein Anrecht darauf und auch ein Interesse daran, etwas über die Ergebnisse zu erfahren. Ich denke, dass die meisten Wissenschaftler/-innen aber noch weit davon entfernt sind, für die *Süddeutsche* zu schreiben. Denn verständliches Schreiben ist eben nicht so einfach, wie man denkt. Immer mehr und immer besser kommunizierende Wissenschaftler/-innen werden das Tätigkeitsfeld des Wissenschaftsjournalisten/der Wissenschaftsjournalistin aber zwangsläufig verändern. Im Moment hat man noch relativ viel „Übersetzerarbeit", man übersetzt also schwierige Fachsprache in einfache Sprache und komplizierte Sachverhalte in die Lebenswelt der Menschen. Wenn Wissenschaftler/-innen diese Arbeit mehr und mehr selbst übernehmen, verlagert sich die Tätigkeit des Wissenschaftsjournalisten/der Wissenschaftsjournalistin mehr denn je hin zu jemandem, der nicht nur übersetzt und vermittelt, sondern der einen Überblick verschafft, der kritisch hinterfragt und einordnet, der den Wissenschaftsbetrieb im Auge behält, der alle relevanten Meinungen sichtet und auch unbequeme Fragen stellt, beispielsweise: Was sind die Kosten und der Nutzen? Wie sieht es bezüglich einer Anwendbarkeit für die Zukunft aus? Ist das wirklich alles so neu, wie es der Wissenschaftler/die Wissenschaftlerin behauptet oder wie es in der Pressemitteilung steht? Wie aussagekräftig ist das? So arbeiten gute Wissenschaftsjournalisten und Wissenschaftsjournalistinnen natürlich auch schon heute. Aber je mehr Wissenschaftler/-innen aktiv über ihre Forschung berichten, desto wichtiger wird die Rolle eines unabhängigen Wissenschaftsjournalismus, der solide recherchiert, sich Gegenmeinungen anhört, der nachhakt und versteckte Interessen benennt.

I:

Welche Rolle spielen psychologische Erkenntnisse, etwa zur Verständlichkeit von Texten, wenn Sie Texte redaktionell bearbeiten oder selbst verfassen?

LK:

Wir orientieren uns vor allem an journalistischen Regeln, wie man einfach und verständlich schreibt. Und viele Erkenntnisse aus der Psychologie und Hirnforschung sprechen dafür, dass diese Regeln durchaus Sinn machen. So erkennen Menschen beim Lesen vertraute Wörter schneller und begreifen Texte mit vertrauten Wörtern leichter. Außerdem regen Verben, die Aktionen beschreiben, beim Lesen zusätzliche Hirnareale an, die für Bewegungen zuständig sind. Anschauliche und konkrete Begriffe aktivieren Regionen, die Emotionen verarbeiten. Und die Forschung hat ja auch gezeigt, dass Emotionales besser im Gedächtnis bleibt. Andere Untersuchungen weisen darauf hin, dass lange Relativsätze das Lesetempo stärker verlangsamen, wenn sie in der Mitte stehen und den Satz teilen, als wenn sie hinten angehängt werden. Es gibt also eine Reihe von

---

1 Für psychologische Inhalte geschieht dies z. B. auf dem Portal www.de.In-mind.org.

Studien, die zeigen, dass das, was wir auf Grundlage praktischer Erfahrung anwenden, absolut sinnvoll ist, auch wenn wir das Ganze von der journalistischen Herangehensweise her benutzen.

I:
Häufige Wege nach dem Psychologiestudium sind die Ausbildung zum Therapeuten bzw. zur Therapeutin, die Arbeit in der Wirtschaft oder auch Forschung und Lehre – eine wissenschaftsjournalistische Tätigkeit haben wohl die wenigsten im Sinn, wenn sie das Studium beginnen. Welche Berufsbiografie hat Sie zu dieser spannenden Tätigkeit geführt?

LK:
Ich habe schon immer sehr gerne geschrieben und mir nach dem Abitur überlegt, ob ich Journalismus oder Psychologie studieren soll. Denn psychologische Erkenntnisse fand ich total spannend. Ich habe mich dann für Psychologie entschieden und glaube, dass es für mich die beste Wahl war, denn mein Wissen aus dem Studium hilft mir quasi täglich bei meiner Arbeit. Während des Studiums habe ich als studentische Hilfskraft, als Diagnostikerin in einer Kinder- und Jugendpsychiatrie und als Tutorin für Statistik gearbeitet. Bei meiner Arbeit als Tutorin habe ich gemerkt, dass es mir viel Spaß macht und auch gelingt, schwierige Sachverhalte verständlich zu erklären und meine Begeisterung für sie weiterzugeben. Das mache ich jetzt ja auch noch, auch wenn es keine methodischen Kenntnisse sind. In den Semesterferien habe ich ein Praktikum in einer Lokalredaktion gemacht und nach dem Studium eines in den Redaktionen von *Gehirn&Geist* und *Spektrum neo*, einer monothematischen Sonderheftreihe von Spektrum der Wissenschaft für Kinder. Außerdem war ich als Praktikantin bei *bild der wissenschaft* und zeitweise als freie Journalistin tätig. Und dann bin ich wieder zu *Gehirn&Geist* zurückgekommen.

I:
Wo liegen im Bereich des Wissenschaftsjournalismus Karrierechancen, auch im Hinblick auf die Größe des Feldes?

LK:
Der Journalismus ist sicherlich kein einfaches Tätigkeitsfeld: Die meisten Printauflagen auch im Bereich der Wissenschaftsmagazine sinken, die Verlage können das bislang über online-Veröffentlichungen nicht alles kompensieren. Es gibt immer mehr Informationen kostenlos im Netz, dafür sind sie oft oberflächlicher. Aber ich halte eine gut recherchierte und kritische Berichterstattung für sehr wichtig – nicht nur im Wissenschaftsjournalismus. Viele Wissenschaftsjournalisten und Wissenschaftsjournalistinnen sind zudem freiberuflich tätig. Das hat Vor- und Nachteile: Sie müssen Themen vorschlagen, Aufträge an Land ziehen, mit ihren Auftraggebern verhandeln. Das ist harte Arbeit. Auf der anderen Seite haben sie einen sehr kreativen Beruf, sie sind ihr eigener Chef und können über das schreiben, was sie interessiert. Ich kenne keine offiziellen Zahlen, wie viele Wissenschaftsjournalisten bzw. Wissenschaftsjournalistinnen es in Deutschland gibt, aber ich habe von Schätzungen gehört, die von etwa 3.000 Personen (haupt- und nebenberuflich) ausgehen.

I:
Zuletzt würde uns, auch mit Blick auf Berufseinsteiger und Berufseinsteigerinnen, noch interessieren: Welche Qualifikationen und Erfahrungen sollte man als Bewerber bzw. Bewerberin für eine Tätigkeit als Wissenschaftsjournalist/in mitbringen? Und mit welchen persönlichen Qualitäten ist man genau richtig?

LK:
Ich glaube, die wichtigsten Eigenschaften sind eine große Neugier und Begeisterung für wissenschaftliche Themen und Fragestellungen – und die Lust darauf, sich immer wieder neu in Themen einzuarbeiten, Fragen zu stellen, Zusammenhänge zu begreifen, also bis zu einem gewissen Grad selbst zu einem Experten oder einer Expertin zu werden. Und natürlich braucht man Talent und Freude am Schreiben. Für den Einstieg in den Wissenschaftsjournalismus sind Praktika unerlässlich. Manche Verlage bieten auch Volontariate an. Es gibt zudem einschlägige Studiengänge wie zum Beispiel in Dortmund oder Karlsruhe. Nach dem Studium sind die meisten erst einmal als Praktikanten oder Praktikantinnen in verschiedenen Redaktionen unterwegs und üben dort viel. Es gibt ganz unterschiedliche Wege in den Wissenschaftsjournalismus – einen Königsweg dagegen nicht.

Video des Interviews:

▶ https://tinyurl.com/Wissenschaf-Liesa-Klotzbuecher

Literatur

Bromme, R. & Jucks, R. (2016). Experten-Laien-Kommunikation. In M. Dick, W. Marotzki & H. Mieg (Hrsg.), *Handbuch Professionsentwicklung* (S. 165–173). Bad Heilbrunn: Klinkhardt/UTB

Campenhausen, J. von (2011). *Wissenschaftsjournalismus*. Konstanz: Uvk.

Forschung und Lehre

Holger Horz

14.1 Einleitung – 148

14.2 Interview mit Prof. Holger Horz – 148

Literatur – 164

Die Online-Version für das Kapitel (https://doi.org/10.1007/978-3-662-554411-1_14) enthält Zusatzmaterial, welches berechtigten Benutzern zur Verfügung steht. Laden Sie sich zum Streamen der Videos die „Springer Multimedia App" aus dem iOS- oder Android-App-Store und scannen Sie die Abbildung, die den „play button" enthält.

© Springer-Verlag GmbH Deutschland 2018
O. Dickhäuser, B. Spinath (Hrsg.), *Berufsfelder der Pädagogischen Psychologie*,
Meet the Expert: Wissen aus erster Hand, https://doi.org/10.1007/978-3-662-55411-1_14

14.1 Einleitung

Birgit Spinath

Ein wichtiges Arbeitsfeld für Pädagogische Psychologinnen und Psychologen sind Hochschulen. Die Pädagogische Psychologie stellt die Expertise für Lehr-Lern-Prozesse zur Verfügung, die in Hochschulen an zahlreichen Stellen benötigt wird (z. B. Qualitätssicherung für Studium und Lehre; ▶ Kap. 12). In diesem Kapitel geht es um das Berufsfeld des Hochschullehrers bzw. der Hochschullehrerin. Dieses umfasst die drei großen Bereiche Forschung, Lehre und akademische Selbstverwaltung. Für Pädagogische Psychologie gibt es, im Vergleich zu anderen Teilbereichen der Psychologie, vergleichsweise viele Professuren. Dies liegt einerseits daran, dass diese Stellen in der Folge der internationalen Schulleistungsuntersuchungen ausgebaut wurden, um die Forschung in diesem Bereich zu intensivieren (Köller 2014). Andererseits wird die Pädagogische Psychologie in der Hochschullehre in großem Umfang benötigt, da sie nicht nur eines von drei großen Anwendungsgebieten der Psychologie ist und somit im Rahmencurriculum der Psychologie ihren Platz hat, sondern auch ein Teil der Bildungswissenschaften, die in Lehramtsstudiengängen vermittelt wird. Häufig übernehmen Pädagogische Psychologinnen und Psychologen im Bereich der Lehrerbildung an Hochschulen besondere Aufgaben, zum Beispiel im Rahmen von Zentren für Lehrerbildung, Schools of Education etc. Aufgrund des hohen Bedarfs an Pädagogischer Psychologie in Forschung und Lehre sind die Aussichten auf Stellen in diesem Bereich vergleichsweise gut, obwohl selbstverständlich auf dem Weg zur Professur starke Konkurrenz besteht.

Im Folgenden wird das Berufsfeld des Universitäts-Professors bzw. Professorin für Pädagogische Psychologie vorgestellt. Zu diesem Zweck wurde Prof. Holger Horz interviewt, der als Professor für Pädagogische Psychologie sowie geschäftsführender Direktor der Akademie für Bildungsforschung und Lehrerbildung (ABL) an der an der Goethe-Universität in Frankfurt am Main arbeitet.

14.2 Interview mit Prof. Holger Horz

Das Interview führten Laura Elfert und Laura Wehn im Februar 2017.

Interviewerin:
Herzlichen Dank, dass Sie sich dazu bereit erklärt haben, uns heute einige Fragen rund um Ihr Berufsfeld und Ihre Tätigkeit als Professor für Pädagogische Psychologie zu beantworten. Zunächst würden wir gern mehr darüber erfahren, was die typischen Aufgaben eines Professors an der Universität sind. Im Rahmen dessen würden wir gern über die drei zentralen Bereiche der Lehre, der Forschung und der Selbstverwaltung sprechen. Beginnen wir doch mit dem Bereich der Lehre, der auch für Studierende relativ gut einsehbar ist. Was sind denn Ihre Aufgaben als Professor in der Lehre?

Prof. Holger Horz:
Vorweg schicken möchte ich, dass mein Beruf eigentlich der des Hochschullehrers ist. So steht es im Vertrag. Ein Professorentitel, der bei mir noch dazukommt, ist keine Condicio sine qua non. Man kann auch Hochschullehrer sein ohne einen solchen Titel. Aber damit wird auch verbunden, dass man eine akademische Leistung erbracht hat, die im Kern der Nachweis für Wissenschaftlichkeit ist, den man in die Lehre einbringt. Der Titel soll gewährleisten, dass man in seinem Fach als wissenschaftlich arbeitender Mensch entsprechend qualifiziert ist, auch aus einer

wissenschaftlichen Perspektive heraus. Es ist eine Art Qualitätsmerkmal. Das ist auch genau das, was in der Lehre aus meiner Sicht das besonders Erfreuliche ist. Man kann nämlich auf der Basis einer geteilten oder gesellschaftlich akzeptierten Rationale – nämlich das, was empirisch erfahrbar und messbar ist – dann auch wieder einspielen in das, was man weitergibt an Studierende, die dieses Fach erlernen wollen. Wir sind uns also einig darüber, dass wir eine Lehre anbieten, in der ich keine Inhalte vermittle, die ich mir schlicht ausgedacht habe, sondern die auf der Basis professioneller wissenschaftlicher Tätigkeit erworben und teilweise selbst weiterentwickelt wurden und dann auch so vermittelt werden. Dazu ist aus meiner Sicht noch zu erwähnen, dass diese Lehrfunktion ja eine Besonderheit an der Hochschule hat, weil die meisten Hochschullehrer, so auch ursprünglich ich, keine Ahnung haben, wie man lehren soll und vor allem wie Studierende lernen. Das sind meistens Menschen, die nur wissenschaftlich qualifiziert sind, ohne dass sie substanzielle Kenntnisse haben, wie Lehren und das Lernen der Studierenden eigentlich ablaufen. In der Pädagogischen Psychologie ist das vielleicht etwas anders zu sehen, weil man sich da auch thematisch mit solchen Fragen beschäftigt. Das hat einen großen Einfluss auf meine Lehrtätigkeit gehabt, weil ich auch mit dem Begriff der Hochschuldidaktik verbunden bin. Ich darf mich hier an der Universität professionell mit der Frage „Wie lehren wir hier?" beschäftigen.

I:
Welche Lehrveranstaltungen bieten Sie konkret an?

HH:
Ich bin in der Regel in zwei Feldern tätig. Das eine liegt in der Psychologie im Bachelorstudium. Ich mache die Einführungsveranstaltung für Psychologiestudierende. Es geht darin um Fragen, wie „Wie studiere ich?" und „Wie erbringe ich Studienleistung?". Es handelt sich um eine Kombinationsveranstaltung. Es gibt eine Vorlesungszeit, in der absolute Basics, wie Zitationsrichtlinien oder Informationen zur Literaturrecherche, berichtet werden. Das Ganze ist dann gepaart mit einem Praxisteil, in dem man das kleine 1 x 1 des Präsentierens lernt. Das ist der erste Teil einer dreisemestrigen Veranstaltung. Nachdem die Studierenden gelernt haben, wie man selbst an der Hochschule lernt, sollen sie im zweiten Teil ein Projekt entwickeln, mit dem sie dann zukünftige Erstsemester durch das erste Semester begleiten, an dem sie selbst ja auch teilgenommen haben. Man lernt dabei zu lehren und Gruppen zu führen. Auch das sind Skills, die jede Psychologin, jeder Psychologe beherrschen sollte: Kleingruppenführung und individuelles Coaching. Ziel ist es, bis zum Beginn des nächsten Wintersemesters, also des dritten Semesters, basierend auf den eigenen Erfahrungen für den nächsten Jahrgang der Studierenden ein Veranstaltungsangebot zu entwickeln, das den neuen Studierenden den Beginn erleichtert. Dadurch entstehen die verschiedensten Angebote für Studierende – von der Wohnungssuche in Frankfurt bis hin zu systematischer Nachhilfe in Statistik 1. Studierende unterstützen andere Studierende.

Wir wollen damit sowohl eine horizontale als auch eine vertikale Vernetzung der Studierenden erreichen. Außerdem wollen wir damit der Tendenz entgegenwirken, dass mehr und mehr Studierende nur zum Erwerb von ECTS-Punkten auf sich selbst zurückgeworfen im Studium agieren. Sie sollen an dieser Stelle erlernen, tatsächlich miteinander vernetzt zu arbeiten. Dazu kommt außerdem, dass man in einem Präsentationsworkshop alternative Methoden jenseits des Präsentierens mit PowerPoint kennenlernt. Zusätzlich werden verschiedene Gruppenverfahren und aktivierende Lehre demonstriert. Das sind die Veranstaltungen in der Psychologie, die ich leite. Das alles führe ich natürlich nicht alleine durch, sondern mit einem ganzen Stab von Mitarbeiterinnen und Mitarbeitern. Die letzte Verantwortung sowie Eigenbeteiligung liegen bei mir.

Der zweite Bereich, in dem ich unterrichte, ist das Lehramt. Im Lehramt mache ich zusammen mit fünf anderen Kolleginnen und Kollegen eine standardisierte Vorlesung. Und zwar haben wir vor Jahren begonnen, die Lehramtsausbildung entsprechend den Standards der Kultusministerkonferenz (KMK) neu zu sortieren. Wir haben dabei beschlossen, dass Vorlesungen nur noch einen sehr kleinen Teil des Lehramtsstudiums ausmachen sollen. Früher war das Lehramtsstudium bei den sogenannten Grundwissenschaften einzusortieren, heute aber heißt es Bildungswissenschaften. An den meisten Orten ist das so organisiert, dass drei Viertel aus irgendwelchen Einführungsveranstaltungen, z. B. in Erziehungswissenschaften oder in Psychologie, bestehen. Wir haben das abgeschafft und machen zwei Vorlesungen. Die eine heißt „Unterrichten und Beurteilen", die andere „Erziehen und Innovieren" – genau den vier Kompetenzfeldern entsprechend, die die KMK für die Lehramtsausbildung in den Bildungswissenschaften definiert hat. Davon unterrichte ich „Unterrichten und Beurteilen". Das ist eine Veranstaltung, an der jährlich 1050 Studierende teilnehmen, die wir dann aufteilen. Wir haben davon insgesamt vier parallele Veranstaltungen über das Jahr gesehen. Bei mir ist erfahrungsgemäß ein etwas größerer Anteil an Studierenden, woran diese Entscheidung auch immer liegen mag. Das sind in der Regel so zwischen 300 und 500 Studierende, wovon aber nur in etwa die Hälfte im Präsenzmodus dabei ist. Ich lasse meine Vorlesung, die immer morgens um 8 Uhr stattfindet, aufzeichnen. Ich selbst mag diese Massenveranstaltungen nicht sehr gerne und biete den Leuten daher an, dass sie auch per Aufzeichnung daran teilnehmen können. Es gibt eine sehr elaborierte E-Learning-Umgebung dazu, die sehr weit gefasst ist. Die Studierenden müssen als Eingangsvoraussetzung für anschließende Scheine in den Bildungswissenschaften diese Einführungsveranstaltung erfolgreich absolvieren. Darüber hinaus müssen sie noch eine ganze Reihe von Aufgaben lösen, die sie zum Selbststudium befähigen sollen, um überhaupt für die Klausur zugelassen zu sein. Hier geht es auch darum, Studienanfänger in die Hochschule zu enkulturieren – und das nicht nur inhaltlich und fachlich, sondern auch in der Art des Arbeitens. Sie sehen also, meine Lehre ist geprägt von Studienanfängern. Das habe ich mir im Unterschied zu vielen meiner Kollegen ausbedungen. Ich halte den Anfang für wichtiger.

I:
Wie frei sind Sie in der Gestaltung Ihrer Lehre?

HH:
Freiheit hat man viel, wenn man sich darum kümmert. Kümmern heißt: Ich bin sowohl im Lehramt als auch in der Psychologie zuständig für meine Module insgesamt und im Rahmen von Akkreditierung. Wir haben hier in Frankfurt eine sogenannte Systemakkreditierung. Das heißt, wir haben in der Universität eine Akkreditierungsgelegenheit, sprich eine zentrale Arbeitseinheit, die das macht. Da kann man kontinuierlich an seiner eigenen Lehre arbeiten, alle sechs Jahre auch den großen Reformstau wieder auflösen und die Erfahrung der letzten Jahre nutzen, um das dann neu einzuspielen, zum Beispiel durch neue Arten der Prüfung.

Ich nenne mal ein Beispiel. Vor fünf Jahren hieß es noch, man müsste alles standardisiert gleichmäßig prüfen, und heute heißt es, wieder möglichst viele verschiedene Prüfungsformen ins Studium einzubringen. So etwas kann man dann sehr wohl machen und sich auch in diesen Formaten Dinge neu ausdenken. Es ist für mich als Hochschuldidaktiker, der ich ja auch bin, immer sehr interessant, mir innovative Formate auszudenken. Ich verknüpfe natürlich auch meine Lehre mit einer Begleitforschung, das ist ein zentrales Element. Der Begriff, der hier wichtig ist, ist das forschende Lehren. Das versuche ich, nicht nur auf die Methodik der Lehre anzuwenden – also das, was erforscht ist, zu lehren und mit Forschungsmethoden zu lehren – oder Studierenden forschungsähnliche Methoden beizubringen und selbst zu studieren, sondern auch tatsächlich die eigene Lehre zu beforschen, also auch diese dritte Konnotation zu realisieren.

I:

Was mögen Sie an Ihren Aufgaben der Lehre?

HH:

An der Lehre ist aus meiner Sicht besonders angenehm, dass man immer eine Menge interessanter und kluger Menschen trifft, die mit einem interagieren – nicht nur in dem Sinne, dass ich irgendwelche Zahlen, Daten oder Fakten absondere oder Erklärungen gebe, sondern dass die Studierenden auch wirklich etwas verstehen wollen. Das ist eine ganz andere Herausforderung, als wenn ich als reiner Informationsabspielautomat fungieren würde. Es macht die Sache interessant und manchmal auch kompliziert. Das Zweite, das ich an der Lehre mag, ist, dass man bei manchen Studierenden wirklich den Eindruck hat, dass man etwas bewegt. Ich muss nicht, wie häufig in wirtschaftsorientierten Berufen, in erster Linie auf ökonomische Aspekte abzielen, sondern ich kann sehr wohl ideelle Werte vertreten, und ich kann Bildung als Gut meiner Tätigkeiten haben. Es ist für mich persönlich etwas sehr Wichtiges und ein echtes Privileg, dass ich in diesem Feld arbeiten darf und kann.

I:

Gibt es etwas an Ihren Aufgaben in der Lehre, das Sie als problematisch oder belastend empfinden?

HH:

Ja. In der Lehre gibt es eindeutig belastende Faktoren. Vorlesungen sind Methoden vergangener Jahrhunderte, die erfunden wurden, weil die Bücher so teuer waren. Das ist kein didaktisches Highlight. Ich finde, das ist ein Anachronismus, auch wenn ich das selbst auch so mache. Es ist ganz einfach ökonomischen Voraussetzungen geschuldet. Ich habe auch schon in anderen Ländern unterrichtet, z. B. in der Schweiz und in Holland. In der Schweiz ist es beispielsweise so, dass jede Veranstaltung mit mehr als 30 Leuten ein Stirnrunzeln der Studierenden nach sich zieht. Die gehen dann zur Direktion und verlangen eine Parallelveranstaltung mit der Begründung, dass sie so überhaupt nicht mit dem Dozenten interagieren können. Ich finde das auch völlig richtig. Es müsste sehr viel stärker die Möglichkeit geben, individualisiert zu agieren. Ein super Seminar bei einem sehr guten Lehrenden sollte aus nicht mehr als zehn Personen bestehen. Ich kenne dann jeden mit Namen, und wir können uns wie Menschen auf Augenhöhe begegnen. In Veranstaltungen, in denen mir 300 Studierende gegenübersitzen, da deklamiere ich Lehre, und mein Erfolg besteht dann allein darin, die Anschlussmotivation für selbstständige Lerntätigkeit hochzuhalten und nicht unbedingt zu glauben, dass ich in diesen Veranstaltungen wahnsinnig etwas vermittelt hätte.

I:

Kommen wir als Nächstes zur Forschung. Was sind Ihre Schwerpunkte in der Forschung?

HH:

In meiner Forschung spielt zum einen das Lernen in der Hochschule eine sehr starke Rolle. Beispielsweise ein großes Projekt des Bundesministeriums für Wissenschaft und Forschung (BMWF) ist derzeit das computerbasierte, adaptive Testen im Studium. Es geht also hier um Fragen, wie man Kompetenzmessung zu akademischen Feldern so im Studium gestalten kann, dass sie zeitlich flexibel, adaptiv gestaltet und regenerativ ist. Das heißt, dass Items immer wieder neu aus Daten in Datenbanken skaliert werden können, während man misst, also dass man hier zu einem Testmodus kommt, in dem sich nicht alle Hundertschaften in einem Raum versammeln müssen. Stattdessen geht man in ein Testcenter, bekommt dann einen Test aus einer Datenbank vorgesetzt, der adaptiv funktioniert, und wenn man den absolviert hat, geht man wieder. Es gibt dafür keinen festgelegten Zeitpunkt. Das ist ein kleines Beispiel.

Andere Beispiele sind solche, die text- und bildbasiertes Lehren und Lernen betreffen. Das ist ein bisschen mein Grundlagenteil, also die kognitive Verarbeitung von Multimedia, wie es neudeutsch so schön heißt. Außerdem bearbeite ich hochschuldidaktische Fragestellungen, zum Beispiel die Frage, wie man Hochschullehrende idealerweise fortbildet. Das ist hier ein von mehreren Personen bearbeitetes Thema. Aus einer interkulturellen Perspektive beschäftige ich mich sehr stark mit Service-Learning, also dem Lernen während des Ausübens einer helfenden praktischen Tätigkeit. Das ist auch ein Feld, das als Dienstleistung funktioniert, das heißt, dass ich Service-Learning lehre und es mit zivilgesellschaftlichem Engagement verbinde. Ein Beispiel hierfür ist ein selbstdurchgeführtes Seminar zum Thema Coaching. Im Rahmen dessen haben wir Personen in Institutionen gecoacht, die oft kein Budget haben, um sich einen persönlichen Coach leisten zu können, wie Schulleiter/innen oder Kindergartenleiterinnen. Das Ganze geschah in Verbindung mit bereits arbeitenden Coaches, die dazu auch schon Bücher geschrieben haben – das waren also in dieser Profession exponierte Personen. Die Studierenden erfahren dadurch ihre praktische Tätigkeit und werden dafür auch sehr geschätzt, obwohl sie noch studieren. Gleichzeitig lernen sie in Seminarart noch etwas dabei.

Weitere Beispiele stammen aus anderen Feldern, wie z. B. der Medizin, wo in einer Poliklinik für Nichtversicherte Menschen mit Asylgesuchen oder unklarem Aufenthaltsstatus von Studierenden unter Aufsicht von Oberärzten behandelt werden. Es gibt Juristen, die Rechtsberatung für geflüchtete Personen anbieten. Es wird also bereits vieles im Bereich der Migration gemacht. Das ist auch ein Feld, in dem es an begleitender Forschung fehlt, aber auch da bemühen wir uns. Last but not least gibt es noch eine ganze Reihe anderer kleinerer Forschungsarbeiten, die meist aus Drittmitteln finanziert werden. Diese sind dennoch immer bei mir in dem Bereich von Hochschullehre oder medienbasierter, elektronischer Lehre angegliedert und mehr oder minder anwendungsorientiert.

I:

Wie frei sind Sie in Ihren Forschungsaktivitäten?

HH:

Es gibt zwei Arten von Forschung. Da ist einerseits die im engeren Sinne sehr freie, in der es um „echte" Forschungsfragen geht. So gab es beispielsweise im Service-Learning Zeitpunkte, zu denen ich mich dazu entschlossen habe, dass ich das jetzt weiterverfolgen möchte. Ich hatte dann die Gelegenheit, mir Ressourcen in Bleibeverhandlungen zu verhandeln, oder aber ich habe Drittmittelanträge geschrieben. Es gibt andererseits den Bereich der Auftragsforschung, den ich auch hier im Land bediene. Beispielsweise führe ich die Evaluation für das Praxissemester der Lehramtsstudierenden durch. Sollte man die Praktika im Rahmen dessen in sechswöchigen Blöcken machen oder am Stück in einem Semester? Das wird evaluiert. Das sind so typische Auftragsforschungsprojekte mit Evaluationsaufgaben, die sind natürlich nicht frei, aber man muss sie nicht machen. Man kann sich überlegen, ob man das macht, und es ist aus meiner Sicht oft sehr sinnvoll. Außerdem kann man darüber gut Ressourcen gewinnen, um sich zusätzlich auch freien Forschungsfragen widmen zu können.

I:

Was mögen Sie gern an Ihren Aufgaben in der Forschung?

HH:

Die Frage zielt auf Emotionen ab, und interessanterweise habe ich, was die Forschung betrifft, keine starken Emotionen. „Mögen" ist für mich so eine Sache. Forschung befriedigt mein epistemisches Interesse. Das ist mit Sicherheit so. Ich bin gerne jemand, der gewisse Fragen höchst stimulierend findet, wie beispielsweise: Warum gibt es schon, obwohl die Kinder das nie gelernt haben, sehr frühzeitig Unterschiede in der Rezeption von text- und bildbasierten Materialen? Warum können manche Grafiken lesen, die in jedem Lehrbuch ab dem dritten Schuljahr vorhanden sind, obwohl sie das lange Zeit gar nicht explizit beigebracht bekommen haben? Neuerdings gibt es in Reaktion auf unsere früheren Forschungsergebnisse in einigen Bundesländern Curricula, die beginnen, Kindern zu erklären, wie Grafiken funktionieren. Das sind Fragen, die ich sehr interessant finde. Ich habe davon die Grundlagen und die Anwendung verstanden und kann dann dort weitergehenden Fragestellungen nachgehen, und zwar auf einem Niveau, auf dem ich ein bisschen uneitel behaupten kann, dass mir da keiner auf der Welt etwas Neues erzählt, das ich nicht verstehe. Es ist sehr interessant, an gewissen Punkten das aktuell verfügbare Wissen zu einem ganz spezifischen Thema dort mit einbringen zu können. Andere Fragestellungen mache ich, weil sie gesellschaftlich relevant sind. Deswegen interessieren sie mich in besonderem Maße, wie z. B. die Funktion des Service-Learning oder Fragen nach Praxissemestern. Das sind gesellschaftlich relevante Entscheidungen, die viel Geld kosten. Damit wird man nicht unsterblich berühmt, das ist auch überhaupt nicht mein Interesse. Aber ich gebe der Gesellschaft etwas mit meinen Kompetenzen zurück, so gut ich das eben kann, dafür, dass sie mich auch an so eine Position hat kommen lassen. Das ist ein Geben und Nehmen. Ich finde beide Aspekte wichtig. Das ist etwas, das mich sehr für die Forschung motiviert. Es ist aber gar nicht so emotiv, sondern ich finde es auch wichtig, nicht jemand zu sein, der durch eigene affektive Grundhaltungen oder Wertungen getrieben ist. Dadurch kann ich bestimmte Sachen mit kühlem Kopf angehen und versuchen, sie auf einer möglichst rationalen Ebene abzuhandeln.

I:

Gibt es Aspekte an Ihren Aufgaben in der Forschung, die Sie als problematisch oder belastend empfinden?

HH:

Belastend in der Forschung ist hin und wieder, dass die Menschen, mit denen man zusammenarbeitet, in der Vielzahl immer einer ungewissen Zukunft entgegensehen. Das bedeutet, bis man eine auskömmliche und dauerhafte Stellung in der Forschung hat, vergeht sehr viel Zeit. Das konfligiert mit Fragen, ob man eine Familie haben will oder wo und wie man leben möchte. Die Situation der meisten Nachwuchswissenschaftlerinnen ist lange Zeit prekär. Als wohl ausgestatteter und materiell bestens versorgter verbeamteter Professor ist das natürlich ein enormes Ungleichgewicht, und das finde ich problematisch. Weiterhin problematisch ist, dass es eine ganze Reihe an Fragen oder Forschungsanliegen gibt, die nicht in die üblichen Formate der Forschung passen. Übliche Formate heißt: Mach etwas in drei Jahren, das dann publiziert wird. Aber nicht alles passt in so ein Schema. So werden die Fragen oft auf ein Niveau heruntergebrochen, das zu kurz greift und nicht das Substanzielle bearbeitet. Das ist manchmal schwierig, es sei denn, man ist in einem Feld so gut aufgestellt, dass man weiß, dass man immer wieder Anschlussfinanzierungen bekommt. Das gelingt mir heute in den meisten meiner Felder, es hat aber viele Jahre gedauert, bis ich halbwegs sicher davon ausgehen konnte, dass ich meine Forschungsfelder materiell auch über einen längeren Zeitraum bespielen kann.

I:

Gerade in der Forschung gehören auch Tagungsreisen und Ähnliches zur Arbeit. Ist das eine zusätzliche Belastung oder etwas, das einen zusätzlichen Reiz ausmacht?

HH:

Ganz wie sich das für Psychologen gehört, beantworte ich das mit „Ja, aber". Natürlich war es für mich auf der einen Seite sehr inspirierend, durch die Welt zu kommen. Mit steigendem Verantwortungsbereich – heißt mit mehr Aufgaben und höheren Funktionen – ist aber die Zeit, die ich an einem einzelnen Ort verbringe, immer geringer geworden, weil immer schon der nächste Termin, die nächste Tagung, das nächste Treffen irgendwo feststand. Ich habe von meinen vielen Reisen oft nur irgendwelche großen quadratischen Hallen mit Kunstlicht und Beamer zu sehen bekommen, und die könnten ja überall auf der Welt stehen. Das heißt, man bekommt das Gefühl für die einzelnen Orte gar nicht mehr so mit. In früheren Jahren war das anders, weil man das Reisen mit mehr Bildung verbunden hat. Heute ist es vielfach so, dass man sich eigentlich nur noch kurz darstellt, um den Veranstaltern und den Dagewesenen gegenüber Commitment zu zeigen oder um die eigenen Themen hochzuhalten, und viel zu wenig von anderen mitbekommt. Häufig reicht die Zeit selbst auf Tagungen und Konferenzen nicht aus, um viele neue Forschungsarbeiten anderer zu sehen. Man sitzt häufig zuvor in einem Café und bespricht sich nur kurz mit Kolleginnen und Kollegen, weil man dann mal die Gelegenheit hat, sich zu sehen. Inzwischen ist es also immer unbefriedigender geworden, dass der kulturelle Aspekt zurückgefahren ist, und sogar der wissenschaftliche Aspekt, zumindest im Sinne der eigenen Weiterbildung, nicht mehr so trägt.

I:
Der dritte große Bereich ist die akademische Selbstverwaltung. Was kann man sich darunter vorstellen?

HH:
Das ist ein Begriff, den ich gar nicht schätze. Die akademische Selbstverwaltung ist ein Erbe, das sehr weit durch die Nazizeit in Deutschland bedingt ist. Man wollte relativ autonome Universitäten, die nicht mehr gleichgeschaltet werden können. Man hat deswegen eine Verfasstheit, in der sich Professoren unter Beteiligung der anderen Statusgruppen selbst verwalten, aber mit einer Majorisierung durch die Professorenschaft. Ich selbst plädiere heute eher für eine professionalisierte Struktur. Was wir an der Universität vielfach machen, ist, dass wir Aufgaben wahrnehmen, von denen wir keine Ahnung haben – angefangen bei Personalführung, und zum Thema Lehre habe ich ja auch schon einiges gesagt. Ich glaube, dass der Weg mittelfristig zu professionalisierten Dekanaten führen muss, das soll heißen mit einem festen Stamm an Mitarbeitern mit möglicherweise langen Amtszeiten und mit Leuten, die sich vorher aus der Professorenschaft für diese Ämter qualifiziert haben. Denn das, was wir jetzt machen, ist manchmal schon sehr „laienhaft" und sicherlich nicht sehr effizient. Sehr viele Gremien sind in der Selbstbeschäftigung deswegen zeitlich intensiv, weil spätestens nach einem Amtswechsel, nach zwei oder drei Jahren, immer wieder dieselben Fragen von neuen Dekanen oder von neuen Mitarbeitern neu gestellt werden. Das ist so ein ewiges Rad, gerade wenn man, wie ich, in vielen dieser Gremien arbeitet.

Hinzu kommt, dass die universitäre Selbstverwaltung zwischen den einzelnen Fachbereichen oft nur bescheiden funktioniert. Denn das Verständnis zwischen dem Bedarf und der Zieldisziplin braucht Zeit. Interdisziplinäres Denken über den eigenen Tellerrand hinaus geht nicht schnell. Das führt in der Selbstverwaltung oft zu Komplikationen, weil vieles durch eine fachspezifische Brille und mit entsprechenden Stereotypen anderen Wissenschaftlergruppen gegenüber gesehen wird, die manchmal auch sehr hemmend sind. Hier bedarf es einfach nur eines gewissen Personenkreises, der eine möglichst hohe interdisziplinäre Erfahrung mit Organisationswissen und professionellen Fähigkeiten im politischen Bereich besitzt. Das alles kann man aber nicht voraussetzen, und genau das macht die Selbstverwaltung und die Wahrnehmung von Ämtern schwer. Andererseits ist es ein toller Job. Man kann wirklich gestalten, wohin sich eine Organisation wie eine Hochschule entwickeln kann. In den Stellen, in denen ich mit tätig sein kann, genieße ich das – sei es in der Lehrerbildung, in der ich momentan eine leitende Rolle habe, sei es in Gremien wie dem Senat hier oder auch im Dekanat. Da gibt es immer wieder Entscheidungen zu treffen, mit denen man sehr grundsätzlich einen gewissen Zeitraum eine Organisation substanziell gestalten kann. Das kann auch sehr viel Spaß machen, insbesondere dann, wenn andere ebenfalls den Mehrwert der eigenen Leistung daran zu schätzen wissen.

I:

Sie haben eben schon angesprochen, dass Sie in einer Vielzahl von Gremien aktiv tätig sind. Können Sie uns ein paar von denen nennen?

HH:

Ja, ich nenne mal die wichtigsten Gremien derzeit. Ich bin geschäftsführender Direktor der Akademie für Bildungsforschung und Lehrerbildung. Das bedeutet aber nicht nur, dass wir das Lehramtsstudium verwalten, das hier in Frankfurt mit 6500 Studierenden unter allen Studiengängen der größte ist, sondern wir betreiben auch Forschung dazu. Das machen wir in Großprojekten wie „Qualitätsoffensive Lehrerbildung", die darüber administriert und geleitet werden. Das ist inzwischen schon so etwas wie ein Fachbereich, der da geleitet wird. Außerdem bin ich Studiendekan im Fachbereich Psychologie und Sportwissenschaften mit den üblichen Aufgaben. Darüber hinaus bin ich wissenschaftlicher Leiter des interdisziplinären Kollegs Hochschuldidaktik, das im Prinzip die auf Lehre bezogene Weiterbildungseinrichtung für alle Hochschullehrenden hier an der Universität ist. Zudem bin ich Leiter der Arbeitsstelle Service-Learning, in der ich die Service-Learning-Aktivitäten dieser Universität bündele. Ich leite natürlich auch noch meine eigene Arbeitsgruppe der Pädagogischen Psychologie. Das ist hier in Frankfurt ein eigener Arbeitsbereich mit sechs Professuren. Das liegt vor allem daran, dass hier auch das Deutsche Institut für Internationale Pädagogische Forschung vor Ort ist, an dem zwei meiner Kollegen tätig sind. Die drei anderen Professuren sind dann noch durch unsere sehr große Lehrerbildung bedingt. Das alles sind Gründe dafür, warum wir hier relativ breit aufgestellt sind. Das führt aber auch dazu, dass man jede Menge kluger und kompetenter Gesprächspartner vor Ort hat, da wir disziplinär betrachtet insgesamt ein sehr großer Bereich sind.

I:

Können Sie einschätzen, wie groß jeweils der Anteil der Zeit ist, den Sie für die drei Bereiche der Forschung, Lehre und Selbstverwaltung aufwenden?

HH:

Für die Forschung beträgt das etwa ein Drittel bis ein Viertel meiner Zeit. Es kommt allerdings sehr auf die Zeit an, in der man sich im Semester befindet. In der vorlesungsfreien Zeit bleibt mehr Zeit für die Forschung, in der man auch Tagungen und Konferenzen besuchen kann. In der Vorlesungszeit ist das eher weniger der Fall. Für die Lehre wende ich bis zu einem Viertel der Zeit auf, mehr ist das leider nicht. Ich bin durch meine ganzen Funktionen auf ein Lehrdeputat von 50 % reduziert. Dementsprechend ist es mit der Zeit etwas weniger geworden. Ich bemühe mich aber, mindestens diese 50 % einzuhalten. Meistens mache ich über das ganze Jahr gesehen etwas mehr Lehre, als ich müsste, weil mir das zugegebenermaßen am meisten Spaß macht. Ich weiß auch, dass ich da ganz erfolgreich agiere und einen recht guten Ruf genieße. Man macht ja meistens das sehr gerne, wofür man auch ein gutes Feedback erhält. Wenn ich unter den Bereich der Selbstverwaltung die ganzen Funktionen subsummiere, dann investiere ich darin etwa ein Drittel meiner Zeit, aber manchmal gibt es Phasen, da ist es auch die Hälfte der Zeit. Das hängt wie bereits gesagt stark vom Jahreszyklus ab.

I:

Gibt es außerhalb von diesen drei Bereichen, die wir angesprochen haben, noch weitere Aufgaben, die Sie übernehmen?

HH:
Ja, eine große Aufgabe im nächsten Jahr wird es sein, den Kongress der Deutschen Gesellschaft für Psychologie (DGPS) mit etwa 3000 Teilnehmerinnen und Teilnehmern hier in Frankfurt auszurichten. Das kostet bereits jetzt viele Arbeitsstunden, und es wird auch noch viel Zeit kosten. Damit verbunden ist außerdem meine Arbeit im Vorstand der DGPS, wo ich selbst Beisitzer bin, der nur die Ausrichtung des Kongresses als Aufgabe hat. Trotzdem sind das im Jahr wieder acht bis zehn Tage, die erst einmal für Vorstandssitzungen freigeschaufelt werden müssen. Was sonst noch wichtig ist, sind Dienstleistungen, wie beispielsweise Vorträge an dritter Stelle zu halten. Bei mir sind da zum Beispiel durch die Position in der Lehrerbildung häufig Schulen auf dem Terminkalender. Weiterhin gibt es Dienstleistungen für Ministerien, in denen man Expertisen erstellt. In meinem Fall betrifft das meistens die Themen „Medienbasiertes Lernen" oder „Neue Medien in Schulen". Neben den Gutachten für Journals gibt es dann auch noch eine ganze Reihe anderer Gutachterstellen, die man bedienen muss, die zwar wissenschaftlich verfasst sind, aber nicht Wissenschaft im engeren Sinne darstellen.

I:
Wie kann man sich denn die Arbeitszeiten eines Professors vorstellen? Haben Sie feste Arbeitszeiten? Können Sie einschätzen, wie viel Sie im Durchschnitt pro Woche arbeiten?

HH:
Ich beklage mich nicht über meine Arbeitszeiten. In der Regel arbeite ich in der Woche brutto 70 Stunden, netto würde ich behaupten, dass es etwa 50 Stunden sind. Meistens sieht es so aus, dass ich morgens um vier bis halb fünf aufstehe und zwei Stunden E-Mails bearbeite. Dann setze ich mich noch mit meiner Familie an den Frühstückstisch. Das ist sehr schön, denn meine Kinder sind noch im Grundschulalter bzw. im sechsten Schuljahr, und die freuen sich sehr, wenn man morgens zusammen sitzt. Danach bringe ich meinen Sohn meistens in die Schule und bin dann von 8 bis 19 Uhr an der Universität. Anschließend geht es zum Abendbrot nach Hause zu meiner Familie. Am Wochenende achte ich außerdem darauf, dass ich mir einen Tag für meine Familie oder private Dinge frei halte. An dem zweiten Tag bearbeite ich etwa von mittags bis abends Gutachten oder Dinge, die man in Ruhe schreiben muss. So in etwa sieht meine Durchschnittswoche aus, wenn ich nicht reise – da ist dann alles wieder etwas anders. Reisen wird für mich aber immer mehr zum Luxus, weil man so viel Zeit hat, die nicht wirklich produktiv einzusetzen ist.

I:
Was schätzen Sie denn besonders an Ihrem Beruf?

HH:
Autonomie. Autonomie ist das Wichtigste. Ich werde dafür bezahlt, dass ich Lehre, Forschung Weiterbildung, Verwaltungstätigkeiten und weitere Dienstleistungen wahrnehme. Man vertraut mir so weit, dass ich deren Ausgestaltung ziemlich unabhängig vornehmen und die Schwerpunktsetzung selbst entscheiden kann. Ich muss nichts machen, von dem ich glaube, dabei unethisch oder politisch allzu sehr indoktriniert handeln zu müssen. Ich darf mich rational entscheiden. Zumindest hoffe ich, dass ich das auch wirklich tue. Aber ich muss nichts vertreten, was ich für grundsätzlich falsch halte. Das ist dadurch ein vergleichsweise von inneren Konflikten befreites Leben. Ich finde es sehr schön und sehr wichtig, dass ich nichts verkaufen muss, von dem ich denke: „Gott, was machst du denn da?" Das Zweite, was ich sehr schätze, ist das akademische Umfeld. Das gebe ich offen zu. Wenn man bereit ist zuzugeben, dass auch in anderen Disziplinen und Statusgruppen viele schlaue Menschen unterwegs sind, trifft man eine Menge interessanter

Leute. Das ist sehr angenehm. Ich habe in meinem Leben wahnsinnig viel gelernt, wovon ich nie dachte, dass ich so etwas einmal lernen würde. Das ist vielfach sehr bereichernd. Ich bin ein begeistert interdisziplinär arbeitender Mensch, weil man so immer wieder ganz andere Ansätze, Entwürfe und Wege des Denkens kennenlernt. Dadurch wird einem mehr eröffnet als das, wozu man durch eigene Bildungstätigkeiten je gekommen wäre. Was man durch die Interaktion erfährt, kann man sich gar nicht anlesen. Und dafür ist das Wissenschaftsfeld toll.

I:

Sie haben es eben schon angesprochen: Neben Ihren Aufgaben als Professor für Pädagogische Psychologie an der Universität sind Sie auch geschäftsführender Direktor der Akademie für Bildungsforschung und Lehrerbildung hier an der Goethe-Universität in Frankfurt. Könnten Sie uns etwas genauer beschreiben, was das für eine Einrichtung ist und welche Aufgaben sie hat?

HH:

Die Akademie für Bildungsforschung und Lehrerbildung (ABL) ist ein Zusammenschluss von verschiedenen Teilen der Lehrerbildung, welche in früheren Jahren im Prüfungsamt-Zentrum für Lehrerbildung und in diversen anderen organisationalen Einheiten der Fachbereiche angelagert waren. Sie hat heute die Funktion, die Lehrerbildung zu organisieren und diese politisch nach außen hin zu vertreten. In diesem Feld hat man sehr viel mit dem hessischen Kultus- und dem Bildungsministerium zu tun. Die ABL hat die Funktion, den Konnex zwischen der Lehrerbildung innerhalb und außerhalb der Universität zu bilden und mit den Schulen zu verbinden. Sie hat eine Weiterbildungsfunktion gegenüber den Schulen, ist also eine Art Fachbereich, wobei ich mit dem Begriff vorsichtig sein möchte. Ich nenne es einen virtuellen Zweitfachbereich, weil wir Wert darauf legen, dass die Fachdidaktik stark mit den Fächern verknüpft bleibt. Wir wollen sie nicht davon entfernen, wie es andernorts schon geschehen ist. Stattdessen hat die ABL zum Ziel, alle koordinativen Belange in Lehre und Forschung bezüglich des Lehrerberufs unter einen Hut zu bekommen und diese immer wieder in verschiedenen Institutionen und Gremien zu vertreten.

I:

Und was sind konkret Ihre Aufgaben als geschäftsführender Direktor der Akademie?

HH:

Ich initiiere und leite die Themen, die auf der strategischen Ebene gesetzt werden müssen. Ich beschäftige mich beispielsweise damit, welche Stellungnahme wir in Bezug auf die Reform des Lehrerbildungsgesetzes abgeben, die gerade in Hessen läuft. Ich nehme Kontakt mit den Kollegen und Kolleginnen des Direktoriums und anderer Lehrerbildungszentren in Hessen auf. Ich schaue auch nach, wie wir bundesweit vernetzt sind. Ich beschäftige mich mit der Frage, wie die zukünftige Lehrerbildung organisiert sein muss. Das versuche ich dann auch in die Parteien des Landesparlaments und in die Ministerien einzuspielen. Andere Fragen sind: Wie schaffen wir es, die Organisation der vorgegebenen Lehrerbildung möglichst so umzusetzen, dass unsere Ressourcen reichen? Wie werden Stellen verteilt? Wie werden Mittel allokiert? Mit welchen Ausschreibungen können wir als Institution Lehrerbildung fördern, zum Beispiel durch Forschungsmaßnahmen wie eine Qualitätsoffensive? Das ist ein sehr langer Katalog an strategischen Entscheidungen, die nicht „Morgen machen wir dies oder das" lauten, sondern „In welche Richtung soll es gehen?". Da spielen zum Beispiel auch folgende Fragen eine Rolle: Was benötigen wir für die Lehrerbildung an personellen und sachlichen Ressourcen? Wie müssen Kommunikationswege gestaltet sein? Wie bringen wir es zustande, dass genügend Lehrkräfte für Themen wie Inklusion in der Schule ausgebildet werden? Wie schaffen wir es, dass unsere Studierenden mehr ins Ausland gehen können? Lehrerbildung ist zum Beispiel hoch problematisch bezüglich des Themas der Internationalisierung. Das sind Fragestellungen, denen man sich widmen muss. Dabei muss man meistens von einem Konvolut an Maßnahmen abwägen, ob man sie überhaupt initiiert, wie man sie initiiert und welche Ressourcen man dafür gewinnen kann.

I:
Mit welchen anderen Berufsgruppen arbeiten Sie im Rahmen dieser Tätigkeit zusammen?

HH:
Zum einen mit allen Mitarbeitenden in der ABL. Das sind vielfach Lehrkräfte, aber es gibt auch Fachwissenschaftler darunter, die sich spezifischen Themen zugeordnet haben. Da gibt es eine hierarchische Struktur, angefangen vom Prüfungsamt. Wir haben in Hessen noch Staatsexamen, das bedeutet, dass man auch mit einer staatlichen Behörde interagieren muss. Man ist in dem Aspekt so etwas wie eine nachgeordnete Behörde, und das bringt wiederum gewisse Auflagen über Abläufe und Ähnliches mit sich. Dementsprechend arbeite ich eng mit den verantwortlichen Personen im Kultusministerium und in dem Ministerium für Wissenschaft und Kunst zusammen. Ich organisiere mit den dortigen Leiterinnen und Leitern spezifischer Abteilungen die Abläufe. Es geht um Fragen wie: Wie geht eine Prüfungsakte von A nach B? Wie einigt man sich bezüglich der Anerkennung anderer Studienleistungen? Weiterhin sind Schulleiterinnen und Schulleiter wichtig. Studienseminare, mit denen wir interagieren, sind wichtig. Politiker sind wichtig, denn Bildung gehört zu den wenigen Themen, mit denen man sich als Landespolitiker profilieren kann. Dementsprechend hat man da auch eine Reihe von Verpflichtungen.

Last but not least arbeite ich mit allen, die in der Universität an der Lehrerbildung beteiligt sind. Die Lehrerbildung in Frankfurt ist mit 14 der 16 Fachbereiche, die es hier gibt, verbunden, und dementsprechend hat man auch mit all diesen zu interagieren. Dabei genießt die Lehrerbildung je nach Fachbereich einen sehr unterschiedlichen Stellenwert. Auch das ist aus den unterschiedlichsten Gründen heraus zu berücksichtigen: auf der einen Seite, weil Lehrerbildung viele Ressourcen bringt, aber in der Lehre von vielen nicht unbedingt mit heißem Herzen verfolgt wird. Häufig wollen viele Lehrpersonen lieber ausschließlich Fachwissenschaften unterrichten. Auf der anderen Seite wird sie von vielen nicht als nur notwendiges Übel, sondern als Möglichkeit gesehen, die eigene Profession etwas breiter zu streuen. Man kann ja sagen, dass Lehrkräfte neben Ärzten der Personenkreis sind, der den größten Multiplikatoreffekt von akademischer Bildung in der Zivilgesellschaft hat. Jeder wird mindestens einmal als Schüler und meistens sogar als Schüler und als Elternteil mit Lehrkräften konfrontiert. Daher ist die Qualität dieser Ausbildung gesellschaftlich doch sehr relevant und wahrscheinlich nur mit dem Einfluss von Medizinern zu vergleichen, mit denen auch jeder früher oder später in Kontakt kommt.

I:
Nachdem wir jetzt viel über Ihren Arbeitsalltag gehört haben, würden wir nun gerne noch etwas zu Ihrem Werdegang vom Studenten bis hin zum Professor erfahren. Als Erstes würde uns interessieren, ob Sie schon während des Studiums die Idee oder das konkrete Ziel hatten, eine wissenschaftliche Karriere anzustreben oder vielleicht sogar Professor zu werden.

HH:
Ich gehöre noch zu etwas, das es heute gar nicht mehr gibt, nämlich zu den Langzeitstudenten. Ich habe insgesamt 20 Semester studiert. Zuerst habe ich bis zum ersten Staatsexamen Medizin studiert und wollte dann aber, dass mein Leben noch „schön" wird. Ich hatte all die Jahre schon im Krankenhaus gearbeitet und wusste, dass das niemals mein Beruf werden kann. Dann habe ich angefangen, Mathematik zu studieren. Das hat mir noch weniger gefallen. Kurzzeitig habe

14.2 · Interview mit Prof. Holger Horz

ich auf Lehramt Politik und Mathematik umgeschwenkt, was ich jedoch auch höchst unattraktiv fand. Über einen Seitenschlenker – ich habe mich noch ein Semester in Physik eingeschrieben – bin ich schließlich in Psychologie gelandet. Ich hatte mich eigentlich schon als nicht studierfähig einsortiert, aber das war es sofort. Da wusste ich schon im ersten Semester: Das wird's. Die Kombination von angewandter Stochastik, gepaart mit den Sozialwissenschaften, dem naturwissenschaftlichen Denken und kleinen Anleihen von Geisteswissenschaften, die es hier in Frankfurt gab, hat mir sehr gut gefallen. Ich habe ja auch in Frankfurt studiert. Psychologie habe ich dann auch in neun Semestern durchstudiert, und dabei war mir auch klar, dass ich in der Wissenschaft bleiben wollte. Das wusste ich spätestens nach dem Vordiplom, da mich die Art der Denke und die Art des Arbeitens schon sehr früh als Hilfskraft angezogen hat. Dass es die Pädagogische Psychologie wurde, war eher überraschend. Ich hatte eigentlich eher Interessen in der Allgemeinen Psychologie, der Informationsverarbeitung. Angewandte kognitionspsychologische Fragestellungen waren so meine ersten wissenschaftlichen Interessen. Dass ich dann in der Pädagogischen Psychologie gelandet bin, hat sich schließlich über die Bewerbung bei Drittmittelprojekten und Qualifikationsmöglichkeiten ergeben. Ich gehöre aber sicherlich zu denjenigen, die innerlich sehr breit aufgestellt sind, sodass ich all diesen Interessen auch immer nachgehen konnte.

I:
Was, würden Sie sagen, waren die entscheidenden Erfolgsfaktoren auf dem Weg zur Professur?

HH:
Sehr entscheidend war die Promotionszeit. Mein Doktorvater Manfred Hofer aus Mannheim ließ mich sehr gut in die Arbeit eines Professors reinblicken. Er beteiligte mich sehr stark an Auswahlprozessen, was in den 1990er Jahren für Doktoranden noch nicht selbstverständlich war. Er ließ mich in die Karten blicken, wie das Spiel eines Professors im Alltag läuft. Davon habe ich enorm profitiert, da ich auf diese Weise schon früh verstehen konnte, warum die Dinge so laufen und nicht anders. Gleichzeitig ließ er mir auch die Freiräume, eigene Ideen einzubringen. So konnte ich meine eigene, wie damals üblich nur halbe, Stelle durch eigene Drittmitteleinnahmen zu einer ganzen Stelle ausbauen. Das war das eine, was mich motiviert hat.

Danach gab es Friktionen. Meine Postdoc-Zeit verlief nicht ganz so glatt. Der Übergang gelang nicht ganz so gut. Die Stelle, die ich eigentlich haben wollte, habe ich kurzfristig wieder abgesagt, da es mit dem dortigen Professor Verwerfungen gab. Es wurden nicht alle Bedingungen kommuniziert. Ich bin dann nach Greifswald gegangen, was nicht meine erste Wahl gewesen war, sich dann aber als hilfreich herausstellte. Ich konnte die Pädagogische Psychologie dort als frischgebackener Postdoc an einem Lehrstuhl für Entwicklungspsychologie und Pädagogische Psychologie vertreten. Dort genoss ich relativ große Freiräume und durfte in der Provinz schon sehr viel mehr Verantwortung tragen, als das andernorts im Bereich der Pädagogischen Psychologie möglich gewesen wäre. Ich konnte so beispielsweise schon Vorlesungen halten. Das hatte deutliche Vorteile und machte mich unabhängig. Allerdings fehlte mir die Community. Ganz alleine Forschung zu machen, ist auch heute aus meiner Sicht weder zeitgemäß, weil die meisten Fragestellungen komplexer sind, noch ist es einfach, als Gelehrter im Kämmerchen zu sitzen und sich etwas auszudenken. Das war nicht meine Stärke. Dadurch bin ich dann nach Landau in eine Arbeitsgruppe gekommen, die sehr ergebnisorientiert war. Dort habe ich innerhalb von weniger als drei Jahren meine Habilitation durchgezogen. Bereits vor dem Ende der Habilitation hatte ich zwei Angebote auf Professuren in Chemnitz und in der Schweiz. Damals war schon klar, dass es zum Ziel führt, wenn man in dieser Zeit viel publiziert und hart arbeitet. Dann ist der Weg zur Professur vor allem „goldenes Handwerk". Diese Phase lebte auch davon, dass ich meine Ideen sehr gut in Anträge umwandeln konnte, um Drittmittel zu beschaffen. Das gelang mir immer und führte dorthin, wo ich schließlich gelandet bin.

I:

Sie haben bereits angesprochen, dass es vom wissenschaftlichen Mitarbeiter über die Promotion und Habilitation bis hin zur Professur ein langer Weg war. Wie haben Sie diese lange Zeit durchgestanden? Und wie sind Sie mit der Unsicherheit umgegangen, die mit einem solchen Werdegang auch einhergeht?

H:

Eine geplante Lebensführung und eine Partnerschaft, die das trägt, sind wichtig. Meine Frau und ich waren uns einig darüber, in welcher Reihenfolge wir welche Schritte gehen. Wir waren uns zum Beispiel darüber einig, dass bei mir die Promotion und bei meiner Frau, die Psychotherapeutin ist, die Ausbildung abgeschlossen sein müssen, bevor wir über Familienplanung und Kinder nachdenken. Ansonsten hätte es häufig sehr große zeitliche Friktionen gegeben. Das Zweite ist, dass wir uns auch über die Kosten im Klaren waren. Das bedeutete beispielsweise, die ersten Jahre im Leben meiner Kinder unter der Woche nicht da zu sein. Ich hatte damals eine Professur in der Schweiz. Ursprünglich wollte ich meine Familie relativ zeitnah nachholen. Es gab dann diverse Gründe, weshalb wir davon abgesehen hatten und ich auch wieder zurück nach Deutschland gegangen bin, nämlich nach Frankfurt. Aber das alles führte dazu, dass ich nur ein Teilzeitvater war, und das war ein hoher Preis. Über so etwas muss man sich im Klaren sein. Das ist auch etwas, von dem ich sagen würde: Wenn man das irgendwie vermeiden kann, sollte man es tun. Die wissenschaftliche Laufbahn und eine Familie unter einen Hut zu bekommen, war in all den Jahren das Schwierigste.

Wenn ich noch etwas ergänzen darf: Die Angstmacherei vor Arbeitslosigkeit ist maßlos übertrieben. Es gibt zwar Leute, die aus dem Wissenschaftssystem herausfallen, dann aber in einem sekundären System in wissenschaftsnahen Organisationen landen, in welchen sie organisational unterstützende Tätigkeiten in Wissenschaftsbetrieben nachgehen. Arbeitslose Wissenschaftler gibt es selten. Manchmal gibt es gesundheitliche oder soziale Gründe, die für prekäre Lebensverhältnisse sorgen, aber alles in allem gilt: Wer es ernsthaft verfolgt, bekommt sein Auskommen. Man wird dabei nicht reich, man wird dabei aber auch nicht arm. Letztlich gelangt man nicht immer an den Ort, an den man will. In der Summe sind dies aber Luxusprobleme und keine prekären Probleme.

I:

Doktoranden und auch angehende Professoren sollten sich ja nicht nur mit Forschung und Lehre auseinandersetzen, sondern auch Weiterbildungsmaßnahmen wahrnehmen. Inwiefern war dies in Ihrer Promotionsphase möglich?

HH:

Das war möglich, und das habe ich auch, vor allem methodisch, sehr gerne gemacht. Darin wurde ich auch unterstützt. Das ist etwas davon abhängig, wo man promoviert. Wenn es möglich ist, sollte man sich Promotionsstellen in größeren Forschungsverbünden suchen. Im Gegensatz zum Einzel-DFG-Projekt und zum Lehrstuhl gibt es dort meistens schon planmäßig Weiterbildungsmaßnahmen. Ich war in so etwas drin, habe das sehr genossen und bin zu vielen Fragen sehr gut fortgebildet worden. Ich habe mich besonders im interdisziplinären Arbeiten schlau gemacht, was ich seit 20 Jahren betreibe und was sich an vielen Stellen meiner Karriere als hilfreich erwiesen hat. So kann ich nämlich mit anderen Disziplinen kooperieren und forschen. Ich bin heute sehr glücklich darüber und kann deswegen jedem empfehlen, soviel wie möglich davon mitzunehmen. Ich mache das auch heute noch. Wenn ich kann, setze ich mich irgendwo rein und lasse mich weiterbilden.

I:

Haben Sie noch weitere Ziele, die Sie aktuell im beruflichen Sinne anstreben?

14.2 · Interview mit Prof. Holger Horz

HH:
Wie das so ist mit Zielen: Ja, habe ich, man sollte nicht immer alles kommunizieren. Weil für viele dieser Ziele inzwischen Folgendes zutrifft: Bis zur Professur, und das meine ich geschlechtsneutral, gilt: Da sucht der Mann das Amt. Danach gilt: Da sucht das Amt den Mann. Das bedeutet, dass manche Ziele von Gelegenheiten und politischen Konstellationen abhängen. Wenn man beispielsweise eine internationale Position in Organisationen wie der OECD haben will, dann benötigt es viele Gelegenheiten, bevor man überhaupt darankommen könnte. Aber internationale Arbeit wäre sicher noch ein Bereich, der mich sehr interessieren würde. Es fällt mir schwer, mir vorzustellen, dass ich die nächsten 20 Jahre, die ich noch zu arbeiten vor mir habe, hier in derselben Position verbringe. In gleichen Positionen wurde mir relativ schnell langweilig, zudem haben mich neue Felder rasch interessiert. Das ist auch ein Grund für die diversen Funktionen, die ich habe. Es gefällt mir, alle paar Jahre ein, zwei neue Dinge zu tun, die ich vorher noch nie gemacht habe.

I:
Dann kommen wir jetzt noch zum letzten großen Block unseres Interviews, und zwar zu den Voraussetzungen für die Arbeit als Professor für Pädagogische Psychologie. Wenn ein Studierender zu Ihnen kommt, der sich für diese Arbeit interessiert, was würden Sie ihm dann raten?

HH:
90 % sind „goldenes Handwerk". Das bedeutet: Lerne die Techniken, lerne die Methoden deines Berufs. In der Pädagogischen Psychologie heute heißt das, dass man methodisch sehr gut aufgestellt sein muss. Unter den angewandten Wissenschaften haben wir wohl mit die komplexeste Anwendung der Methodik. Das hat mit vielfältigen Technologien zu tun, zum Beispiel Blickbewegungsanalysen. Man muss grundlagenmäßig etwas können. Bildungsprozesse sind schon qua natura eine sehr komplex und wissenschaftlich zu erfassende Einheit. Darin dann wiederum Experimente zu realisieren, ist schwierig. Man muss vieles können, und das sollte man sukzessive lernen und sich darin profilieren. Das Zweite ist eine grundlagenwissenschaftliche Basis. Es ist wichtig, das Gehirn zu verstehen. Man muss gut Neues lernen können, sonst hat alles keinen Sinn. Wichtig finde ich auch, dass man nicht nur ein „Publikationssöldnertum" betreibt nach dem Motto „Das Thema ist gerade gefragt, jetzt publiziere ich da mal etwas". Stattdessen sollte man sich von Interessen leiten lassen. Das Forschen sollte ein Selbstobjekt sein. Ich bin immer wieder offen gegenüber Qualifikanten, die gar nicht das verfolgen, was ich spannend finde, sondern ihre eigenen Themen haben.

Was weiterhin dazugehört, ist: Stehe morgens ordentlich früh auf, setze dich hin und mache jeden Tag deine acht Stunden. Dann kommt man auch weit. Darüber hinaus muss man sich vernetzen und reden. Aber über das Arbeiten zu reden, führt noch nicht dazu, dass man publiziert. Das eine ist: Publiziere! Und sorge für Drittmittel! Das andere ist: Interessiere dich für das, was du schreibst! Mache es publik! Gehe zu denen, die dich beurteilen! Gehe auf Konferenzen, gehe auf Tagungen! Das meine ich alles mit Handwerk, das ist kein Hexenwerk. Dann gibt es doch einen kleinen Teil, der darüber hinausgeht und sich inspirieren lässt. Es ist noch keine gute Wissenschaft, wenn man einfach irgendwelche amerikanischen Arbeiten in einen deutschen oder europäischen Kontext reframed. Das finde ich sehr fad. Forschungsaufenthalte in Spitzenlaboren und Spitzeneinrichtungen sind gut, da trifft man auch gute Leute. Aber man sollte nicht nur zu denen gehen, von denen es gerade heißt, die seien ganz großartig und man müsse das so machen wie sie, und sie imitieren. Man sollte sich auch ein bisschen im Querdenken betätigen, aber nicht auf loser Basis. Man sollte sich zu einem Thema zuerst sachlich schlau machen; in der Regel geschieht das durch Promotion. In der Promotion sollte die Kreativität noch überschaubar sein, aber danach sollte man mindestens ein Feld haben, in dem man kreativ wird und in dem man auch etwas riskiert und etwas Unsicheres untersucht, bei dem nicht von Anfang an klar ist, was herauskommt.

Als Letztes finde ich noch die Frage wichtig, wofür in der Gesellschaft man das macht. Ich will nicht die Grundlagenforschung infrage stellen. Auch sie hat für mich ein Wofür. Aber es gibt doch eine ganze Reihe von Wissenschaftlerinnen und Wissenschaftlern, die sich nicht fragen, für wen ihre Arbeit gut ist. Ich finde, dass man Verantwortung für das übernehmen sollte, was man publiziert. Dabei sollte man auch dem Schneidermeister und der Altenpflegerin draußen in zwei Minuten erklären können, wozu der eigene Job gut ist.

I:

Gibt es denn Qualifikationen, die Sie im Laufe des Psychologiestudiums erworben haben, die für Sie heute in Ihrem jetzigen Beruf noch wichtig sind?

HH:

Moderieren können und unterrichten können – das habe ich erworben. Das war damals einer der wenigen nicht scheinpflichtigen Scheine, die ich gemacht habe und das sogar freiwillig. Ich habe lange auch als Nebentätigkeit Weiterbildungen dazu gegeben, wie man richtig präsentiert, moderiert und mediiert. Das war sehr wichtig. Das Zweite sind Methodenkenntnisse. Wen Methoden nicht interessieren, sollte sich nicht Wissenschaft als Feld suchen. Methoden sind heute noch viel wichtiger in der Gesellschaft als früher jenseits der Wissenschaft. Ich halte es mit Gerd Gigerenzer, der das immer schön auf den Punkt gebracht hat: Methoden sind das zentrale Wissenswerkzeug des 21. Jahrhunderts.

I:

Und welche Fähigkeiten mussten Sie sich dann im Laufe Ihres Berufsweges darüber hinaus noch erarbeiten?

HH:

Am härtesten zu erarbeiten waren für mich die juristischen Rahmenbedingungen im Personalrecht und im Organisationsrecht. Es war wichtig für mich, die Personalführung zu erarbeiten und die Organisationsentwicklung sowie das Management zu verstehen. Ich musste lernen, wie ich meine Ressourcen unter verschiedenen Rahmenbedingungen so schaukle, dass ich möglichst viele davon effizient nutzen kann. Das ist nicht trivial, im Gegenteil. Das braucht viel Erfahrung, da es je nach Wissenschaftsgesellschaft, Fördergesellschaft und Universität einen ganzen Dschungel an Regeln gibt, wie man Geld ausgeben darf. Was mir die meisten schlaflosen Nächte bereitet, ist die Frage, wie ich meine Leute beschäftigen kann. Personal ist der teuerste Faktor in diesem Job. Da es bei mir mit 17 Vollzeitstellenäquivalenten in der Psychologie und 30 in der ABL inzwischen eine relativ große Einheit geworden ist, mache ich mir da viele Gedanken drüber.

I:

Und welche persönlichen Interessen und Eigenschaften abseits dieser fachlichen Kompetenzen sollte man für eine Tätigkeit wie Ihre mitbringen?

HH:

Ich finde es sehr wichtig, dass man sich aufrichtig für andere Menschen interessiert. Dass man Spannung aushält und dass man in seinen Verhaltensweisen authentisch ist, finde ich ebenfalls sehr wichtig. Ich finde, die Fokussierung nur auf Outcomes reicht nicht aus, um jemanden zu beschäftigen. Das ist hier kein Sozialdarwinismus, der in den Arbeitseinheiten gelebt wird. Es muss auch darum gehen, welche Bedürfnisse jemand hat. Ich finde es sehr wichtig, dass man die lebenswerten Werte für alle gelten lässt. Ich nenne ein ganz schlichtes Beispiel: Ich habe ein großes Problem mit Personen, die über einen langen Zeitraum ihres Lebens oder dauerhaft sagen, dass die Arbeit das

Wichtigste wäre. Ich glaube, dass das nicht richtig ist. Bei diesen Personen stehen Arbeitsinhalte vor Dingen wie Familie und Beziehungen zu anderen Menschen auf Platz eins. Es mag Phasen geben, in denen das so ist, aber das muss vereinbar sein. Dafür hat man Verantwortung. Der Job in der Wissenschaft muss so gestaltet sein, dass beides geht. Ich lege größten Wert darauf, dass auch alleinerziehende Mütter und Väter promovieren und Familienzeiten eingehalten werden können. Ich freue mich gerade sehr darüber, dass einer meiner Postdocs, der es wahrscheinlich nicht mehr weit bis zur Habilitation hat, jetzt erst mal in Elternzeit ist. Das ist sehr gut. Das sind einmalige Lebensereignisse, und darauf müssen wir stärker achten. Gerade in dem Feld der Psychologie, in dem 80 Prozent der Absolventen Frauen sind, ist es eine verschenkte Ressource, wenn es uns nicht gelingt, Beruf und Familie in Einklang zu bringen. Das ist meiner Meinung nach eine Haltungsfrage. Wissenschaft ist keine Selbstaufopferung und kein Leidenskreuzweg, den man gehen sollte, sondern ein Beruf, eine Profession, die man mit hohem intellektuellem Interesse angehen kann, die sich aber trotzdem mit den essenziellen sozialen und emotionalen Bedürfnissen vertragen muss.

I:
Würden Sie Ihre Arbeit als Teamarbeit beschreiben oder doch eher als Einzelkämpfertum?

HH:
Teamarbeit durch und durch! Gerade die Professur ist Teamarbeit. Allein Professor zu sein – das werden mir viele Kollegen jetzt vielleicht übelnehmen –, ist Mickymaus-Forschungsarbeit. Meistens braucht man die Unterstützung vieler. Und gerade in der Pädagogischen Psychologie gibt es komplexe Probleme im System Schule zu bearbeiten, zum Beispiel, wie man mit Lernstörungen umgeht oder was die optimalen Bedingungen für die frühkindliche Erziehung sind. Es gibt so viele Fragestellungen, und keine einzige davon ist so strikt abgrenzbar, dass man alleine wirklich erfolgreich sein kann. Das muss man innerhalb der jeweiligen Teams und Projekte und der Community leisten können, die man selbstverständlich benötigt, um überhaupt wissenschaftliche und gesellschaftlich relevante Aussagen treffen zu können. Einzelkämpfer sind aus meiner Sicht in unserer Disziplin fehl am Platz.

I:
Wenn sich jemand entscheiden würde, nach dem Studium eine universitäre Laufbahn einzuschlagen: Wie hoch schätzen Sie die Chance ein, eine Professur in diesem Bereich zu bekommen?

HH:
Die Promotionszeit ist schon ein Gradmesser davon. Nicht jeder, der promoviert, wird dann auch Professor, und es hat auch nicht jeder dieses Ziel. Wer es ernsthaft verfolgt und in der Zeit nach der Promotion mindestens ein zweites Thema aufbaut, wer örtliche Flexibilität zeigt, der hat gute Chancen. Wem das gelingt und wer sich dann auch nicht nur die Stimmen anhört, die einen loben, sondern auch das, was kritisch gesehen wird, wird sich realistisch einzuordnen wissen. Wer den Wettbewerb nicht scheut, der schafft das – nicht zu 100 %, aber mit einer höheren Wahrscheinlichkeit als in vielen anderen Jobs. Man kommt da hin. Bei manchen dauert das nur drei Jahre, bei anderen fünf und bei wieder anderen zehn. Aber zum Schluss landen sie dann doch irgendwie alle dort. Der Hauptfehler ist, nur über das Publizieren zu reden und nicht zu publizieren. Man muss immer Anträge schreiben und nicht nur über Antragsideen reden. Man muss sich Leute suchen, mit denen man gemeinsam Anträge schreibt und bei denen man sich nicht beklagt, dass man so etwas tun müsse und wie schwer und schlimm alles sei. Der größte Fehler ist das, was ich das „Eskimoprinzip" nenne: Wenn man in einer harten Umgebung Fische fangen soll, wie z. B. einer Eiswüste, wo es kalt ist und man friert, man aber noch nicht einmal ein Loch ins Eis gräbt, um überhaupt einen Fisch zu fangen, dann wird es halt auch nichts. Oder um es anders zu sagen: Wenn man vor sich hin prokrastiniert, sollte man sich überlegen, wie man aus dieser Situation

rauskommt. Das geht, und jeder hat diese defizitären Phasen erlebt. Es wird immer kritische Phasen geben, aber wenn man jeden Tag seriös aufsteht und seinen Job macht, führt das in den allermeisten Fällen auch zu dem gewünschten Ziel.

I:

Dann noch eine abschließende Frage: Wenn Sie sich jetzt erneut entscheiden müssten, würden Sie sich noch mal für die gleiche Laufbahn entscheiden?

HH:

Wenn ich das heute noch mal entscheiden müsste, wären vielleicht ein paar Schlenker weniger nötig. Aber das Ziel oder der Beruf, wenn ich ihn damals schon gekannt hätte, würde genauso sein. Ich habe die Laufbahn ja genommen, ohne zu wissen, was ich dann am Ende werde. Aber heute bin ich darüber sehr glücklich, und ich kann nur sagen, dass mein Weg ein guter war – besser, als ich erwartet habe.

I:

Vielen Dank für Ihre Zeit und Ihre Antworten. Das hat uns wirklich einen guten Einblick in Ihre Tätigkeit gegeben.

HH:

Danke für Ihre Fragen.

Video des Interviews:

► https://tinyurl.com/Forschung-Holger-Horz

Literatur

Köller, O. (2014). Entwicklung und Erträge der jüngeren empirischen Bildungsforschung. In R. Fatke & J. Oelkers (Hrsg.), Das Selbstverständnis der Erziehungswissenschaft: Geschichte und Gegenwart (S. 102–122). Weinheim: Beltz Juventa.

springer.com

Willkommen zu den Springer Alerts

Jetzt anmelden!

- Unser Neuerscheinungs-Service für Sie:
  aktuell *** kostenlos *** passgenau *** flexibel

Springer veröffentlicht mehr als 5.500 wissenschaftliche Bücher jährlich in gedruckter Form. Mehr als 2.200 englischsprachige Zeitschriften und mehr als 120.000 eBooks und Referenzwerke sind auf unserer Online Plattform SpringerLink verfügbar. Seit seiner Gründung 1842 arbeitet Springer weltweit mit den hervorragendsten und anerkanntesten Wissenschaftlern zusammen, eine Partnerschaft, die auf Offenheit und gegenseitigem Vertrauen beruht.

Die SpringerAlerts sind der beste Weg, um über Neuentwicklungen im eigenen Fachgebiet auf dem Laufenden zu sein. Sie sind der/die Erste, der/die über neu erschienene Bücher informiert ist oder das Inhaltsverzeichnis des neuesten Zeitschriftenheftes erhält. Unser Service ist kostenlos, schnell und vor allem flexibel. Passen Sie die SpringerAlerts genau an Ihre Interessen und Ihren Bedarf an, um nur diejenigen Information zu erhalten, die Sie wirklich benötigen.

Mehr Infos unter: springer.com/alert

Printed by Printforce, the Netherlands